Stadtentwicklung in Salvador
Planung zwischen arm und reich

Paul Schmarling

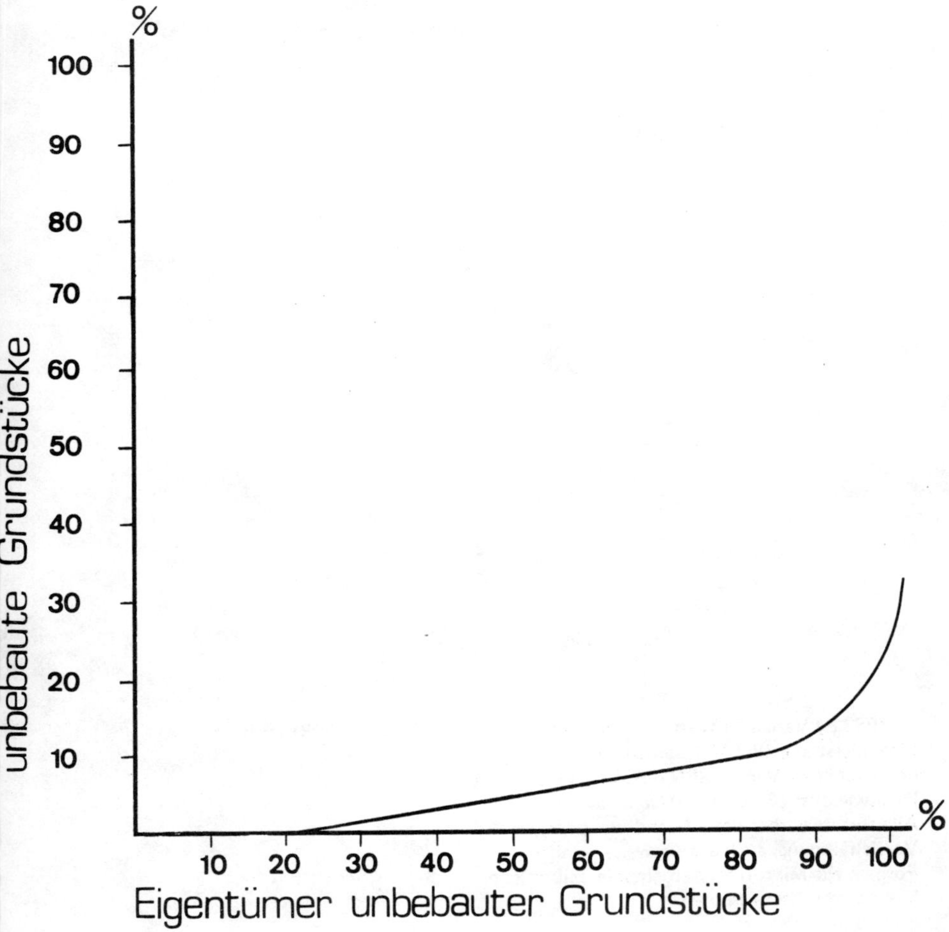

Verlag für wissenschaftliche Publikationen
Archimed-Verlag

Dissertation an der Fakultät für Soziologie Universität Bielefeld, 1983
Gedruckt mit Förderung der Fakultät für Soziologie Universität Bielefeld

 ISBN 3-922981-08-9
Ploenniesstraße 18, 6100 Darmstadt
und Archimed-Verlag ISBN 3-923578-04-0
Pallaswiesenstraße 12, 6100 Darmstadt

Printed in Germany

A B K Ü R Z U N G E N

ABI	Associação Bahiana da Imprensa
ABM	Associação Brasileira dos Municípios
ABO	Associação Brasileira de Odontologia
ADEMI	Associação dos Dirigentes das Empresas da Indústria Imobiliária da Bahia
AEABA	Associação dos Engenheiros Agrônomos da Bahia
AMESA	Alagados Melhoramentos S/A
APAS	Associação Profissional de Assistentes Sociais
APBEB	Associação dos Profissionais Bibliotecários do Estado da Bahia
ARENA	Associação da Renovação Nacional
ARPLAMB	Associação dos Artístas Plásticos Modernos da Bahia
BNB	Banco do Nordeste do Brasil
BNH	Banco Nacional de Habitação
CAB	Centro Administrativo da Bahia
CDE	Conselho Nacional de Desenvolvimento Econômico
CEAS	Centro de Estudos e Ação Social
CEB	Clube de Engenharia da Bahia
CEBRAP	Centro Brasileiro de Análise e Planejamento
CIA	Centro Industrial de Aratú
CNAEE	Comissão Nacional de Águas e Energia Elétrica
CNPU	Comissão Nacional de Regiões Metropolitanas
COCITEP	Comissão de Coordenação e Implementação de Técnicas Financeiras
CONDER	Conselho de Desenvolvimento do Recôncavo später: Companhia de Desenvolvimento da RMS
CONDURB	Companhia Estadual de Desenvolvimento Urbano
COPEC	Complexo Petroquímico de Camacari
COPENE	Companhia Petroquímica do Nordeste
CPE	Comissão de Planejamento Econômico (Bahia)
DCOP	Departamento de Conservação e Obras Públicas
DMER	Departamento Municipal de Estradas de Rodagem
DNER	Departamento Nacional de Estradas de Rodagem
DPJ	Departamento de Parques e Jardins
EBTU	Empresa Brasileira de Transportes Urbanos
EMBASA	Empresa Baiana de Águas e Saneamento S/A
EMPLASA	Empresa Metropolitana de Planejamento de São Paulo S/A
FIEBA	Federação das Indústrias do Estado da Bahia
FINEP	Financiadora de Infraestructura Pública S/A
FPE	Fundo de Participação dos Estados

FPM	Fundo de Participação dos Municípios
IBA	Instituto Baiano de Administradores
IBAM	Instituto Brasileiro de Administração Municipal
IBGE	Instituto Brasileiro de (Geografia e) Estatística
ICM	Imposto sobre a Circulação de Mercadorias
IEBA	Instituto dos Economicistas da Bahia
IGHB	Instituto Geográfico e Histórico da Bahia
INPS	Instituto Nacional de Previdência Social
IPEA	Instituto de Planejamento Econômico e Social (vormals: Inst. de Pesquisa Econômica aplicada)
IPHAN	Instituto do Patrimônio Histórico e Artístico Nacional
IPI	Imposto sobre Produtos Industrializados
IPPTU	Imposto Predial e Territorial Urbano
IR	Imposto sobre a Renda e Proventos de Qualquer Natureza
ISP	Instituto de Serviço Público
ISS	Imposto sobre Serviços de Qualquer Natureza
IUCL	Imposto Único sobre Combustíveis e Lubrificantes
IUEE	Imposto Único sobre Energia Elétrica
IURAM	Instituto de Urbanismo e Administração Municipal (Bahia)
MDB	Movimento Democrático Brasileiro
OCEPLAN	Orgão Central de Planejamento (Salvador)
OCP	Orgão Central de Planejamento (Salvador)
PASEP	Programa de Formação do Patrimônio do Servidor Público
PLANDURB	Plano do Desenvolvimento Urbano (Salvador)
PNAD	Pesquisa Nacional por Amostra de Domicílios
PRODESO	Programa de Desenvolvimento Social (Salvador)
PROFILURB	Programa de Financiamento de Lotes Urbanizados
RMS	Região Metropolitana de Salvador
SAREM	Secretaria de Articulação com Estados e Municípios
SBPE	Sistema Brasileiro de Poupança e Empréstimo
SEPLANTEC	Secretaria do Planejamento, Ciência e Tecnologia (Bahia)
SERFHAU	Serviço Federal de Habitação e Urbanismo
SICCS	Sindicato da Indústria da Construção Civil da Cidade do Salvador
SPJ	Superintendência de Parques e Jardins (Salvador)
SUDENE	Superintendência do Desenvolvimento do Nordeste
SUOP	Secretaria de Urbanismo e Obras Públicas (Salvador)
SURCAP	Superintendência de Renovação da Capital (Salvador)
TELEBAHIA	Telefones da Bahia S/A
UFBa	Universidade Federal da Bahia
URBIS	Habitação e Urbanização da Bahia S/A
VUP	Valores Únicos Padrão

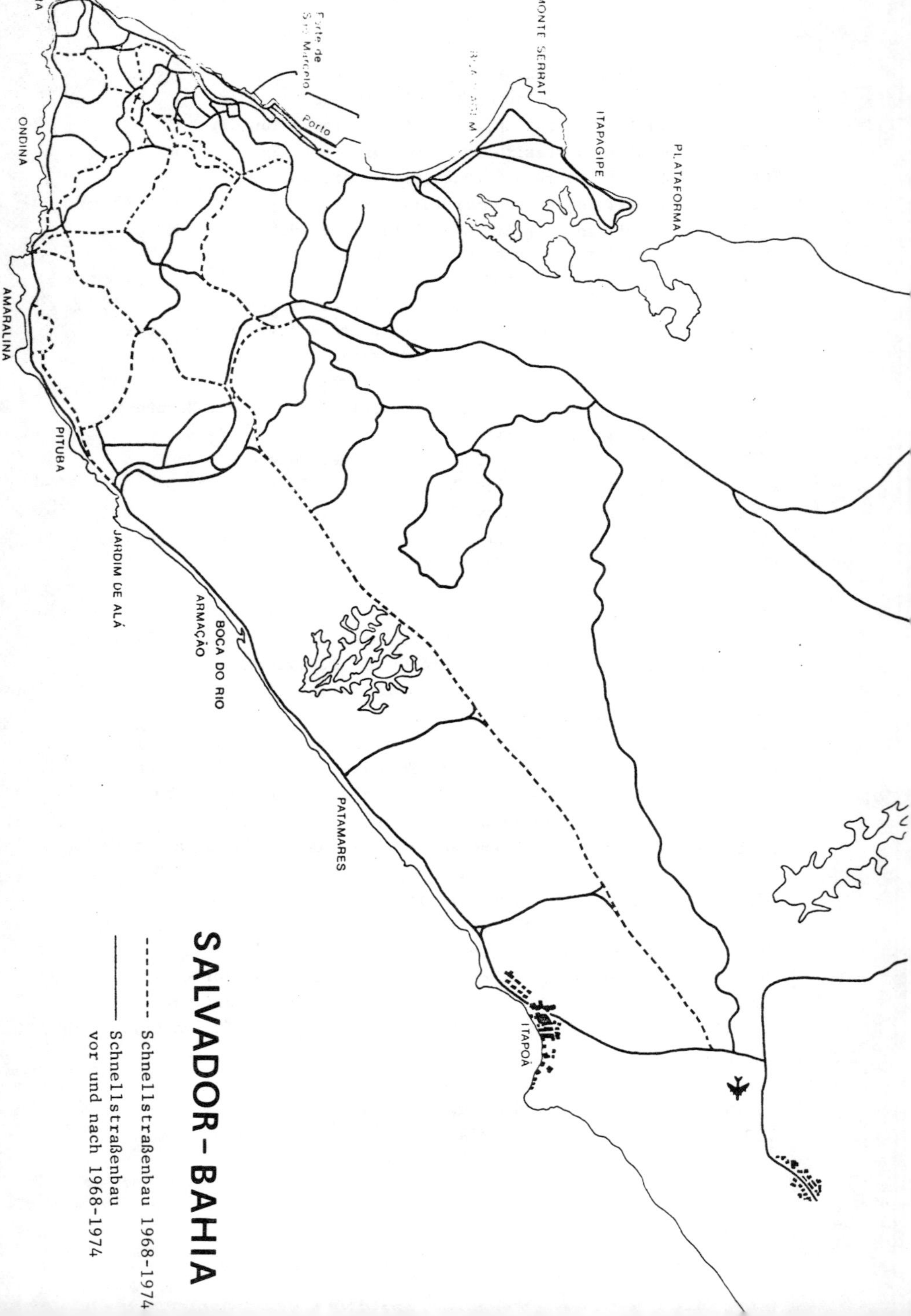
SALVADOR - BAHIA
----- Schnellstraßenbau 1968-1974
—— Schnellstraßenbau vor und nach 1968-1974
MONTE SERRAT
ITAPAGIPE
PLATAFORMA
Porto
ONDINA
AMARALINA
PITUBA
JARDIM DE ALÁ
ARMAÇÃO
BOCA DO RIO
PATAMARES
ITAPOÃ

V O R W O R T

Die vorliegende Arbeit ist aus einem größeren Forschungsprojekt über Stadtentwicklung und städtische Bodenbesitzstruktur in Bahia hervorgegangen, das unter der Leitung von Professor Dr. Hans-Dieter Evers und Dr. Johannes Augel stand und von der Deutschen Forschungsgemeinschaft finanziell unterstützt worden ist.
Dank dieser Unterstützung konnte in Bahia während mehrerer Forschungsaufenthalte umfangreiches Material zur Planungssituation in Brasilien bzw. in Bahia gesammelt werden. Außerordentliches Entgegenkommen zeigte dabei das Forschungsinstitut des Landesministeriums von Bahia für Planung, Wissenschaft und Technologie, das sein Archiv zur Verfügung stellte, und dessen Mitarbeiter nicht nur bei der Sammlung von Daten behilflich waren, sondern auch wertvolle Hinweise auf Zusammenhänge gaben, die von einem Fremden sonst nur schwer zu durchschauen sind.
Aber auch die übrigen Behörden - das städtische Planungsamt von Salvador (OCEPLAN), das statistische Amt, die Bibliothek der Stadtverordneten etc. - stellten Dokumente und "graue Literatur" mit einer Bereitwilligkeit zur Verfügung, die für bundesdeutsche Verhältnisse schier unvorstellbar ist.
Ihnen allen sei für ihre Hilfe herzlich gedankt.
In besonderer Dankbarkeit ist Frau Professor Maria Azevedo Brandão von der Bundesuniversität Bahia zu erwähnen, die durch ihre persönliche Gastfreundschaft nicht nur den Aufenthalt in Bahia erleichterte, sondern auch wichtige Kontakte zu Personen des öffentlichen Lebens vemittelte, mit welchen einige erforderliche Interviews geführt wurden.
In erster Linie aber muß ich Herrn Dr. Johannes Augel danken, der - gemeinsam mit Professor Dr. Hans-Dieter Evers - das Forschungsprojekt über die Stadtentwicklung und städtische Bodenbesitzstruktur in Bahia entwickelt hat und mich einlud, daran teilzunehmen. Durch seine vielfältigen Beziehungen zu Brasilien und besonders zu Bahia bot er mir erst die grundlegenden Voraussetzungen für eine Forschungsarbeit in und über Bahia.
Auch stellte mir Dr. Augel seine außerordentlich gut sortierte Bibliothek über alle Bereiche Brasiliens zur Vefügung, durch deren Hilfe die vorliegende Untersuchung mit einer Reihe von anderweitig unzulänglichen Informationen vervollständigt werden konnte.
Schließlich muß ich ihm für die kritische Durchsicht einer ersten Fassung der vorliegenden Arbeit danken, die er mit vielen wertvollen Hinweisen versehen hat.
Wenn sie trotzdem ihren fragmentarischen Charakter behalten hat, so liegt die Verantwortung dafür ausschließlich beim Verfasser.

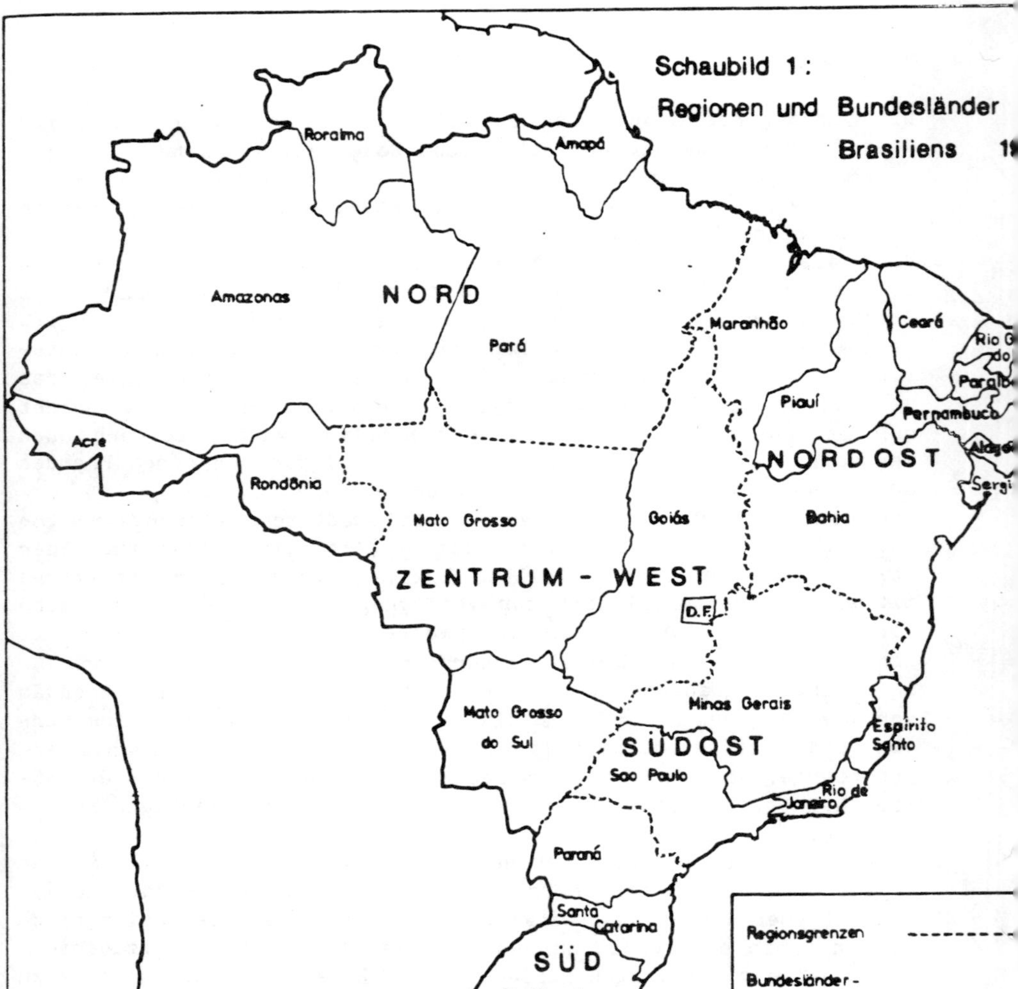

Schaubild 1: Regionen und Bundesländer Brasiliens

E I N L E I T U N G

Die vorliegende Untersuchung ist in den Zusammenhang einer umfangreichen Theoriediskussion über Unterentwicklung in den Gesellschaften der "Dritten Welt" eingebettet. Da sich ein zunehmender Anteil der Gesamtbevölkerung in den Städten konzentriert, und zwar mit einer Geschwindigkeit, die veranlaßt hat, das Bild einer "Explosion" zu verwenden, wird auch das wissenschaftliche Interesse auf den Bereich der Stadtentwicklung gelenkt.
Nun sind die Städte - im Gegensatz zum Land - lange Zeit als Zentren des Fortschritts betrachtet worden (vgl. dazu H.-D. Evers, Zur Theorie der urbanen Unterentwicklung. MS. Bielefeld. 1980:1) und folglich der Prozeß der Verstädterung als der Weg zu einer wohlhabenden Gesellschaft nach dem Vorbild der heutigen Industrienationen.
Aber es ist immer deutlicher geworden, daß kein Dualismus zwischen Stadt und Land besteht - hier modern und wohlhabend, dort rückständig, traditionell und deswegen arm -, sondern daß die Städte selbst die Widersprüche zwischen arm und reich in der kraßesten Weise widerspigeln: einem kleinen gesellschaftlichen Sektor, dessen Lebensformen sich mit den international höchsten Standards messen können, steht eine zunehmend größer werdende Masse von Stadtbewohnern gegenüber, die täglich neu ums Überleben kämpfen muß, weil ihr die Mindestvoraussetzungen für einen gesicherten Lebensunterhalt fehlen.

Als die wichtigste Weise, diese Diskrepanz zu mildern, wird die P l a n u n g der gesellschaftlichen Entwicklung betrachtet. In Lateinamerika hat die Wirtschaftskommission der Vereinten Nationen für Lateinamerika (CEPAL), die 1948 von den Regierungen 20 lateinamerikanischer Länder, der USA, Großbritanniens, Frankreichs und der Niederlande gegründet worden ist, systematisch Planer ausgebildet und für den Planungsgedanken geworben (siehe dazu J.H. Wolff, Planung in Entwicklungsländern. Berlin. 1977:23 ff.).
So nehmen mittlerweile in allen lateinamerikanischen Staaten die Planungsorganisationen einen festen Platz innerhalb der öffentlichen Verwaltungen ein. Trotzdem mußte nach 20 Jahren auch unter Planern das Eingeständnis gemacht werden, daß die manifeste Funktion der Planung, wie sie etwa in Zielbestimmungen in Plandokumenten genannt wird, in der Regel nicht realisiert worden ist (vgl. dazu Wolff, a.a.O., p.12).

Die Antworten auf die Frage nach den Ursachen für das Scheitern der Planung wurden und werden in der vorherrschenden Planungsdiskussion vor allem bei den methodischen Aspekten gesucht: fehlendes Planungs-know-how, mangelnde Koordination von Planungsorganisationen oder Sektorplanungen, ungenügende Informationen über den zu planenden Bereich etc.

Ziel der vorliegenden Untersuchung ist es, darauf hinzuweisen:
1. daß nicht von d e r Planungskrise schlechthin gesprochen werden kann, da eine Reihe von Projekten durchaus plangemäß realisiert worden sind;
2. daß folglich nicht methodisch-technische Aspekte der Planung selbst die wesentliche Ursache für das Nicht-Gelingen von Planungsvorhaben sein können, sondern daß der entscheidende Faktor politischer Natur ist, d.h., daß die Konstellation politischer Interessengruppen darüber bestimmt, ob - und wie - ein Planungsprojekt realisiert wird oder nicht.

Im I. Kapitel werden die Erklärungsversuche einflußreicher brasilianischer Planer zum Nichtgelingen von Stadtentwicklungsplanung referiert, welche die Schwierigkeiten bei der Planung in unvollkommenen "technischen" Merkmalen suchen, also bei solchen Defekten, die durch erweiterte K e n n t n i s s e behoben werden könnten.

Diesen gängigen Erklärungsversuchen steht eine Interpretation gegenüber, welche nicht fehlende K e n n t n i s s e , sondern fehlende bzw. nicht vereinbare gegensätzliche I n t e r e s s e n als die wesentliche Ursache für das Scheitern von Stadtentwicklungsplänen bzw. von Regionalplänen annimmt (*).

An diese letztere Interpretation wird angeknüpft, mit dem Hinweis, daß nicht geplante Vorhaben s c h l e c h t h i n scheitern, wie es der Fall sein müßte, wenn die vorherrschende Probleminterpretation gültig wäre, sondern daß nur b e s t i m m t e Pläne nicht realisiert werden.

(*) Antônio Octávio Cintra,"Planejando as cidades: Política ou Não Política", in: ders./Paulo Roberto Haddad (Org.), Dilemas do Planejamento Urbano e Regional no Brasil. Rio de Janeiro, 1978:169-253.

Ausgehend von dieser Beobachtung wird in der vorliegenden Untersuchung mit der Hypothese gearbeitet, daß eine qualitative und kontradiktorische Differenz zwischen den realisierten und den nicht realisierten Plänungsvorhaben besteht, in der Form, daß im allgemeinen solche Projekte realisiert werden, die zu einer verbesserten Kapitalakkumulation beitragen, während diejenigen Vorhaben, die eine Verbesserung des Lebensstandards der Bevölkerungsmehrheit bedeuten würden, zwar propagiert und entwickelt, in der Regel aber nicht durchgeführt werden.
Abweichungen von dieser Regel treten nur dann ein, wenn die betroffene Bevölkerung genügend politischen Druck ausüben kann, um eine Realisierung von Maßnahmen zur Verbesserung ihres Lebensstandards zu e r z w i n g e n.

Die Entscheidung darüber, welcher Typus von Planungsprojekt realisiert wird, hängt also von der p o l i t i s c h e n Konstellation der involvierten Interessengruppen ab.
Diese Feststellung wird mit dem einzigen brasilianischen Vertreter einer "politischen" Interpretation der Planungsprobleme geteilt. Aber sie muß insofern relativiert bzw. erweitert werden, als die Interessengruppen nicht aus eigener "Machtvollkommenheit" ihre Position innerhalb der politischen Konstellation bestimmen können. Diese ist vielmehr durch s t r u k t u r e l l e Faktoren bestimmt, also durch die Art und Weise, wie die gesamtgesellschaftliche Reproduktion organisiert ist.
Vor dem Hintergrund dieser Hypothesen werden im II. Kapitel die allgemeineren und im III. Kapitel die spezielleren Umstände beschrieben, unter denen ein Stadtentwicklungsplan für Salvador/ Bahia gefordert, propagiert und entwickelt, dann aber schließlich blockiert und aufgegeben wurde.

Im IV. Kapitel wird nicht der Frage nachgegangen, welche Gruppierung aus welchen Interessen diesen Stadtentwicklungsplan torpediert hat, sondern w a r u m sie die Macht hatte, es zu tun.

Diese Frage, die für eine handlungsorientierte Analyse wesentlich ist, wird seltsamerweise in der umfangreichen Literatur über "community-power" nie gestellt. Möglicherweise deshalb nicht, weil die Antwort darauf nicht einfach durch statistische Meßmethoden gegeben werden kann, sondern eine umfassende Gesellschaftsanalyse erfordern würde.
So wird auch in der vorliegenden Untersuchung nur skizzenartig dargestellt, welche strukturellen Bedingungen der Grundbesitzerklasse in Salvador die Macht verliehen haben, den Stadtentwick-

lungsplan zu Fall zu bringen. Ihre Macht wird darauf zurückgeführt, daß sie über die Ressource "Boden" verfügen, die ihr einerseits im Rahmen einer Gesellschaftsordnung, in der das Privateigentum auch an Produktionsmitteln sakrosankt ist, nicht entrissen werden kann, und die deshalb andererseits von ihr als wirksames ökonomisches Pressionsmittel eingesetzt werden kann, weil die bedeutendste Kapitalakkumulation in Salvador im Immobiliensektor stattfindet.
Diese These impliziert, daß die im beschriebenen Fall siegreiche Interessengruppe unter anderen strukturellen Bedingungen, die sie nur schwer beeinflussen kann - etwa wenn in Salvador die wesentliche Kapitalakkumulation im Industriesektor stattfände - ihre politische Entscheidungsmacht einbüßen würde. Dann würde möglicherweise eine andere Interessengruppe auf den Plan treten, die nicht nur keine prinzipiellen Einwände gegen einen Stadtentwicklungsplan hätte, sondern ihn sogar durchzusetzen imstande wäre. Sofern aber diese Interessengruppe weiterhin die Akkumulation von Kapital als Beweggrund ihres Handelns und ihrer Regionalpläne zugrundelegen würde, wäre eine grundlegende Verbesserung der Situation in den großen Städten der Dritten Welt kaum wahrscheinlich.

KAPITEL I
STADTPLANUNG - WO LIEGT DAS PROBLEM?

1. Definitionen der Stadtplanungsprobleme
1.1. "Technische" Interpretationen

Das demographische Wachstum in Lateinamerika nahm in den letzten beiden Jahrzehnten mit einer solchen Geschwindigkeit zu, daß man von einer "Bevölkerungsexplosion" spricht. Mit größerem Recht kann man von "Stadtexplosion" (Beyer, 1967) sprechen, denn es sind die Städte, in denen in erster Linie der Zuwachs stattfindet.
Aber die Größe einer Metropole oder ihre Bevölkerungsdichte an sich betrachtet ist kein Grund zur Sorge. Zu Recht fragt Paul Singer (1975:72-73) nach der Norm, die bestimmt, ab welcher Grenze eine Metropole "desproportioniert" ist oder warum 25 Millionen Einwohner sehr viel ist.
Geht man dieser Frage nach, dann zeigt sich bald, daß das wesentliche Mißverhältnis dasjenige zwischen einem geringen Angebot an und einer hohen Nachfrage nach gesellschaftlichen Dienstleistungen (1) in den Städten ist.
Die Tatsache,daß die vielfach proklamierte Stadtentwicklungspolitik (2) in Brasilien diese Diskrepanz nicht im geringsten gedämpft hat, führt zu der Vermutung, daß falsche Vorstellungen über die Ursachen der Infrastruktur- und Dienstleistungsdefizite herrschen und folglich unadäquate Politiken verfolgt werden (3).

---

(1) Unter "gesellschaftlichen Dienstleistungen" verstehen wir "die Gesamtheit der materiellen, institutionellen und personellen Einrichtungen und Gegebenheiten" (Jochimsen/Gustafsson, 1977:39), die der Reproduktion a l l e r Gesellschaftsmitglieder dienen.

(2) Wir verstehen "Stadtentwicklungspolitik" als die umfassendere Kategorie, insofern sie nicht nur - wie die Infrastrukturpolitik - die "Basisfunktionen" einer W i r t s c h a f t in einem Gebiet oder Bereich" ordnet, beeinflußt oder unmittelbar festlegt (Jochimsen/Gustafsson, 1977:48; Hervorhebung von mir; P.S.), sondern darüber hinaus die allgemeinen Reproduktionsvoraussetzungen einer G e s e l l s c h a f t insgesamt, also auch derjenigen Gruppen oder Klassen, die aus dem Wirtschaftsprozeß im engeren Sinne verdrängt wurden, wie z.B. die "Marginalisierten".
Genau in diesem umfassenden Sinne werden Stadtentwicklungspläne in die politische Diskussion eingebracht!

(3) Für den deutschen Bereich siehe die Kritik von Blum et al., 1976.

Aber das Scheitern der Stadtentwicklungsplanung beruht offensichtlich auf irrigen Annahmen nicht nur über die wesentlichen Faktoren, welche die Stadtentwicklung beeinflussen, sondern auch über die Planungstätigkeit und den dabei entscheidenden politischen Prozeß.

Der in Brasilien allgemein vorherrschenden Konzeption von Planung liegt die Vorstellung zugrunde, daß der politische Planungsprozeß den Handlungsabläufen von Individuen entspricht, die nach der Zieldefinition und Zustandsbeschreibung die entsprechenden Mittel wählen und ihre Vorhaben durchführen.
Folglich wird bei der Suche nach den Ursachen des permanenten Scheiterns von Stadtentwicklungsplanung (im definierten Sinne; siehe Fußnote 2) der Defekt immer wieder in der "noch" unvollständigen Informationssammlung oder/und der "noch nicht" perfekten Informationsverarbeitung (etwa durch Koordination) gesucht.
Aber ein Vergleich mit den ähnlich gelagerten Problemen in den Städten der entwickelten Welt (Abrißsanierung, Wohnungsknappheit etc.) zeigt, daß die Verschlechterung der Lebensbedingungen keine Frage des technischen "know-hows" ist, das die Entwicklungsexperten nur noch an den (unterentwickelten) Mann zu bringen hätten, sondern daß sie aus einer bestimmten ökonomisch-politischen Struktur resultiert und deshalb auch nur durch grundlegende ökonomisch-politische Änderungen aufgehalten und in eine positive Entwicklung umgeformt werden kann.

Das heißt, Stadtentwicklungsplanung ist erstrangig eine p o l i t i s c h e Größe. Damit ist nicht der Sachverhalt gemeint, daß sie von politischen Organen konzipiert und durchgeführt wird, sondern vielmehr, daß das Vorhaben, einen solchen Plan zu entwickeln und durchzuführen, keine geradlinige Realisierungschance hat, weil jede öffentliche Planung nicht nur vielfältige ("pluralistische"), sondern zu beträchtlichem Teil auch w i d e r p r ü c h l i c h e (4) Interessen berührt.

---

(4) Wenn von Widersprüchen die Rede ist, so darf darunter kein dichotomisches Muster verstanden werden, in dem zwei voneinander getrennte Elemente mit unterschiedlichen "Herkünften" oder Entstehungsgeschichten in Opposition zueinander treten oder stehen, sondern unter "Widerspruch" verstehen wir die Unvereinbarkeit von Elementen ein und derselben Struktur, die aus demselben Prozeß hervorgegangen sind und eben diesen Prozeß durch ihre Unversöhnlichkeit modifizieren und schließlich zunichtemachen.

> "Das offensichtlichste Merkmal der Nachfrage nach einer Stadtpolitik besteht in ihrer großen Fragmentiertheit. Es gibt nicht nur eine Gruppe von Personen, die einen bestimmten Kurs der Regierungstätigkeit fordern, sondern diverse Gruppen, die verschiedene Dinge fordern. Die Gruppen bilden keine einheitlichen Fronten für keine der Forderungen, die wir "städtische" nennen könnten" (Cintra, 1978:213).

Aber nicht nur die Gesellschaft besteht aus diversen Interessengruppen; auch der Staatsapparat, dem die formale Kompetenz für die Planung und Durchführung von gesellschaftlich relevanten Maßnahmen zugesprochen wird, ist kein "einheitlich tätig werdendes Subjekt" (Grauhan 1970:55), sondern gliedert sich in eine Vielzahl von Verwaltungseinheiten, die jeweils spezielle Problembereiche bearbeiten (vgl. dazu Offe, 1975:29-30) und deren Angehörige zudem den unterschiedlichsten gesellschaftlichen, politischen oder ökonomischen Interessengruppen verbunden sind. Aus diesem Grund ist schon die verwaltungs i n t e r n e Ausarbeitung eines Planes ein Prozeß des Aushandelns von Kompromissen zwischen diversen staatlichen Organen und Abteilungen, bei dem jede Gruppierung auf vielfältige, ihr zugängliche Ressourcen zurückgreift, um einen Plan oder eine "policy" zu verhindern, durchzusetzen oder zu modifizieren (5).

> "Unter vielen Aspekten gleicht die Staatsorganisation einer Ansammlung von Unternehmen oder ähnlichen Akteuren, die mit großer Handlungsautonomie ausgestattet sind, aber sich gerade deshalb gegen Bemühungen um Koordination stemmen, gleichgültig, welches Kriterium dafür geltend gemacht wird" (Cintra, 1978:169).

Sichtbar wird dieser Kampf um die Formulierung und/oder Implementierung eines Planes in der Regel erst, wenn auch externe Interessengruppen - betroffene Wirtschafts- oder Bevölkerungsgruppen - den Anspruch auf die Berücksichtigung ihrer eigenen Interessen geltend machen.

---

(5) Zur Kritik des gruppentheoretischen Ansatzes siehe weiter unten Seite 20.

"´Stadtpolitik´ ist eine Hülle für heterogene Inhalte. Für jeden dieser Inhalte (Wohnungs-, Bodennutzungs-, Verkehrspolitik etc.) kreuzen sich auf unterschiedliche Weise die Interessen der gesellschaftlichen Gruppen und Klassen" (Cintra, 1978:170).

In der Regel wird dieser wesentlich politische Aspekt der Stadtentwicklungsplanung in der brasilianischen Literatur über städtische Probleme nicht thematisiert, und der Staat gilt weithin als diejenige Instanz, welche die Widersprüche aufheben könne:

"Wie wir versucht haben, in den vorangegangenen Kapiteln darzulegen und zu dokumentieren, gibt es keine spontane Tendenz, um Ungleichheiten und Ungleichgewichte zwischen Städten und Regionen zu korrigieren; deshalb wird die regulierende und oftmals stimulierende Intervention der öffentlichen Hand zwingend erforderlich" (Rattner, 1972:86).

Auch für Lodder (1978) ist der Staat der Adressat für "Verbesserungsvorschläge":

"Angesichts solcher Ungleichgewichte (nämlich auf dem städtischen Arbeitsmarkt und bei der Einkommensverteilung; P.S.) werden im dritten Abschnitt (seines Buches; P.S.) die Leitlinien(*) für eine Stadtpolitik vorgeschlagen, die das Ziel einer Umverteilung des Wohlstandes anstrebt. (*)Es ist angebracht hervorzuheben, daß sich die vorliegende Untersuchung mit den Ideen und Prinzipien beschäftigt, die eine solche Politik orientieren sollen, und nicht mit den methodologischen Verfahren, die bei der Festsetzung von Zielen und der Verwendung des Instrumentariums verwendet werden" (1978:20).

Ana Maria Brasileiro geht davon aus,

"daß in jeder Gesellschaft Personen und Gruppen versuchen, den Staat zu sensibilisieren, damit er ihre spezifischen Interessen berücksichtige, und daß Politik zum großen Teil mit Rücksicht auf die Ziele dieser Personen und Gruppen gemacht wird" (1976:28).

Aber der mögliche Grad der Partizipation der einzelnen Gruppen schwanke. Der Mangel an institutionellen Kanälen für die Bedürfnisartikulation der Mehrheit der gesellschaftlichen Gruppen privilegiere einige wenige Gruppen mit ökonomischen

Interessen, die ihre Forderungen an das politische System richten können.
Doch scheint die Feststellung triftig zu sein, daß der brasilianische Staat als die politische Sphäre eine gewisse Autonomie im Verhältnis zur ökonomischen Sphäre genießt und deswegen einen Spielraum für Entscheidungen besitzt, die mit Rücksicht auf breitere soziale Ziele spezifischen Wirtschaftsinteressen widersprechen" (Brasileiro, 1976:29).

Wenn aber der Staat die unterstellten Fähigkeiten zur Planung im Interesse des Allgemeinwohls und die Handlungsspielräume zu ihrer Durchführung besitzt, warum ist dann Stadtentwicklungsplanung bisher stets gescheitert?

"Trotz unzweifelhafter technischer Fortschritte bei ihrer Vorgehensweise oder auf der Ebene spezifischer Projekte scheint die Stadtplanung sehr wenig in der Richtung realisiert zu haben, die ihr zentrales Ziel wäre: städtische Politiken zu implementieren, die wirksam die wesentlichen Probleme der Städte bearbeiten und in diesem Sinne das exekutive und normative Instrumentarium der öffentlichen Hand orientieren.
In der Tat, wenn wir allein die lokale Ebene der Stadtplanung betrachten, gerade diejenige also, die sich im letzten Jahrzehnt unter dem Impuls des aufgelösten SERFHAU am meisten entwickelt hat, stellen wir fest, daß der Einfluß der Planung auf die konkrete Veränderung der Städte irrelevant gewesen ist" (L.C.Costa, 1976:79-80).

Alle zitierten Autoren gehen von der prinzipiellen Möglichkeit aus, einen globalen Plan - einen nationalen, regionalen oder städtischen Entwicklungsplan - zu entwerfen und auszuführen. Auch sehen sie alle im Staatsapparat den kompetenten Akteur der Planrealisierung. In Fällen, wo die einander blockierenden Rivalitäten i n n e r h a l b des Staatsapparates gesehen werden, setzt man die Hoffnung auf die Regierungs s p i t z e (6).
Folglich ist er der Adressat für die Vorschläge, w i e ein globaler Plan effektiver konzipiert und realisiert werden kann.

(6) So z.B. Moreira da Rocha, 1975:118.

Für das Scheitern der bisherigen Planung im allgemeinen oder der Stadtentwicklungsplanung im besonderen werden verschiedene Ursachen angegeben:

a) Das Planungsobjekt - die Stadt - sei sehr komplex: "Die Hauptschwierigkeit der Stadtpolitik ist ihr multisektoraler Charakter" (Lodder, 1978:45);

b) die Konzeption des Planes und die Formen oder Methoden seiner Ausführung seien unzureichend:

"Der Plan darf nicht auf die physischen und materiellen Aspekte beschränkt bleiben: er ist vor allem ein Problem der Koordination und Motivation des menschlichen Potentials" (Rattner, 1972:88);

c) Brasilien habe keine Erfahrung mit langfristiger Planung (Lodder, 1978:45);

d) die mangelnde Kontrollkapazität der Regierung aufgrund der dezentralen Entscheidung über die räumliche Allokation:

"Unseres Erachtens liegt das Hauptproblem für die Durchführung von räumlicher Planung in der Fähigkeit der Regierung zur Kontrolle über die räumlichen Allokationen der Unternehmen, besonders der dynamischen Industrien, vor allem der multinationalen, und zwar aufgrund des dezentralen Prozesses der räumlichen Allokation. Die Koordination der Abteilungen und Agenturen der verschiedenen Regierungsebenen wird unerläßlich, um eine minimale Konsistenz zwischen den Zielen der Stadtpolitik und solchen allgemeiner Natur und zwischen den Regionalpolitiken der verschiedenen Regionen und der Regionalpolitik unter nationalen Gesichtspunkten herzustellen" (Moreira da Rocha, 1975:154);

e) die mangelnde Bürgernähe der öffentlichen Hand, das heißt, der zu geringe Entscheidungsspielraum der unteren Staatsebene, nämlich der Kommunen, und die zu schwache Bedürfnisartikulation der Mehrheit der Bevölkerung:

"Man wird sagen, daß es große Probleme administrativer und institutioneller Art geben wird, auch für eine wirksame öffentliche Kontrolle der Regierungstätigkeit in diesem neuen Bereich (der Stadtplanung; P.S.). Alle diese Probleme sind jedoch lösbar, wenn man versteht, daß es für die Befriedigung der Bedürfnisse der Mehrheit der städtischen Bevölkerung keine Alternative gibt außer der Politik der S t ä r k u n g der Staatstätigkeit im Wohnungsbau und bei den städtischen Dienstleistungen" (L.C.Costa, 1978:100; Hervorhebung von mir).

Von einer ähnlichen Vorausetzung geht auch Brasileiro aus, wenn sie postuliert:
"Unter institutionellen Gesichtspunkten besteht die Aufgabe darin, eine Artikulation und Integration der verschiedenen Regierungsbereiche (und anderer Institutionen mit Entscheidungsmacht) herzustellen, die auf denselben Bereich einwirken, nämlich auf die Stadt" (1976:34);

g) die "Optik" der Staatsangestellten:

"Unglücklicherweise werden jedoch die städtischen Probleme oft vorwiegend unter der Optik der privilegierten Klassen betrachtet! Zu einem großen Teil pflegen die Ressourcen der Kommune in diejenigen Stadtteile kanalisiert zu werden, die von dieser Bevölkerungsschicht bewohnt sind.
Das geschieht teils aufgrund des Sachverhaltes, daß es im allgemeinen Personen aus diesen Klassen sind, welche die Technostruktur der Verwaltung innehaben (...), und die dazu neigen, das Stadtproblem aus der Perspektive desjenigen Viertels zu betrachten, in dem sie wohnen und arbeiten; teils deswegen, weil die ärmsten Schichten keine wirksamen institutionellen Kanäle zur Äußerung ihrer Forderungen besitzen* (*Zuweilen besteht bei den Verwaltungsbeamten Unkenntnis über die Probleme, welche die ärmsten Schichten quälen, über ihre wirklichen Bedürfnisse und Wünsche).
Es besteht die Notwendigkeit einer Bemühung um Bewußtseinsbildung bei sich selber (d.h., bei den privilegierten Klassen im Staatsapparat; P.S.), die durch sozio-ökonomische Studien und Untersuchungen unterstützt wird, und einer Öffnung von neuen Kanälen für die Äußerung der Forderungen der weniger begünstigten Klassen" (Brasileiro, 1976:39, 40);

h) der Mangel an planungstechnischem "know-how":

"Die Wurzel der oben erwähnten Übel und Schwierigkeiten ist der Mangel an Techniken in den verschiedenen Spezialgebieten, die für das Studium der städtischen Probleme notwendig sind (...). Ihre Abwesenheit verursacht die Desorientierung und den Empirismus der vorgeschlagenen Lösungen gegen die Übel, die unsere Bevölkerung bekümmern. (...) Es fehlt die Verbindung und Koordination (der Lösungsansätze; P.S.), die vom Planer herbeigeführt wird..." (H. Modesto, 1959:13).

Auf die Frage, warum die nationale Städteplanung oder die lokale Stadtentwicklungsplanung gescheitert ist, werden also in der Regel zwei Arten von Antworten gegeben, die als "technische" Interpretationen zusammengefaßt werden können:

1. planungsmethodische Mängel
   (Defekte in der Logik der Planformulierung, Informationsmängel, "Optik" der Planer etc.).
2. organisationstechnische Mängel
   (mangelnde Koordination zwischen verschiedenen Abteilungen, zu geringe Entscheidungskompetenzen der unteren oder der oberen Staatsebene etc.).

Folglich tendieren die brasilianischen Planungstheoretiker dahin, stärkere Kontrollorgane oder koordinierende Planungsorganisationen zu empfehlen (7).

Zweifellos ist die Planungsorganisation eine notwendige Voraussetzung für das Gelingen jeder Art von "zielbewußtem Handeln zur Herbeiführung von angestrebten Zuständen" (Sulzer, 1979:9), aber keineswegs auch die hinreichende.
Denn hinsichtlich der administrativen Planungsorganisation stellt sich die Frage, wieso eine von allen Planungsbeteiligten als effektiv angesehene Planungsstruktur trotzdem nicht durchgesetzt werden kann (vgl. Kelbling, 1975).
Die "technischen" Probleminterpretationen abstrahieren vom I n h a l t der Planung und betrachten konsequent das Gelingen oder Scheitern von Plänen gleichsam als Zufallsereignis:

---

(7) Die hier kritisierte Problemperzeption ist beileibe keine bloß brasilianische Besonderheit. Der größte Teil der bundesdeutschen Überlegungen zur Problematik der Stadtentwicklung in der Dritten Welt ist denselben Denkschemata verhaftet. Eine wohltuende Ausnahme macht darin etwa J.H. Wolff (1977).

> "Without question planning has helped promote growth in less developed countries. The visible evidence in many countries of the results of planned expansion of transport, communications, ports, power, industry, irrigation and community facilities is too plain to be argued away. (...)
> But even when the intangible values of planning are taken into account, an examination of postwar planning history reveals that there have been many more failures than successes in the implementation of developed plans" (Waterston, 1965:293).

Ausdrücklicher wird die angebliche Zufälligkeit von Planungsresultaten von Mindlin Lafer formuliert:

> "Das Scheitern oder Gelingen von Planung hängt offensichtlich mit dem Ausschluß wichtiger Variablen zusammen. So enthalten die Pläne selten grundlegende Variablen wie z.B. die Verwaltung und bürokratische Organisation, die Finanz- und Haushaltsplanung, die Weise, wie der Plan mit seiner Ausführung verknüpft ist, der Einfluß der herrschenden Institutionen und der politischen Konjunktur des Augenblicks etc. Wenngleich es nur wenige ausgearbeitete Untersuchungen über diese Probleme gibt, muß es doch möglich sein, sie in die Planung zu integrieren. (...)
> Aber der H a u p t m a n g e l der Pläne ist wohl auf Faktoren zurückzuführen, die im allgemeinen nicht in Modelle integriert werden können, was Macchiavelli vom Glück (fortuna) sagte und was wir als "irrational" und "zufällig" zu bezeichnen pflegen" (1975:26-27).

Da sie vom Inhalt der Planung abstrahieren, übersehen die "technischen" Probleminterpretationen, daß Planung nicht generell scheitert und vor allem nicht nach zufälligen Kriterien gelingt.

Daß etwa in den Bereichen Transport- und Kommunikationswesen, Hafenausbau, Energieversorgung, Industrieerweiterung, Bewässerung und bei gewissen "community facilities" (Waterston) die Wahrscheinlichkeit für die Realisierung der geplanten Vorhaben außerordentlich hoch ist, scheint nicht von ungefähr zu kommen, liegt doch die Funktion dieser Anlagen für die Kapitalakkumulation auf der Hand.

Gegen die "technischen" Interpretationen spricht die Beobachtung, daß äußerst komplizierte Planungsprojekte wie etwa der Itaipu-Staudamm, der das bei weitem größte Wasserkraftwerk der Erde bilden wird und an dem bis zu 25.000 Menschen koordiniert arbeiten, wegen vorzüglicher Planung f r ü h e r fertiggestellt werden soll als ursprünglich vorgesehen.
Auch die Hauptstadt Brasília wurde schnell und technisch zufriedenstellend errichtet.

Ebensosehr muß aber auffallen, mit welcher Regelmäßigkeit die unmittelbarsten und konkreten Folgen für die betroffene oder beteiligte Bevölkerung "vergessen" wurden:
Die Bauarbeiter, die eine komplette Stadt aus Beton, Glas, Wasser und Grünflächen errichtet haben, müssen selber außerhalb Brasílias in dunklen und engen Bretterverschlägen wohnen, umgeben von staubigen, ungepflasterten Straßen ohne jegliche Grünanlagen und bei permanentem Wassermangel.

1.2. Eine "politische" Interpretation

Die gegenwärtig am weitesten entwickelte nicht-"technische" Problemdefinition hinsichtlich der brasilianischen Stadtentwicklungsplanung liegt in einem Aufsatz von Cintra (1978) vor. Cintra will die Grundzüge des p o l i t i s c h e n Kontextes untersuchen, in den die Stadtplanung in Brasilien eingebettet ist.

Da diese Arbeit der bisher einzige systematische brasilianische Versuch ist, die p o l i t i s c h e n Implikationen von Planung darzustellen und sie als die w e s e n t l i c h e n Faktoren für die Realisierungschancen von Plänen zu erklären, soll sie im folgenden ausführlicher referiert werden.

Cintras Ausgangspunkt ist die Feststellung, daß eine Voraussetzung für die Realisierung von Plänen der Besitz von M a c h t ist, weil auf die zu planende Wirklichkeit eingewirkt werden muß. Wenn Planung untersucht werde, stoße man auf Machtverhältnisse und die entsprechenden Gruppen und Institutionen, zwischen denen sie bestehen. Um die Machtstruktur und damit die politischen und ideologischen Restriktionen der Stadtplanung zu verstehen, müsse der gesamte politische Kontext berücksichtigt werden. Metropolitane

Planung (8) stehe in Brasilien unter den Bedingungen einer politischen Organisation mit starken zentralisierenden Tendenzen (p.175).
Die Zentralisierung gehorche einer Logik, die durch Elemente der Organisationstheorie beschrieben werden könne.
Politisch-territoriale Institutionen seien nämlich wie andere Organisationen Systeme, die unter u n bestimmten Bedingungen arbeiten. Um effektiv zu sein, brauchen sie jedoch Bestimmtheit und Sicherheit, die sie durch die Kontrolle der inneren und äußeren Ursachen der Unsicherheit zu erlangen suchen. Aber die Kontrolle einer Abteilung rufe Unsicherheit bei einer anderen hervor (p.175-176).

Wenn z.B. die obere Verwaltungsebene (oder die Zentrale) einer unteren Ebene Kompetenzen abnimmt, dann deshalb, weil die von der oberen Ebene erwartete Amtsführung - nämlich die Verfolgung von Zielen, welche die "Gesamtheit" betreffen, im Gegensatz zu den partiellen Zielen der unteren Verwaltungsebenen - durch die Kompetenzstreuung (dispersão de atribuições) bedroht erscheine. Durch die Zentralisierung werde jedoch die Unsicherheit der unteren Ebene erhöht, die nun ihre eigenen Ziele gefährdet sieht.

Mit der Verstädterung Brasiliens hat notwendigerweise die Bedeutung der kommunalen politischen Ebene abgenommen, da die Prozesse in den Städten zunehmend landesweit zurückwirken. Deshalb rufen sie immer stärker die Aufmerksamkeit der Zentralregierung hervor. Diese hat zwar einen Teil der Funktionen und Kompetenzen der Länder und Kommunen an sich gerissen, und viele Politiken haben Auswirkungen auf den städtischen Bereich, aber es gibt keine eigentliche Stadtplanungspolitik, "das heißt, eine bewußte Koordinierung der Sektoralpolitiken im Rahmen der Stadt oder der metropolitanen Region" (p.180).

---

(8) Cintra hat vor allem das Scheitern der "metropolitanen Planung" im Auge, also das der Regionalplanung im Umkreis der acht größten Städte Brasiliens. Aber seine Ausführungen lassen sich ebenso auf die Stadtentwicklungsplanung und nationale Städteplanung beziehen.

W a r u m aber gibt es - so fragt Cintra - keine Stadtplanungspolitik ? (Política Urbana;(9)) (p.212)

Politiken antworten auf eine Nachfrage, erfordern Unterstützung und werden durch Entscheidungsprozesse in den Regierungsorganen realisiert (p.213). Wenn Politik so definiert werde, was sei dann die "Nachfrage" bzw. welche Individuen und Gruppen seien an einer solchen globalen und kohärenten Politik der "autoritären Allokation von Werten" (D.Easton) interessiert?

Die Nachfrage hänge zunächst von objektiven Situationen bzw. von Änderungen in der Ökonomie und der Gesellschaft ab. Der Prozeß der Verstädterung z.B. führe zu neuen Zuständen, die individuelle und Gruppeninteressen berühren. Dabei entstehen - nach Cintra - zahllose unterschiedliche Probleme, die gelöst werden müssen. Das Hauptmerkmal der Nachfrage nach einer städtischen Politik sei folglich ihre Fragmentiertheit. Es gebe nicht nur eine Personengruppe, die einen bestimmten Kurs der Regierungstätigkeit fordere, sondern verschiedene Gruppen verlangten Unterschiedliches (p.213).

Für die Lösung zentraler Stadtprobleme habe eine aktive Kräftekoalition gefehlt, welche die Politiker (formuladores de políticas) die Kosten der Unterlassung einer bestimmten Maßnahme hätte fühlen lassen.
Mehr noch habe politischer Druck zur Durchsetzung eines integrierten Zusammenhangs von Optionen in der Form einer globalen Stadtplanungspolitik gefehlt (p.215).
Man könne nicht argumentieren, daß der politisch-administrative Mechanismus Brasiliens generell unfähig sei, Entscheidungen zu fällen. Im Gegenteil seien wichtige Schritte zur Industrialisierung des Landes, zur Ausdehnung des Straßennetzes, bei der Erzeugung von elektrischer Energie und bei der Steuergesetzgebung etc. realisiert worden (p.220).

---

(9) "Política Urbana" kann sowohl die Entwicklungspolitik einer einzelnen Kommune als auch die nationale "Städteordnungspolitik" bedeuten.
Wir wollen im deutschen Sprachgebrauch die nominale Unterscheidung machen zwischen Stadtentwicklungspolitik (lokal) und Stadtplanungspolitik (bundes- oder länderweit).

"Wenn man den Regierungsinstitutionen keine "generelle Unfähigkeit" zum Fällen von Entscheidungen zuschreiben kann, wen oder was muß man dann für den Mangel oder gar das Scheitern einer globalen Stadtpolitik verantwortlich machen?" (p.220).

1. Für eine Stadtpolitik fehlten - so Cintra - Kenntnisse und Theorien über die Organisation des städtischen Systems und die interne Struktur der Städte; die Wirkungen von Flächennutzungsplänen, von Steuern und öffentlichen Investitionen würden eher unterstellt als systematisch untersucht.
Auch sei nicht bekannt, wie Anzeichen von Fehlentwicklungen rechtzeitig als solche wahrgenommen werden könnten (Feedback).
Die Entscheidungsinstanzen besäßen noch kein überzeugendes Paradigma, dem sie derart vertrauen könnten, daß sie die sektoralen und isolierten Maßnahmen und Politiken zugunsten einer globalen Politik aufgeben würden.

2. Stadtpolitik impliziere wie jede Politik Kosten und Vorteile sowohl für den, der entscheidet, als auch für den, der Betroffener der Entscheidung ist. Um eine bestimmte Politik durchzusetzen, müßte eine Koalition von sehr verschiedenen Interessen mobilisiert werden (p.224).

3. Darüber hinaus unterschieden sich u.U. die Interessen und Ziele, um die innerhalb einer Kommune eine Interessenkoalition gebildet werden kann, von solchen der Regierung auf nationaler Ebene: im allgemeinen gewähren die nationalen Strategien und Prioritäten, die eine Konsolidierung der ökonomischen Entwicklung bezwecken, den "Produzenten" die größeren Privilegien, während viele lokale Pläne die Wohnlichkeit der städtischen Umgebung zum Ziele hätten, also die Einwohner als "Konsumenten" berücksichtigten.

   Das heiße, daß die Einrichtung eines nationalen Systems der lokalen Globalpolitik oder -planung ein Risikofaktor für die Bundes- und Landesprioritäten bildet (p.227). Trotzdem hätten sich verschiedene Interessenströmungen gebildet, die eine Stadtpolitik fordern. So sei z.B. die Regierung selber an Planung interessiert, weil sie über die Vielzahl nicht-kompatibler Programme besorgt sei, die es auf allen Ebenen des Staatsapparates gebe. Auch die Befürchtung, daß die Städte ein Brennpunkt politischer Unzufriedenheit werden, habe zum Interesse an einer kohärenten Politik für die Städte geführt.

Ebenso erfordere die Konkurrenz der Kommunen um die Ansiedlung steuerträchtiger Unternehmen eine umfassende Planung.

4. Schließlich bestünden Interessenunterschiede zwischen den Plänen des Staates und den Staatsunternehmen, die privatkapitalistisch orientiert sind (BNH, DNER, EBTU etc.), oder zwischen verschiedenen Abteilungen der Zentralregierung, wie z.B. die Kompetenzstreitigkeiten zwischen dem Ministerium für Planung und demjenigen für Inneres (p.228).

Die Vielzahl der Anforderungen und die Knappheit der Ressourcen innerhalb der Kommunen, das Interesse des etwas überflüssigen brasilianischen Planungsministeriums an einer "noblen Aufgabe von hohem Rang" und der Druck von Architekten und Planern seien weitere Pressionen z u g u n s t e n einer Stadtplanungspolitik (p.216-220).

Da diese Nachfrage offensichtlich dennoch nicht genügend stark war, um eine Stadtpolitik durchzusetzen, müssen auch die Entscheidungen im Prozeß der Politikentstehung geprüft werden (p.220). Jeder politischen Entscheidung liege ein Kosten-Nutzen-Kalkül hinsichtlich des Aufwandes an Informationsbeschaffung und Verhandlungstätigkeit für den Entscheidungsträger zugrunde (vgl. Salisbury/Heintz, 1970:42 et passim).

Cintra unterscheidet drei Formen der öffentlichen Politik, die je nach dem Grad der Organisiertheit der bevorteilten oder benachteiligten gesellschaftlichen Gruppen durchgesetzt wird:

1. Die Politik der "non-decision", das heißt, das Unterlassen von verändernden Maßnahmen, könne deshalb wirksam werden, weil die am status quo interessierten Gruppen gut organisiert seien, wogegen die auf eine Veränderung bedachten Interessen derart zerstreut seien, daß sich bei der Abwägung einer öffentlichen Entscheidungsinstanz nach Kosten und Nutzen ihres Verhaltens ein Vorteil ergebe, wenn sie den Widerstand der organisierten Gruppe (etwa einer umweltverschmutzenden Industrie; M.A. Crenson, 1971) n i c h t herausfordere und stattdessen den bloß latent vorhandenen Widerstand der betroffenen, aber nicht organisierten Gruppen übergehe (p.216).

2. Die "strukturelle" Politik, die nicht unmittelbar eine Entscheidung fälle, sondern bloß allgemeine Normen erlasse, die

erst später durch Verordnungen konkretisiert würden, womit Entscheidungen entpolitisiert und aufgeschoben werden könnten.

Salisbury und Heintz nennen diese Politik "strukturell", weil sie "Autoritätsstrukturen und Regeln für zukünftige Allokationen aufstellt" (Salisbury/Heintz, 1970:43). Diese Politikform sei dann opportun, wenn die an Veränderungen interessierten Gruppen schon eine gewisse Artikulationsfähigkeit erlangt hätten, die aber noch nicht ausreicht, um ihre Interessen konkret durchzusetzen (p.229).

3. Nur die "allokative" Politik entscheide definitiv, wie und an welche Gruppen bestimmte Ressourcen verteilt werden. Hier hänge es vom Organisationsgrad der unterschiedlichen Gruppen und von ihrem Verhältnis zueinander ab, ob eine Politik "distributiv" oder "redistributiv" sei:
Wenn die Nachfrage einheitlich und das Entscheidungssystem homogen sei, bestehe eine hohe Wahrscheinlichkeit für eine redistributive Politik, bei der einige Gruppen, Unternehmen, Individuen oder Nationen mehr oder weniger deutlich benachteiligt und andere begünstigt werden.
Sei dagegen die Nachfrage und die Entscheidungsinstanz fragmentiert, werde eher eine "distributive" Politik nach dem "Gießkannenprinzip" verfolgt (nach Salisbury/Heintz, 1970:47-48).

Angesichts dieser Mechanismen tendiere eine umfassende Stadtpolitik dazu, durch eine "non-decision"-Politik oder eine "strukturelle" Politik ersetzt zu werden (p.231).

Zweifellos bildet die von T.J.Lowi (1970) und Salisbury/ Heintz (1970) beeinflußte Argumentation Cintras ein wesentlicher Fortschritt gegenüber den weiter oben dargestellten "technischen" Problemdefinitionen.
Cintra vermag plausibler zu erklären, warum bestimmte Planvorhaben oder "policies" scheitern und andere nicht: die Realisierungschance hängt von dem Verhältnis zwischen der Mobilisierung von Interessengruppen innerhalb u n d außerhalb des Staatsapparates zugunsten eines Projektes einerseits und der Desartikulierung von gegnerischen Gruppen andererseits ab.
Je besser eine oder einige Gruppen in Hinsicht auf ein bestimmtes Vorhaben organisiert sind und je weniger sich andere Gruppen gegen dieses Vorhaben organisiert artikulieren können, umso wahrscheinlicher ist seine Durchführung.

Diese Feststellung ist korrekt, aber sie siedelt auf einer zu abstrakten Ebene an:
Indem sie keine Verbindung zwischen dem Inhalt von bestimmten Vorhaben (Plänen) und der Mobilisierungsfähigkeit von Interessengruppen herstellt, blendet sie den Aspekt des systematischen Scheiterns von bestimmten Plänen aus.

Die Voraussage, daß eine bestimmte politische Entscheidung zugunsten der jeweils überlegenen Interessenkoalition durchgesetzt werden wird oder bei Pattsituationen zwischen Interessengruppen nicht realisiert wird, ist ja für eine handlungsrelevante Untersuchungsperspektive noch gar nicht das entscheidende Erkenntnisziel; wichtiger ist die Beantwortung der Frage, warum bzw. unter welchen Bedingungen sich eine Interessengruppe oder -koalition bei einer politischen Entscheidung gegen den Widerstand anderer Gruppen durchsetzen, das heißt Macht entfalten, kann.

> "Der Erklärungsanspruch einer (...) gruppentheoretischen Analyse macht (...) auf halbem Wege halt. Bevor nämlich der Einfluß organisierter Interessen auf den Politikbildungsprozeß bestimmt werden kann, müßten das Zustandekommen dieser Interessen, ihre Organisationsformen und die Weise der Verarbeitung der zugrundeliegenden Zielkonflikte geklärt sein" (Offe, 1975:76).

Diese Prozesse sind von Determinanten bestimmt, die nicht "durch einen Aggregatzustand von partei- oder verbandsförmig organisierten Interessen" (Offe, 1975:77) hindurchgehen. Das heißt, von den einzelnen Interessengruppen ist nicht beeinflußbar, ob die Ressourcen, über welche sie verfügen, auch tatsächlich "Macht" verleihen, das heißt, unter den gegebenen Bedingungen erfolgreich wirksam sind. So ist etwa Geld nur in einer arbeitsteiligen Gesellschaft relevant oder das Machtmittel des Streiks nur unter den Bedingungen eines Arbeitskräftemangels wirksam.

2. Die Fragestellung zur Falluntersuchung

Für die vorliegende Untersuchung entfallen eine Reihe von methodischen und theoretischen Problemen, mit denen sich die machttheoretischen Ansätze auseinandersetzen müssen, etwa die Frage der "aktuellen" oder "potentiellen" Macht (siehe Hradil, 1980:34 ff.) oder auch das methodologische Problem der non-decisions etc.

Die theoretischen Erleichterungen ergeben sich aus der spezifischen, d.h. vor allem, von einer konkreten Situation ausgehenden, Fragestellung.
Anders als etwa in den community-power-Studies, die von der Frage ausgehen, wer alles ein für allemal - oder doch wenigstens über einen längeren Zeitraum hinweg - Macht besitze, liegt in der hier vorgelegten Fallstudie schon ein Entscheidungsfall vor, an dem sich bewiesen hat, wer für die spezifische Entscheidung die Macht hatte, sie zu seinen Gunsten zu beeinflussen.
Damit hat sie Ähnlichkeit mit der Untersuchung von Dahl (1961), der von offensichtlichen Entscheidungsfällen ausgegangen war.

Nicht eigentlich dieser methodische Schritt wurde ihm zum Vorwurf gemacht, sondern daß er aus spezifischen Fällen unzulässige Verallgemeinerungen hinsichtlich der Machtfülle und vor allem der Machtverteilung der beteiligten Akteure abgeleitet hat. Aus den Resultaten, daß nämlich in drei verschiedenen Politikbereichen (10) unterschiedliche Interessengruppen ihren Willen gegen den Widerstand anderer Gruppen durchsetzen konnten, schloß Dahl auf eine "pluralistische" Entscheidungsstruktur, in welcher fast jedes Interesse die Chance besitze, zum Zuge zu kommen.

Nur auf diese Verallgemeinerung trifft die Kritik etwa von Bachrach/Baratz (1977) zu:
Wenn festgestellt werden soll, wer "im allgemeinen" die Einflußreichsten sind (Dahl,1961:336), genügt es nicht, bloß die offenliegenden Entscheidungsfälle zu berücksichtigen, sondern dann müssen auch die verdeckten, informal gefällten Entscheidungen berücksichtigt werden.

Unsere Fragestellung ist eine andere:
Gegeben sind das Ergebnis einer Entscheidung und die dabei beteiligten - unterlegenen oder obsiegenden - gesellschaftlichen Gruppierungen. Die Frage lautet:
W a r u m haben sich in diesem konkreten Fall die "Sieger" durchgesetzt?

---

(10) Dahl untersuchte in New Haven die Einflußreichsten (leaders) a) bei politischen Ernennungen, b) bei einem Stadtsanierungsprogramm und c) im Schulwesen.

Bei Fallstudien stellt sich in besonderer Weise das Problem der Verallgemeinerbarkeit: inwieweit können Untersuchungsergebnisse aus einer bestimmten politischen oder gesellschaftlichen Konstellation auf andere Situationen übertragen werden?
Wir glauben, zu einer verallgemeinerungsfähigen Aussage gelangen zu können, wenn wir nicht - wie Dahl - die Träger der Entscheidungen in den Mittelpunkt der Untersuchung stellen, sondern auf den Typ von Interessen hinweisen, die im Konfliktfalle die größten Chancen zu ihrer Durchsetzung haben.
Durch eine solche Verallgemeinerung auf der Grundlage des Interessentyps könnten auch die Ergebnisse der Untersuchung von Dahl in New Haven eine andere Interpretation erfahren:
Obwohl bei Entscheidungsfällen in den drei verschiedenen Politikbereichen, die Dahl untersucht hat, jeweils unterschiedliche Gruppen oder Personen ihre Interessen durchgesetzt haben, ist möglicherweise immer derselbe Interessentyp realisiert worden, etwa das strukturell determinierte Interesse am bestmöglichen Funktionieren des Kapitalverwertungsprozesses (11).
Das jedenfalls wäre unsere zentrale Hypothese, vor deren Hintergrund die Interpretation des untersuchten Fallbeispiels erfolgen soll.

3. Inhalt der Fallstudie

In der vorliegenden Fallstudie wird die Stadtplanungspolitik eines Präfekten (Bürgermeisters) in Salvador/Brasilien während seiner zweijährigen Amtszeit (1975-77) untersucht.

Jener Präfekt war vom Gouverneur des Bundesstaates Bahia eingesetzt worden, weil von ihm aufgrund seiner Tätigkeit als Professor für öffentliche Verwaltung und aufgrund seiner bewiesenen Qualitäten bei der Reform der staatlichen Universität von Bahia (UFBa) angenommen wurde, daß er in der Lage sein würde, die im Rahmen einer nationalen Diskussion über Stadtprobleme als dringlich empfundene Neuordnung der städtischen Entwicklung Salvadors durchzuführen. Tatsächlich legte dieser Präfekt bald nach seiner Amtseinführung ein kurzfristiges Programm vor, das bis zur

(11) Diese Hypothese kann allerdings anhand der Untersuchung von Dahl nicht geprüft werden, da er die inhaltlichen Aspekte der drei Entscheidungsfälle gerade ausgeblendet hat!

Fertigstellung des Stadtentwicklungsplanes gelten sollte und so angelegt war, daß es zukünftige Planungsvorstellungen nicht stören würde.
Vor allem aber begann er, durch institutionelle und administrative Maßnahmen auf die Einhaltung der vorhandenen Baugesetze und Bauordnungen zu bestehen, Bodensteuern zu erhöhen und das Stadtentwicklungsprogramm in dem Sinne zu entwickeln, daß nicht die Peripherie zersiedelt werde, was mit enormen Infrastrukturkosten für die Kommune verbunden wäre, Großgrundbesitzern aber die einträglichsten Gewinne bereiten würde, sondern daß der alte städtische Kernbereich dichter bebaut werde.

Diese Maßnahmen und Perspektiven riefen den organisierten Widerstand der stärksten ökonomischen Interessengruppe in Salvador hervor, nämlich den der Großgrundbesitzer. Ihr Druck führte schließlich zur Absetzung des Präfekten, womit auch dessen Stadtentwicklungsplan zu Fall gebracht wurde.

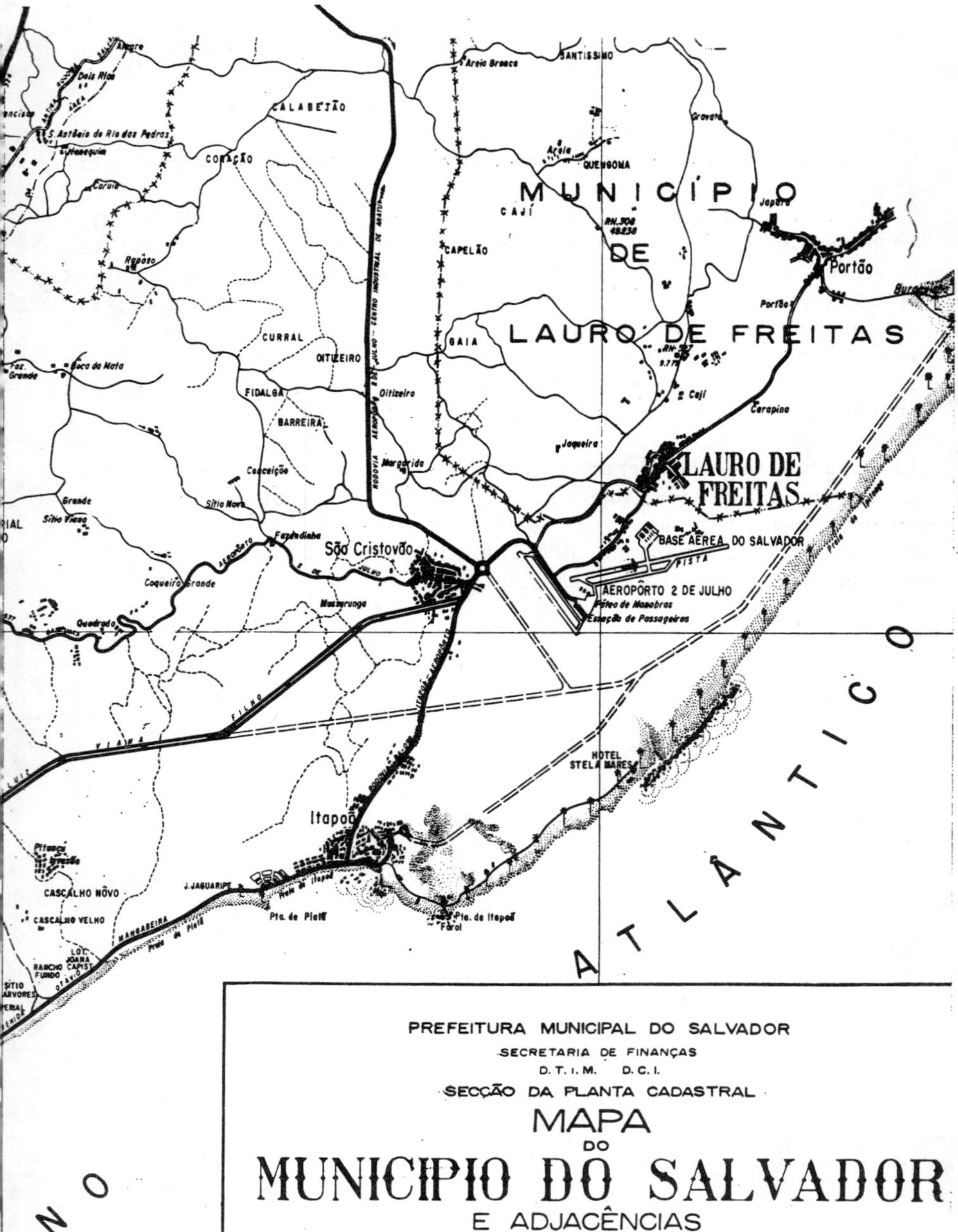
PREFEITURA MUNICIPAL DO SALVADOR
SECRETARIA DE FINANÇAS
D. T. I. M. D. C. I.
SECÇÃO DA PLANTA CADASTRAL
MAPA
DO
MUNICIPIO DO SALVADOR
E ADJACÊNCIAS
ESCALA-1· 50 000
ADMINISTRAÇÃO:
ANTÔNIO CARLOS MAGALHÃES
—1970—
A. C. M.
GRAFICOS BLOCH S A
DESENHO DE MÁRIO MARTINS DE OLIVEIRA
MUNICÍPIO DE LAURO DE FREITAS
LAURO DE FREITAS
ATLÂNTICO
BASE AÉREA DO SALVADOR
AEROPÔRTO 2 DE JULHO
Páteo de Manobras
Estação de Passageiros
PISTA
HOTEL STELA MARES
São Cristovão
Itapoã
Portão
Areia Branca
SANTISSIMO
CALABETÃO
CORAÇÃO
CAJI
CAPELÃO
QUENGOMA
Japara
Gravata
CURRAL
OITIZEIRO
GAIA
FIDALGA
BARREIRA
Oitizeiro
Margarida
Conceição
Sitio Novo
Jaqueira
Carapina
Cají
Fazendinha
Coqueiro Grande
Quadrado
Mussurunga
Boca da Mata
Repôso
Caruia
Dois Rios
S. Antônio de Rio das Pedras
CASCALHO NÔVO
CASCALHO VELHO
J. JAGUARIPE
Pta. de Piatã
Pta. de Itapoã
Farol
Praia de Itapoã
Praia de Piatã
MANGABEIRA
RANCHO FUNDO
Sítio Viana
Grande
Faz. Grande
20'

BAÍA
DE
TODOS
OS
SANTOS
CENTRO
INDUSTRIAL DE
ARATÚ
Paripe
Coutos
Periperi
Praia Grande
Escada
Plataforma
Sobradinho
Balança
USIBA
VALÉRIA
DERBA
Ouvidor
Viva Deus
São José
FONTE DOS MILAGRES
Bacia do Oxum
Curtume Bragença
ALTO DO SOSSEGO
S. Bartolomeu
Petrobrás
PIRAJÁ
ÁGUAS CLARAS
Chácara Nogueira
CABRITO
CABRITO DE CIMA
IASA
COLÔNIA AGR.-INDUST.
LAFAYETE COUTINHO
(PEDRA PRETA)
Cajazeira
FAZENDA 7 DE ABRIL
ENSEADA
RIBEIRA DOS
TAINHEIROS
Lobato
SÉRVIA
Campinas
SANGRA
ALTO DA BOA VISTA
PEN. DO JOANES
GRANJAS REUNIDAS
PRES. VARGAS
INDÚSTRIA
S. Roque
Pau da Lima
Canabrava
Pôrto da Lenha
BONFIM
MASSARANDUBA
Pta. Mont Serrat
MATA ESCURA
Barreiras
SÍTIO PAU DA LIMA
SÍTIO BADEN POWELL
SÍTIO CAFÉ
SÍTIO HABEGGER
MURIÇOCA
Ilha de S. Luzia
PARQUE CHINDLER
SÃO CAETANO
BAIXA DO MAROTINHO
S. LUZIA
CACUNDA DA IAIÁ
VENDA DO BURACO
PALMEIRAS
S. BENTO
MARÉS
LIBERDADE
FAZENDA GRANDE
JAQUEIRA DO CARNEIRO
POSTO FLORESTAL
S. Gonçalo
BARREIRAS
S. BÁRBARA
VILA 2 IRMÃOS
FLOR DAS BARREIRAS
SÃO GONÇALO
LOT. JARDIM OLIVEIRA
S. Bento
CENTRO ADMINISTRATIVO DA BAHIA
São Joaquim
PILAR
IAPI
RETIRO
NARANDIBA
CASCÃO
SABOEIRO
CIDADE NOVA
S. ANTÔNIO
QUINTAS
E. CLUB VITÓRIA
IUBUÍ
MORRO DA MÁ VIDA
Coqueiro
BATE FACHO
CABULA
CH. DO QUERINO
COMÉRCIO
VILA LAURA
JARDIM BRASÍLIA
Pernambués
MATATÚ
BAIXA DO BALAIO
NAZARÉ
J. S. TEREZA
ESTAÇÃO RODOVIÁRIA
CONC. DA PRAIA
SANTANA
ALTO DO CRUZEIRO
HIPÓDROMO
Bôca do Rio
COSME DE FARIAS
JARDIM CAIÇARA
TORORÓ
S. PEDRO
PARQUE JOCKEY CLUBE
STIEP
ARMAÇÃO
AERO CLUBE
BARRIS
SALVADOR
BROTAS
ZONA HOMOGÊNEA DE PITUBA
CANELA
VILA AMÉRICA
FEDERAÇÃO
ALTO DO SOBRADINHO
LOT. CIDADE DA LUZ
VITÓRIA
GRAÇA
PITUBA
Praia de Armação
Jardim dos Namorados
13°
PARQUE S. GONÇALO
ENGENHO VELHO DA FED.
BARRA AVENIDA
BARRA
Pta de S. Antônio
ONDINA
RIO VERMELHO
SANTA CRUZ
AMARALINA
Pta. Itapuãsinho
Cabeça de Negro
Pedras dos Uberanas
Pta. do Conselho
OCE
30° 30' WG
E
27'
26'

KAPITEL II
HISTORISCHER, POLITISCHER UND INSTITUTIONELLER KONTEXT ZUR AMTSZEIT DES PRÄFEKTEN JORGE HAGE (1975 - 1977)

1. Geschichtliche Entwicklung Bahias. Eine Übersicht.

Salvador ist die Landeshauptstadt des brasilianischen Bundesstaates Bahia und liegt ca.1500 km nördlich von Rio de Janeiro und 500 km südlich von Recife an der brasilianischen Atlantikküste.
Mit 561.026 qkm ist Bahia mehr als doppelt so groß wie die Bundesrepublik Deutschland (248.000 qkm). Laut Volkszählung von 1970 hatte Bahia 7,6 Mio. Einwohner. Nur etwa ein Drittel des Landes ist bisher wirtschaftlich erschlossen, nämlich das Gebiet, das sich von der Atlantikküste bis an den Fluß São Francisco erstreckt, der in 500 km Entfernung parallel zur Küste verläuft.
Neben der wirtschaftlich noch unerschlossenen Region "Alêm do São Francisco" ("Jenseits des São Francisco") wird Bahia gewöhnlich (z.B. Governo do Estado da Bahia, 1975:22) in drei weitere Regionen untergliedert (siehe Karte S. 26):

- Der "Recôncavo", ein fruchtbares Gebiet im Umkreis der "Allerheiligenbucht" (Baía de Todos os Santos), an der auch die Stadt Salvador liegt.
  Von hier aus nahm die portugiesische Kolonialisierung ihren Ausgang, und das Gebiet war seit Beginn der Kolonialzeit ein Schwerpunkt der Agrarexportwirtschaft Brasiliens mit den Hauptprodukten Zucker und Tabak. Seine heutige wirtschaftliche Struktur wird durch den größten Industriekomplex des Nordostens Brasiliens, das "Industriezentrum von Aratú" (Centro Industrial de Aratú - CIA) dominiert.

- Die Kakao-Zone, die sich südlich des Recôncavo in einer Breite von ca. 200 km längs der Küste erstreckt und das heute wichtigste Agrarexportprodukt Kakao produziert.

- Die "Zwischenregion", die westlich der beiden erstgenannten feuchten Küstenregionen liegt und sich bis zum Fluß São Francisco erstreckt.
  In diesem halbtrockenen Gebiet werden vor allem Viehzucht betrieben, die Exportrohstoffe Sisal und Mamona angebaut und Nahrungsmittel für den internen Markt erzeugt.

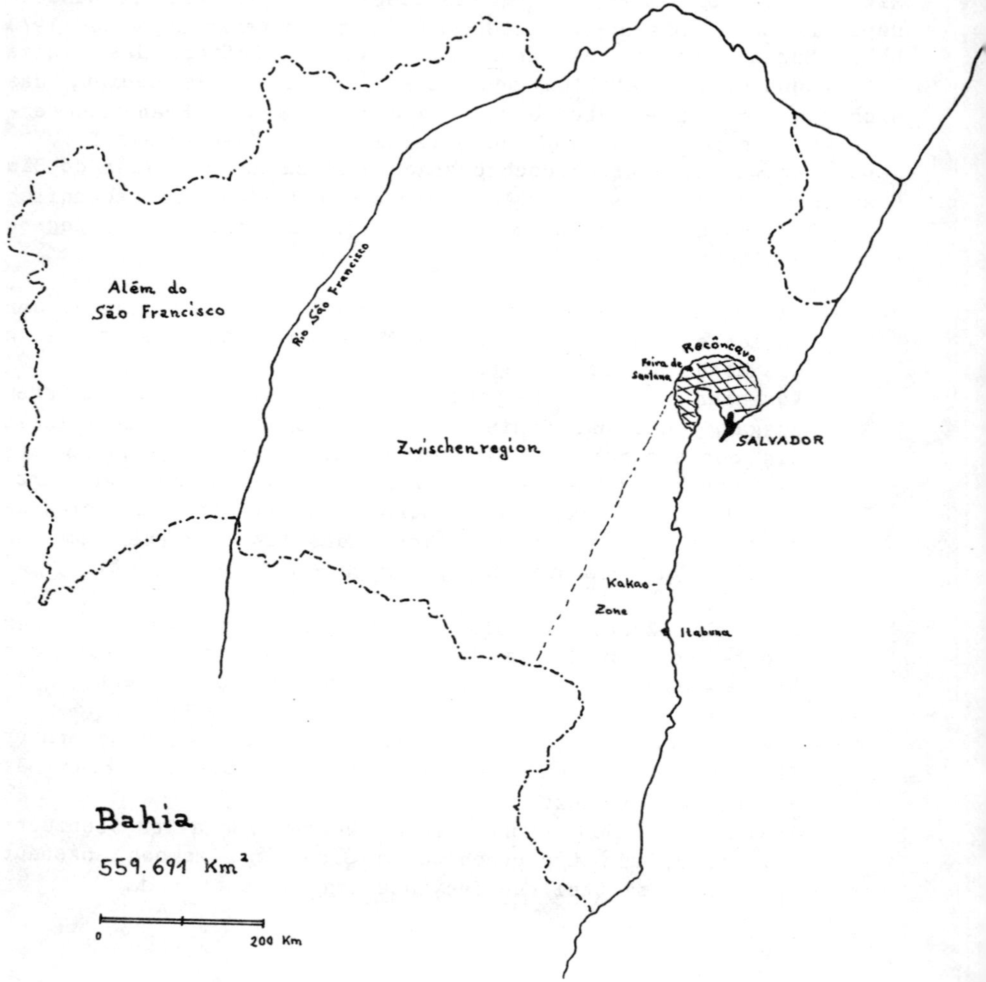
Além do
São Francisco
Rio São Francisco
Zwischenregion
Recôncavo
Feira de Santana
SALVADOR
Kakao-
Zone
Itabuna
Bahia
559.691 Km²
0
200 Km

Die Stadt Salvador war stets aufs Engste mit der Entwicklung des heutigen Bundesstaates Bahia verknüpft und erfüllte die notwendigen Funktionen zu dessen wirtschaftlicher Ausbeutung, die von Anfang an unter kapitalistischen Gesichtspunkten erfolgte (A.G. Frank, 1968:220-276).
Die Lokalisierung des zu gründenden Verwaltungszentrums des neuen und größtenteils noch zu erobernden Kolonialreiches wurde durch eine Reihe von Kriterien festgelegt (A. Simas et al., 1978:IX,2; Mattedi et al., 1979:344).
Dazu gehörte eine strategisch günstige Lage für den Fall von militärischen Angriffen durch die konkurrierenden Großmächte England, Frankreich und Niederlande oder durch die Indianer, sowie ein genügend weiter Hafen für die Schiffe der Küstenpatrouille und die Handelsschiffe aus Portugal, aus den ostindischen portugiesischen Kolonien und aus den westafrikanischen Gebieten (Sklavenhandel).
Der Standort der neu zu errichtenden Stadt war denkbar günstig gewählt. Die Ortschaft wurde auf einem kleinen Plateau errichtet, das auf einer Seite hin steil zur Küste, d.h., dem schmalen Strand der Bucht, abfiel.
Die gegenüberliegende Längsseite des Plateaus konnte durch die Anlage eines Sees (12) stärker gesichert werden.
Als Sitz der zentralen Kolonialverwaltung (13) umfaßte der Ort zur Zeit der offiziellen Gründung im Jahre 1549 (Ankunft des portugiesischen Gouverneurs Tomé de Souza) etwa 850 "Seelen" (also nur Portugiesen, ohne Indios und Sklaven). Neben 400 Soldaten und 400 "degradados" - darunter 101 Handwerker -, die Tomé de Souza mitgebracht hatte, gab es noch einige früher angekommene Siedler, sechs Geistliche (Jesuiten) und einige wenige Frauen (14).

---

(12) In der Höhe der heutigen Rua do Sapateiro; nicht zu verwechseln mit dem Dique do Tororó (Gordilho, 1978:X-5, nota 17).

(13) Eine solche Zentralverwaltung war nicht von Anfang an vorgesehen, sondern Resultat des Scheiterns des Systems der "Capitanias", also des Versuchs, die portugiesische Feudalstruktur auf die neuen Kolonialgebiete zu übertragen, was wegen der unterschiedlichen ökonomischen Voraussetzungen mißlang. Vgl. Pinto de Aguiar, 1979.

(14) Vgl. M.Santos, 1959:35; A.Simas Filho, 1978:IX;

Von Vorteil für die weitere Entwicklung der Stadt war, daß in die Allerheiligenbucht mehrere Flüsse einmünden, die einige Dutzend Kilometer schiffbar waren, also einen leichten Zugang zu den fruchtbaren Böden des "Recôncavo" ermöglichten. So wurden 50 Jahre später schon mehr als 8000 Einwohner (nun wahrscheinlich die Sklaven mit eingerechnet) gezählt (Santos, 1959:36), denn Salvador war zum Wirtschaftszentrum der völlig exportorientierten Agrarproduktion avanciert.
Die Herstellung des Zuckers aus Zuckerrohr erforderte im Verhältnis zur Tabakproduktion höhere Kapitalinvestitionen, weswegen der Zuckeranbau schnell ein stark konzentrierter Wirtschaftszweig wurde. Gleiches wie beim Zucker gilt auch von den Anbauprodukten Baumwolle, Kaffee und Kakao.
Dagegen ist der Tabakanbau bis heute ein kleinbäuerlicher Produktionszweig und beruhte nie auf Sklavenarbeit (wenngleich er den Sklavenhandel ursprünglich zur Produktionsvoraussetzung hatte), sondern auf einer "relação de parcería e meação" (Araujo/ Barreto, 1978:69).
Er wurde in Verbindung mit Subsistenzwirtschaft betrieben. Der Tabakanbau war während der gesamten Kolonialzeit ein komplementärer Wirtschaftszweig zum Zuckeranbau, denn mit Tabak wurden die Sklaven auf den westafrikanischen Märkten erkauft, die auf den Zuckerrohrfeldern eingesetzt wurden.

Im ersten Jahrhundert der Kolonialisierung muß die Wirtschaftsstruktur Bahias eindeutig als Monokultur bezeichnet werden. Das zeigt sich u.a. daran, daß trotz des rapiden Preisverfalles bei Zucker ab 1650 - aufgrund der holländischen Konkurrenz auf den Antilleninseln Curação, Bonaire und Aruba - die Produktion konstant gehalten wurde, weil für die Produzenten zunächst keine Alternativen gegeben waren (P.Singer, 1977:274-75 und Tab.p.275).
Bis zur Mitte des 17. Jahrhunderts bildeten die "Zuckerbarone" die herrschende ökonomische und politische Klasse in Salvador. Ebenso wie in Portugal wohnten die Großgrundbesitzer auch in der Kolonie nicht auf ihren Gütern, die sie von Verwaltern bewirtschaften ließen, sondern in der Stadt.

M. Santos schätzt für das Jahr 1950 die Zahl allein der Zuckerbarone, die mit ihren Familien in Salvador ansässig sind, noch auf ca. 2000 Personen (1959:46).
Händler hatten zunächst keine wichtige soziale Position inne (M.Santos, 1959:104). Doch mit der Ausdehnung des Handels gewannen die Handelshäuser an Gewicht, die den Export der bahianischen

Agrarprodukte und den Import europäischer Luxusgüter und Arbeitsgeräte sowie den Import von Sklaven in Händen hatten (15).
Der Handel erforderte relativ viel Personal für die Verwaltung und Organisation der Lager. Darüber hinaus wurden Handwerker für den Bau und die Reparatur von Schiffen benötigt (16), Soldaten für die Verteidigung der Stadt bzw. Kolonie und zur Niederschlagung von internen Aufständen, ein umfangreiches Rechtswesen für die Verhandlung von Streitigkeiten v.a. zwischen Händlern und Produzenten; eine Staatsverwaltung für die Eintreibung von Steuern und Gebühren und die Kontrolle von Maßen etc. (Araujo/Barreto, 1978: 44). Mit anderen Worten: im frühen 18. Jahrhundert bildete sich eine städtische Bevölkerungsschicht heraus, die sich einen Teil des produzierten Mehrwertes durch die Kontrolle des Exports und Imports aneignete (Mattedi et al., 1979:347).

Selbst wenn man berücksichtigt, daß der größte Teil der in Bahia erzeugten Werte nach Portugal oder England floß, reichte der Rest immer noch aus, um in Salvador eine ungeheure Bautätigkeit zu entfalten, die dazu führte, daß die Stadt im 18. Jahrhundert nach Lissabon die zweitgrößte und -prächtigste Stadt des portugiesischen Reiches war (17).

In der Mitte des 18. Jahrhunderts lebten in der Stadt ca. 37.300 Einwohner.
Doch die erneute Krise des Zuckerexports durch die englische Konkurrenz auf den karibischen Inseln und die Verlagerung des wirtschaftlichen Interesses auf das Gebiet von Minas Gerais, wo 1694 die ersten wichtigen Goldfunde gemacht wurden, führten zu einer Stagnation der wirtschaftlichen Entwicklung Bahias.
Der Goldrausch in Minas Gerais entzog der bahianischen Wirtschaft zunächst die freien Arbeiter und Meister, und zwar in solchem

---

(15) Vgl. Pinto de Aguiar, 1950:16; Mattoso, 1978:23; beide zit. in: Araujo/Barreto, 1978:41,FN 28.

(16) Wegen der Windströmungen wurde auch der Schiffsverkehr von Portugal zu seinen Kolonien in Indien an der südamerikanischen Küste entlanggeleitet.

(17) Es wurden errichtet: 1660 - Paço da Câmara; 1666 - Seminário Sta. Teresa; 1691 - Solar Berquó; 1695 - Solar Gomes Costa; 1701 - Solar Ferrão; 1742 - Palacio de Verão do Arcebispo; 1744 - Igreja und Convento da Lapa; 1752 - Igreja de SantAna; 1754 - Igreja Senhor do Bonfim (Angaben aus: Torres, 1973).

Umfang, daß sogar gefordert wurde, die Abwanderung zu bestrafen (Aguiar, 1977:128).

Durch die Verlegung der Hauptstadtfunktion nach Rio de Janeiro im Jahre 1763 wurde ein Teil der Verwaltungs- und Militärangehörigen abgezogen, was sich in einer Einschränkung des demographischen Wachstums Salvadors bemerkbar machte.
Doch war diese Stagnation nicht Ausdruck einer schlechten wirtschaftlichen Konjunktur der Stadt. Denn als der einzige Exporthafen der Kolonie Brasilien profitierte Salvador von der Diversifizierung der Exportgüter: neben Zucker, Tabak und Baumwolle wurden nun auch Leder und Häute, Schnaps, Gold und Hölzer exportiert.
Aber der Wohlstand der Stadt, gemessen an der Anzahl der prachtvollen Kirchen oder der erhältlichen Waren, bedeutete keineswegs Reichtum für den Großteil der Bevölkerung.
Grundlegende Interessengegensätze bestanden zwischen Sklaven und Herren, zwischen Pächtern und Verpächtern, zwischen Handwerkern und Händlern bzw. Großhändlern und Kleinhändlern, zwischen den Produzenten (senhores de engenho) und den Geldgebern und ganz allgemein zwischen den in Brasilien geborenen Abkömmlingen von Portugiesen und - meistens - indianischen oder afrikanischen Sklavinnen und den rein portugiesischen Amtsträgern, die alle privilegierten Stellungen in Handel, Verwaltung und Militär innehatten und mit ihren eigenen Interessen die der portugiesischen Metropole verbanden (Jancso, 1978:60 u.65), die ihrerseits fast vollständig von der Weltmacht England abhängig war: Englands Druck "erreichte derartige Ausmaße, daß Portugal z.B. gezwungen wurde, einen generellen Industrieproduktionsstop in Brasilien anzuordnen, damit die Sollabnahme englischer Industriewaren eingehalten wurde" (Maus, 1979:34; bezieht sich auf Furtado, 1974:32 ff.).

Zudem verfügte Lissabon über ein absolutes Handelsmonopol: in Salvador durften nur portugiesische Schiffe ein- und ausladen. Damit wurden die englischen Waren um eine beträchtliche Handelsspanne teurer, an der die Portugiesen verdienten.
Audruck dieser Spannungen waren eine Reihe von Aufständen (18), die schließlich in die antikoloniale Bewegung von 1794-1798

(18) u.a. 1711 - Motim do Maneta und Motim de Dezembro;
1728 - Levante do Terço Velho;
1737 - Konflikt zwischen den Stadträten von Salvador und dem König in Lissabon.

("Inconfidencia Baiana") mündeten, deren ideologische Elemente der Französischen Revolution (1789/92) entlehnt waren, die paradoxerweise über Lissabon nach Bahia einströmten.

Diese Bewegung wurde unterdrückt, und erst durch den brasilianischen Unabhängigkeitskrieg (1821-1823) konnte die Kolonie ihre politische Autonomie erringen.

Während der Kontinentalblockade Frankreichs gegen England (und dessen Aliierten Portugal) im Jahre 1806 war in Europa die Produktion von Zucker aus Zuckerrüben entwickelt worden.
Gemeinsam mit den wiederhergestellten Zuckerrohrplantagen auf den karibischen Inseln bildete sie eine mächtige Konkurrenz für den brasilianischen Zucker (19).

Folglich verfiel der Preis für Zucker wieder beträchtlich - von 13,13 g Gold pro Arroba (=14,68 kg) Zucker im Jahre 1650 auf 6,97 g Gold im Jahre 1760, 3,85 g im Jahre 1820 und schließlich bis 1837 weiter auf ein Drittel des Wertes von 1821 (P.Singer, 1977: 275,Tab.; Almeida, 1977:30).

Zwischen 1873 und 1890 verschärfte sich die Krise für die Zuckerproduktion in Bahia derart, daß im Jahre 1888 die Steuer auf Zucker vollständig erlassen werden mußte. Infolge der "prekären finanziellen Situation der Senhores der Engenhos" (d.h. Kapitalknappheit) verlor die bahianische Wirtschaft in dieser Zeit wieder einen wesentlichen Teil ihrer Arbeitskräfte, vor allem Sklaven, die gewinnbringend an die expandierenden Kaffeeplantagen im Süden Brasiliens verkauft wurden.
Schon durch das Verbot des Sklaven h a n d e l s im Jahre 1850 und später (1870) durch das Gesetz "do ventre livre" (wörtl. "des freien Bauches"), demzufolge die ab 1870 geborenen Kinder der Sklaven von Geburt an frei waren, hatten die Großgrundbesitzer des Nordens empfindliche Einbußen an Sklaven erlitten.
1871 besaß der Norden Brasiliens (ab Bahia aufwärts) 868.633 Sklaven, während es 1883 nur noch 403.098 waren (Aguiar, 1977: 128).

---

(19) Die bahianische Zuckerproduktion machte dabei gegen Ende des 18.Jahrhunderts ein Viertel der Weltproduktion aus (P.Singer, 1977:280,Tab.).

Der Tabakhandel hatte durch die Erschwerung des Sklavenhandels (Wiener Verträge von 1815: kein Sklavenhandel nördlich des Àquators; Prado Júnior, 1962:148f.) eine starke Beschränkung erfahren: er sank von 767.000 Arrobas (14,68 kg) im Jahre 1815 auf 64.000 Arrobas im Jahre 1834 (Almeida, 1977:32).
Doch allmählich gelang es im Laufe des 19.Jahrhunderts, besonders durch deutsche Händler, neue Absatzmärkte für den Tabak zu erobern, so daß um die Jahrhundertwende - vor allem wegen des Kubakrieges 1898 - der Tabak zum wichtigsten Exportprodukt Bahias wurde (Almeida, 1977:33; Araujo/Barreto, 1978:52, Tab.).
Die Baumwollproduktion spielte im 19.Jahrhundert keine große Rolle mehr. Nur infolge des Sezessionskrieges in den USA (1861-65) stiegen zeitweise die Baumwollpreise und die -produktion (1861-68).
Die Plantagen in der Umgebung von Caiteté belieferten das nördliche Gebiet von Minas Gerais, während sich der Küstenstreifen Bahias wegen der schlechten Qualität der eigenen Baumwolle und den schlechten Verbindungswegen ins Landesinnere mit der Produktion aus anderen Provinzen (Sergipe, Alagoas) versorgte. Zu Beginn dieses Jahrhunderts konnte die bahianische Baumwollproduktion nicht einmal den Bedarf der lokalen Fabriken decken (Almeida, 1977:33).

Es ist die Kakao-Produktion, die der bahianischen Wirtschaft in der zweiten Hälfte des 19.Jahrhunderts zu einem neuen, aber nicht dauerhaften Gleichgewicht verhilft (siehe Almeida 1977:34,Tab.; Aguiar, 1977:130,Tab.).

Im Jahre 1892 ist Bahia mit 142 Industriebetrieben noch das drittstärkste Industrieland Brasiliens; sein Anteil an der Industrieproduktion Brasiliens beträgt noch 25% (R.C. Simonsen, 1939:23).
Doch schon 20 Jahre später war Bahia auf den 12. Platz gesunken, denn als die Industrialisierung Brasiliens nicht mehr auf die Produktion von Hilfsmitteln für die landwirtschaftliche Exportwirtschaft (z.B. Jutesäcke, Segeltuche etc.) beschränkt blieb, sondern auf die Substituierung von importierten Maschinen und Geräten verlagert wurde, verloren Bahia und Salvador rasch an wirtschaftlicher Bedeutung.

Während Bahia im Jahre 1920 mit 3,5% zum investierten Kapital in Brasilien beitrug, 4% der industriellen Energie Brasiliens verbrauchte (und erzeugte), 5,7% der Industriearbeiter beschäftigte und 2,8% der Industrieproduktion lieferte, waren im Jahre 1940 die entsprechenden Ziffern auf 1,9%, 2,3%, 3,0% und 1,3% gesunken (Tavares, 1966; s.a. Singer, 1977:320,323,330).

Die Unterrepräsentation von bahianischen Politikern in der Zentralregierung der II.Republik - bzw. die darin zum Ausdruck kommende geringe Bedeutung der bahianischen Wirtschaft für wichtige Kapitalinteressen - wirkte sich in den 30er Jahren unseres Jahrhunderts darin aus, daß zwar Maßnahmen zur Stützung des Kaffeepreises vorgenommen wurden (die Kaffeeproduktion war der dominante Wirtschaftszweig São Paulos), nicht aber für die Stützung der Kakao-, Tabak- und Zuckerpreise in Bahia, die ebenso von der Weltwirtschaftskrise betroffen waren.

Wie im 1.Weltkrieg wuchs auch im 2.Weltkrieg die bahianische Agrarproduktion an Umfang und an Wert. Der Export ins Ausland nahm zu, während die Importe kriegsbedingt sanken (Azevedo, 1975:45, Tab.). Stattdessen stiegen die Importe aus anderen brasilianischen Bundesländern.

Der eigentliche Übertragungsmechanismus von Reichtum aus den Agrarregionen Bahia, Pernambuco und Rio Grande do Sul in das brasilianische Industriezentrum im "Centro Sul", also das Gebiet São Paulo - Rio de Janeiro, bestand darin, daß Industriegüter, die zur Aufrechterhaltung der Agrarproduktion benötigt wurden, nicht mehr mit den erwirtschafteten Devisen im Ausland gekauft werden konnten, sondern zu höheren Preisen auf dem Inlandsmarkt - also im Centro Sul - erworben werden mußten. Dorthin wurden also einerseits Importkapazitäten übertragen, andererseits war die interne Kaufkraft der Devisen weitaus geringer, weil die Wechselkurse für die Exporteure nicht der internen Inflation angepaßt wurden (Ritz, 1972b:25; Carvalho/Souza, 1980:76,FN 5):

Im Jahre 1947 teilte die brasilianische Regierung die Importe durch gestaffelte Zölle mit unterschiedlichen Wechselkursen in fünf Kategorien ein (Ritz, 1972a:62ff.) Dieser Protektionismus erhöhte die relativen Preise der importierten Fertigprodukte, wodurch ihre interne Produktion von Vorteil war, zumal die Importe von Kapitalgütern subventioniert wurden. Dagegen wurden die Agrarexporte zum offiziellen (niedrigen) Wechselkurs gehandelt und die Prämien für die Exporte stets mit großer Verzögerung an die Inflation angepaßt (Ritz, 1972b:23-25).
Das heißt, aus den bahianischen Exportgewinnen aus der Agrarproduktion wurde teilweise die Industrialisierung des Südens Brasiliens finanziert.

Mit anderen Worten: indem mit den bahianischen Exportgewinnen aus der Agrarproduktion ein Teil der Industrialisierung des Südens finanziert wurde, geriet Bahia zunehmend mehr in wirtschaftliche Rückständigkeit.
Entscheidend an dieser Situation ist der Sachverhalt, daß mit der Konservierung der althergebrachten wirtschaftlichen Struktur (Agrarexport-Produktion), deren Erlöse seit ca. 1930 bloß anders kanalisiert wurden, die interne politische Struktur in Bahia (und anderen Bundesstaaten des Nordostens) erhalten blieb.

> "The decline (of coronelismo; P.S.) which began in the 1930s has not caused any seismic shifts in the traditional social and economic structures of the Northeast,..." (Pang, 1973:66).

Moacir Palmeira geht sogar so weit, die Umleitung von Ressourcen aus dem Nordosten als funktional, das heißt, als im Interesse der herrschenden Klassen des Nordostens gelegen, zu interpretieren:

> "Doch die Reaktion (auf die Zentralisierungstendenzen der Diktatur Vargas; P.S.) machte sich bemerkbar - so stark war noch die Großgrundbesitzerklasse - und die letzten Jahre der Diktatur Vargas sowie jene, die unmittelbar der Redemokratisierung (im Jahre 1945) folgten, erlebten einen neuen Kompromiß zwischen der nationalen öffentlichen Staatsgewalt und der politisch-privaten Gewalt (der alten Landaristokratie bzw. der "coronéis"; P.S.). Diesem Kompromiß lag die Kanalisierung von Ressourcen aus dem Nordosten in den Süden durch Exportsteuern und andere Mechanismen zugrunde, die - scheinbar dysfunktional für die herrschenden Klassen des Nordostens - in Wirklichkeit von höchstem Nutzen für sie waren, denn nur die wirtschaftliche Marginalisierung der Region, die eine Beschleunigung der Industrialisierung im Süden erlaubte, konnte die politische Entpolarisierung bewirken, die wir schon erwähnt haben.
> Die öffentliche Gewalt intervenierte, um die lokalen oder bundesstaatlichen politisch-privaten Gewalten zu stärken, indem sie die Zuckerindustrie schützte, die mit derjenigen aus São Paulo nicht konkurrieren konnte, oder "öffentliche Arbeiten gegen die Dürre" finanzierte, wodurch der Verbleib von billigen Arbeitskräften auf den Latifundien und die Absorbierung von Massen garantiert wurde, die sonst eine Bedrohung für das System hätten bilden können" (Palmeira, 1966:76).

Leider kann diese originelle These, die im Gegensatz zu den herrschenden Interpretationen der gewalthaften Ausbeutung des Nordostens durch den Süden steht, im vorliegenden Rahmen nicht geprüft werden. Es ist allerdings fraglich, ob die hypostasierte Funktionalität, die sich "post festum" als solche erwiesen haben mag, tatsächlich auch den handelnden Subjekten, d.h., der Landaristokratie, bewußt war und Motiv ihres Handelns bildete.
Sinnvoller scheint eine strukturalistische Interpretation der Entwicklung Bahias zu sein, die nicht von den Handlungsmotiven der Akteure ausgeht, sondern von den Ergebnissen ihres Handelns, die nicht notwendig mit ihren Intentionen übereinstimmen müssen.

Nach einer gegenwärtig herrschenden Interpretation erfolgte die Integration Bahias in drei markierbaren Etappen:

1. Durch die Asphaltierung der Straße Rio - Bahia, durch welche die Fertigprodukte aus dem Centro-Sul relativ preiswert in den bahianischen Markt eindringen und die einheimische Industrie zerstören konnten (Azevedo, 1975:78 mit Hinweis auf Oliveira/ Reichstul, 1973:95). Dadurch wurde eine relative Überbevölkerung und Arbeitslosigkeit, also eine industrielle Reservearmee, noch v o r der neuen Industrialisierung Bahias ab ca. 1968 erzeugt (Oliveira, 1980:12).

2. Durch die Errichtung des Ölförderungs- und -verarbeitungskomplexes des Staatsunternehmens PETROBRAS, dessen Nachfrage nach Zwischenprodukten zu einer Expansion der bahianischen Wirtschaft führte.
   So wuchs der Anteil der Investitionen der PETROBRAS in Bahia von 8,1% des industriellen Geamtproduktwertes im Jahre 1955 auf 66,9% im Jahre 1959 (Azevedo, 1975:55 bzw.Tab.p.71; s.a.Ritz, 1972a:45).
   Die "forward and backward linkages" des Raffineriekomplexes wurden allerdings vielfach als sehr schwach eingeschätzt (so Azevedo, 1975:86; auch BID, 1967:5).
   Die direkten Einkommen aus der Ölförderung beschränkten sich für Bahia auf Löhne und Gehälter, Royalties und Käufe der PETROBRAS in Bahia: damit blieben 40% des gesamten Exportwertes des Petroleums in Bahia, während es beim Kakao 90% waren (Ritz, 1972a:89 bzw. 1972b:27).
   Nebeneffekte der Installierung des Förderungs- und Raffineriekomplexes waren die Verbesserung der Transportwege und die Bildung eines lokalen Unternehmertums durch Subkontrakte - vor

allem bei Reparatur-Dienstleistungen und Straßenbauarbeiten (Ritz, 1972a:89; Azevedo, 1975:86).

3. Durch die Industrialisierungspolitik der 1959 gegründeten SUDENE, durch welche oligopolistisches Kapital aus dem Süden in den Norden umgeleitet wurde (siehe dazu Azevedo, 1975:59) wurde ein wesentlicher Schritt zur Vereinheitlichung des nationalen Wirtschaftsraumes unternommen, und zwar bei gleichzeitiger Ausnutzung der regionalen Disparitäten - vor allem der unterschiedlichen Löhne (Oliveira, 1980:12).
"Wie Souza (1977:28) zeigt, kehren die großen Gewinne, die von den dynamischen Unternehmen zum großen Teil wegen der niedrigen Löhne und der Unterstützung des Kapitals durch Subventionen gemacht werden, zum (v.a. südbrasilianischen oder ausländischen) Kapital zurück. Die Ausdehnung des dynamischen Kerns der Wirtschaft hängt nun im wesentlichen von den Entscheidungen solcher Gruppen ab, die hier investieren oder von der Fähigkeit Bahias, neue Investitionen anzuziehen, ist aber immer von den Akkumulationsbedürfnissen der großen südbrasilianischen oder multinationalen Unternehmen abhängig" (Carvalho/Souza, 1977:10).

Wenngleich der stark monopolistische Industriesektors von der brasilianischen Bundesregierung im Rahmen eines globalen Regionalprogrammes eingerichtet worden war, um regionale Ungleichgewichte zu mildern, die sich aus der Marktwirtschaft ergeben (Standortvorteile), zeigte sich schon bald, daß die Art und Weise, wie die Industrialisierung betrieben wurde, die Ungleichgewichte sehr verstärkte (20).
Es wurde nämlich eine äußerst kapitalintensive Technologie verwendet, die relativ wenige Arbeitskräfte absorbierte, stattdessen aber große Infrastrukturinvestitionen in kurzer Zeit erforderte,

---

(20) Zu seiner eigenen Überraschung gelangt Maus zu dem Resultat, daß per saldo der Werttransfer a u s dem Nordosten h ö h e r ist als der Wert der Investitionen i n den Nordosten (Maus, 1979:102-117).

die wegen der Dringlichkeit ihrerseits mit hoher Technologie ohne viele Arbeiter errichtet wurden (21).
Andererseits hatte die Einrichtung des Industriezentrums und dessen Verbindung mit den Hauptindustrie-Regionen im Süden Brasiliens durch schnelle Verkehrswege (zwei asphaltierte Landstraßen) den Nebeneffekt, daß im Landesinneren Bahias profitable kapitalistische Agrarbetriebe gegründet werden konnten.
Das wiederum hatte eine Politik der Landvertreibung zur Folge (die gegenwärtig noch keineswegs abgeschlossen ist; siehe Grupo de Estudos Agrários, 1980), deren Opfer vorwiegend in den Elendsvierteln von Salvador landen (siehe Tabelle 1).

Tabelle 1
ZUWANDERUNGEN NACH SALVADOR UND ANTEIL DER ZUWANDERUNG AM BEVÖLKERUNGSWACHSTUM DER STADT

Zeitraum	Zuwanderung	Durchschnitt pro Jahr	Anteil am Gesamtwachstum
1940-50	72.227	7.223	71,40%
1950-60	147.804	14.780	60,81%
1960-70	196.516	19.652	52,93%

Quelle: OCEPLAN, Plandurb, Evolução Demográfica (1940-2000). Salvador 1976:102.

2. Die politische Entwicklung Brasiliens ab 1964

Eine strukturelle Entwicklung stellt sich immer nur post festum als folgerichtige dar und erscheint dann als von der "Logik des Kapitals" determiniert.
Doch diese kann sich nur durchsetzen mit Hilfe derjenigen Gesellschaftsgruppen, die an der Aufrechterhaltung der Kapitallogik - d.h., ihrer eigenen Macht über den Mehrwert, der von den Arbeitern

(21) Der Wert der verarbeiteten Industrieproduktion pro Industriearbeiter lag 1965 in der Área Metropolitana von Salvador um 30% höher als im brasilianischen Durchschnitt. Siehe CONDER, 1969:294 ff. bzw. Tab.p.301.
(Die Área Metropolitana wurde später in Região Metropolitana de Salvador - RMS umbenannt und bestand aus den acht Munizipien Salvador, Lauro de Freitas, Simões Filho, Candeias, Camaçari, São Francisco do Conde, Itaparica und Vera Cruz. (Siehe Karte S. 38).

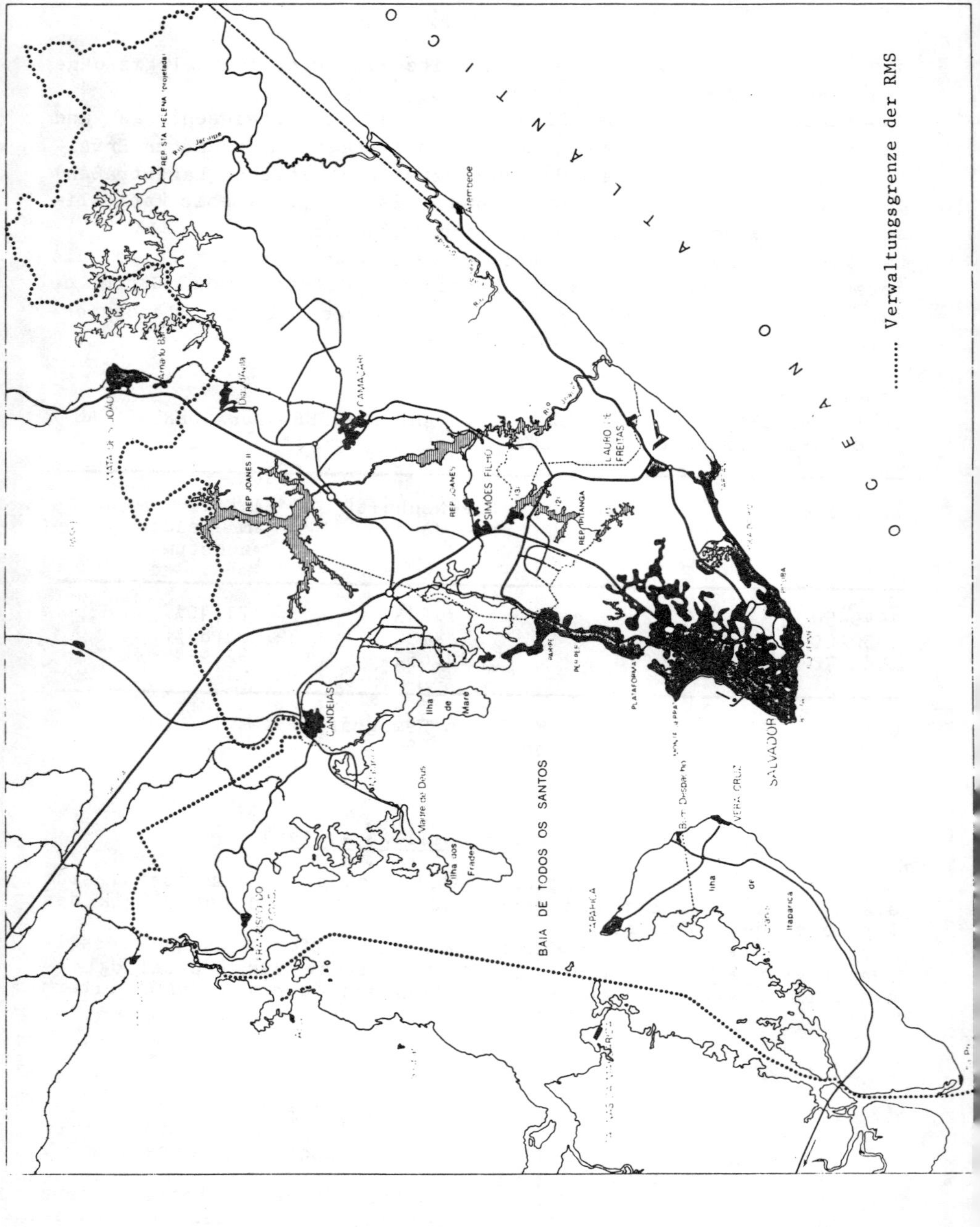
O C E A N O   A T L A N T I C O
.... Verwaltungsgrenze der RMS
SALVADOR
CANDEIAS
CAMAÇARI
SIMÕES FILHO
LAURO DE FREITAS
REP JOANES II
REP JOANES I
REP IPITANGA
PLATAFORMA
Arembepe
BAIA DE TODOS OS SANTOS
Ilha de Maré
Ilha dos Frades
Madre de Deus
VERA CRUZ
ITAPARICA
Ilha de Itaparica

produziert wird, und über die Ressourcenverteilung - interessiert sind.
Die Kapitallogik setzt sich also nicht "logisch" durch, sondern vermittelt durch pure Gewalt oder deren Äquivalent, nämlich Legitimationsstrategien.
Der instituitionelle Träger für den sozio-ökonomischen Prozeß, in dessen Verlauf die bahianische Wirtschaftseinheit endgültig aufgebrochen und umstrukturiert wurde, ist das Militärregime, das 1964 an die Macht gelangte.
Noch im selben Jahr legte es einen Nationalen Wirtschaftsplan vor, den "Plano de Ação Econômica do Governo - PAEG", der von 1964 bis 1966 gelten sollte (Mendes, 1978:97).

Als zentrale Ursache des Niedergangs der brasilianischen Wirtschaft wurde in dem Plan die Inflation diagnostiziert. Ursache für die Inflation wiederum seien die hohe Nachfrage nach Gütern und die Lohnsteigerungen. Folglich wurden als Mittel zur Eindämmung der Inflation - als das wichtigste wirtschaftspolitische Ziel der Militärregierung deklariert - eingesetzt:

- die Einschränkung der zirkulierenden Geldmenge und die Bildung des Banco Central und des Conselho Monetário Nacional;
- die Erhöhung der Steuern und die Finanzreform (1966);
- die Kürzung der öffentlichen Ausgaben;
- Lohnsenkungen.

Diese Politik mußte "scheitern", weil die Diagnose falsch war.
Die Nachfrage sank - vor allem wegen der restriktiven Lohnpolitik - aber die Preise stiegen trotzdem weiter an (Mendes, 1978:98-99).
Es trat eine langanhaltende Inflation ein, bis Ende 1967 eine entgegengesetzte Geldpolitik eingeschlagen wurde, indem die Regierung Geld in die Wirtschaft pumpte, um die wirtschaftlichen Aktivitäten wieder "anzuheizen".
Dieser Zickzack-Kurs darf nicht als eine Korrektur einer vorher falschen Wirtschaftspolitik interpretiert werden. Vielmehr hat er Ähnlichkeit mit dem Lauf eines Kaninchens, das sich der nachjagenden Hunde entledigt: in diesem Fall der brasilianische Arbeiterschaft und ihrer Lohnforderungen.
Denn durch die Antiinflationspolitik der ersten Phase wurden die Reallöhne kräftig gesenkt - weil die Ursache der Inflation ja ein Nachfrageboom gewesen sein soll -; in der zweiten Phase jedoch wurden die wirtschaftlichen Produktionsanreize (erhöhte Nachfrage) nicht mehr vermittels der Arbeiterlöhne geschaffen, sondern durch unmittelbare Subventionen der Regierung an die Unternehmerschaft.

Mit anderen Worten: die Wirtschaftspolitik wurde nun "selektiv", die Nachfrage wurde zwar wieder stimuliert, Kredite wurden wieder erhöht, die Staatsausgaben erweitert - jetzt aber alles nur für bestimmte Klassen.

Erst 1968 begann die neue Wirtschaftspolitik zu wirken, allerdings auf Grundlagen, die schon vorher (1964-67) gelegt worden waren, nämlich:

1. Zerstörung der parlamentarischen Opposition (Verbot der Parteien), 1966;
2. Faktische Funktionslosigkeit des - aus legitimatorischen Gründen weiterbestehenden - Kongresses;
3. neue Verfassung;
4. Finanzreform, durch welche die indirekten Steuern - also die Belastung für die breite Bevölkerung - gegenüber den direkten Steuern erheblich ausgeweitet und erhöht wurden;
5. eine Verwaltungsreform, 1967 (Decreto-Lei 200/67)
6. strikte Lohnkontrolle durch den Staat (keine Tarifautonomie);
7. die Bildung eines Kapitalmarktes (Tavares, 1974:215f.)

Diese Maßnahmen bildeten die Eckpfeiler für eine Politik der Kapitalakkumulation auf der Grundlage eines Marktes, der auf eine zahlenmäßig kleine, aber mit extrem hoher Kaufkraft ausgestattete Gesellschaftsgruppe zugeschnitten ist, wie aus Tabelle 2 hervorgeht.

Tabelle 2
EINKOMMENSKONZENTRATION IN BRASILIEN (1970)

	Bevölkerung		Einkommen	
	%-Anteil	%-Anteil (akkumuliert)	%-Anteil	%-Anteil (akkumuliert)
untersten	40	40	9,05	9,05
	10	50	4,69	13,74
	10	60	6,25	19,99
	10	70	7,20	27,19
	10	80	9,63	36,82
	10	90	14,83	51,65
obersten	10	100	48,35	100,00
Die obersten 5% der Bevölkerung:			36,52%	
Die obersten 1%. " :			17,77%	

Quelle: Duarte, 1971:Tab.8, zit. in: Oliveira, 1975:53 bzw. Oliveira, 1981:67; s.a. Wöhlcke, 1979:142

3. Die Regierung Geisel (1974 - 1979)

Die Regierung Geisel (15.3.1974-1979) markiert eine konjunkturelle Änderung der Struktur, die seit 1964 aufgebaut worden war.
Während die Regierung Medici (1969-1974) gegen die Opposition von Arbeitern und Studenten mit starker Repression vorgehen konnte, indem sie sich die Zustimmung und Unterstützung dazu bei einigen Sektoren der Mittelschicht durch einen wirtschaftlichen Boom erkaufen konnte, trat General Geisel das Regierungsamt unter den deutlichen Anzeichen einer strukturellen ökonomischen Rezession an.
Der Verlust der Unterstützung breiter Bevölkerungskreise, wie er in den Landtagswahlen vom 15.11.1974 zum Ausdruck kam, zwang die neue Regierung dazu, eine Umverteilungspolitik in Aussicht zu stellen (siehe Tabelle 3).

Das spiegelt sich deutlich im II.PND (Nationaler Entwicklungsplan) wider, der angesichts der Begrenztheit des gegebenen Wirtschaftsmodells - Luxusgüterproduktion für eine kleine Schicht (ca. 5% der Gesamtbevölkerung) mit außerordentlich hohen Einkommen - im 6. Kapitel die Erweiterung des internen Marktes postuliert:

- "Substantielle Erhöhung des Lohnes für alle Klassen (...). So kann eine Gesellschaft eingerichtet werden, in der sich die Grundlagen in wirtschaftlicher und sozialer Hinsicht nach oben bewegen";
- "Substantielle Reduktion der absoluten Armut";
- "Sozialpolitik soll nicht nur einfache Folge der Wirtschaftspolitik sein, sondern eigenständiges Ziel" (II.PND, 1975:60).

In rein makroöonomischer Hinsicht mag es gleichgültig sein, ob - für den hypothetischen Gesamtkapitalisten - die Gewinne auf einem breiten Markt mit geringer zahlkräftiger Nachfrage oder auf einem engen Markt mit sehr hoher zahlkräftiger Nachfrage erzielt werden. Bei einer solch groben Betrachtungsweise wäre also der Übergang von einer Form der Wirtschaftspolitik zu einer anderen ein leichtes Unterfangen.
Praktisch aber kann eine solche Änderung nur unter heftigen Auseinandersetzungen zwischen verschiedenen Klassenfraktionen der Bourgeoisie stattfinden, da eben nicht der Gesamtkapitalist, sondern individuelle Kapitalisten von verschiedenen Formen der Wirtschaftspolitik unterschiedlich betroffen werden.

Tabelle 3
ERGEBNISSE DER KONGRESSWAHLEN VOM 15.04.1974

	PARLAMENTSSITZE				WAHLSTIMMEN (Mio.)	
ABGEORDNETENHAUS*						
ARENA	(223)	204	(72%)	56%	11,8	41%
MDB	(87)	160	(28%)	44%	11,0	38%
Enthaltungen/ ungültige Stimmen					6,2	21%
	(310)	364	(100%)	100%	29,0	100%
SENAT**						
ARENA		6		27%	10,1	35%
MDB		16		73%	14,5	50%
Enthaltungen/ ungültige Stimmen						
		22		100%	29,0	100%

* Alle Sitze waren zu besetzen. In Klammern die Sitzverteilung v o r der Wahl.
** Von 66 Sitzen waren 22 zu besetzen.

Quelle: ISTO É vom 6.12.1978. Die Zahlen in Klammern aus Nitsch, 1977:54; zit. in: Lühr, 1980:32.
Anmerkung: Bei den gleichzeitig stattfindenden Wahlen zu den Landesparlamenten hatte die Oppositionspartei MDB die Mehrheit in den Bundesländern São Paulo, Rio Grande do Sul, Pernambuco, Paraná, Rio de Janeiro, Santa Catarina und Ceará gewonnen. Zuvor hatte der MDB nur im Bundesstaat Rio de Janeiro (ehemals Guanabara) eine Parlamentsmehrheit inne (Lühr, 1980:33; vgl. auch: Ruy Santos, 1976).

Im Falle des II.PND war eine Realisierung völlig unmöglich, weil die Hegemonie der Klasse, die von einem engen Markt mit hoher zahlungskräftiger Nachfrage bzw. vom Verkauf von Luxusgütern für eine reiche Oberschicht profitierte, nicht infragegestellt wurde bzw. werden konnte.
Die Unmöglichkeit, den II.PND durchzuführen, war so offensichtlich, daß seine Ausarbeitung und Publizierung nur unter legitimatorischen Gesichtspunkten sinnvoll interpretiert werden kann. Doch wurde diese Taktik kontraproduktiv. Anstatt wieder Hoffnungen an die Zukunft zu binden und Handlungen in der Gegenwart zu unterbinden, nannte dieser Plan einige wesentliche Defekte des gegebenen Wirtschaftsmodells offiziell beim Namen und legitimierte somit die

Forderungen der vom Machtblock Ausgeschlossenen an die Regierung. In der Tat nahm die Unzufriedenheit rasch zu und äußerte sich in spontanen Manifestationen.
Die Antwort der Regierung war eine politische Verhärtung nun auch gegenüber den Mittelschichten (Arbeiter, Bauern und "Marginale" waren ja schon seit 1964 unterdrückt worden).

4. Die Wirtschaftpolitik für den Nordosten

Eine wesentliche Rolle bei dieser Politik der Kapitalakkumulation durch Einkommenskonzentration spielte auf regionaler Ebene die SUDENE.
Bei ihrer Gründung im Jahre 1959 war ihr zum Ziel gesetzt worden, die Agrarstruktur im Nordosten zu reformieren und Kleinindustrie anzusiedeln, welche die auf dem Lande freigesetzten Arbeitskräfte absorbieren und gleichzeitig für den entstehenden Markt produzieren sollte. Ursprünglich war also eine arbeitsintensive anstatt eine kapitalintensive Industrie angestrebt worden (Ritz, 1972a:47; Maus, 1979:59-60; Cadernos CEAS,23(1973):24).
Doch wurde diese Intention so lange blockiert - die SUDENE war anfangs eher ein bloß formal existierendes Organ - bis sich mit dem Militärputsch von 1964 die Machtverhältnisse derart verändert hatten, daß der SUDENE ein völlig neuer Inhalt, konträr zum ursprünglichen (vgl. Maus, 1979:258) und nun großen Kapitalgruppen adäquat (22), verliehen werden konnte.

> "Eine einschneidende Änderung der Programme (nach 1964; P.S.) war nicht nötig, da der SUDENE vor 1964 der Ansatz zu umfassenden Strukturreformen nicht gelungen und ihre Politik durch vorläufige Kompromißmaßnahmen ausgezeichnet war, die dem nach 1964 verfolgten Wachstumskonzept nicht widersprachen" (Koch-Weser, 1973:181).

Zwar wurde weiterhin die "Absorbierung von Arbeitskräften" als das grundlegende Ziel deklariert (23), aber die statistischen Daten

---

(22) "Die Investitionsstruktur der Region wurde wesentlich durch die Tätigkeit der Banken bestimmt" (Maus, 1979:256).

(23) Resolution Nr. 846 der Secretaria Executiva da SUDENE, vom Nov. 1964.

über die Arbeitslosigkeit im Aktionsbereich der SUDENE und die faktische Förderungspolitik - nämlich die Unterstützung von kapitalintensiven Projekten - zwingen dazu, die Schaffung von Arbeitsplätzen als bloß legitimatorische Deklarationen zu klassifizieren:

Tabelle 4
ANZAHL DER ARBEITSLOSEN IN DEN STÄDTISCHEN ZENTREN DES NORDOSTENS (1960 - 1966)

Jahr	Anzahl
1960	701.200
1962	814.800
1963	876.800
1964	942.000
1965	1013.000
1966	1087.000

Quelle: Boletim Econômico da SUDENE, zit. nach Cadernos CEAS,23(1973):24.

Wieder muß darauf hingewiesen werden, daß das Arbeitsplatzangebot allein kein Indikator für eine erfolgreiche Wirtschaftsentwicklung ist, sondern viel wesentlicher das an den Arbeitsplatz geknüpfte Lohnniveau bzw. die Kaufkraft der Bevölkerung. Die Bewohner des Nordostens aber hatten im Jahre 1970 einen Anteil von 10% am nationalen Konsum, während sie 30,5% der brasilianischen Gesamtbevölkerung ausmachten (Cadernos CEAS,23(1973):25).

Für die Stadt Salvador hat in dieser Hinsicht das von der SUDENE finanziell unterstützte Industriezentrum von Aratú (im folgenden CIA genannt) außerordentlich große Bedeutung. Auch war das CIA das größte Projekt der SUDENE gewesen. Wir können also anhand der Darstellung des CIA wesentliche Merkmale der neuen Wirtschaftspolitik ab 1964 im allgemeinen und der Politik der SUDENE im besonderen herausarbeiten und deren Auswirkungen auf die Lebenssituation großer Bevölkerungskreise einschätzen.
Das Industriezentrum vor den Toren der Stadt Salvador absorbierte den größten Teil der Industrieinvestitionen in Bahia (Maus, 1979, p.291 Tab.1, p.293 Tab.5).

Grundlegendes Steuerungsinstrument war der sog. Artikel 34/18 (24), wonach juristische Personen, also z.B. Wirtschaftsunternehmen, 50% ihrer Einkommenssteuer sparen können, indem sie den entsprechenden Betrag auf der Bank des Nordostens (Banco do Nordeste do Brasil - BNB)) deponieren und bestimmen, für welches Projekt, das von der SUDENE genehmigt wurde, er verwendet werden soll (Ritz, 1972a:49; Maus, 1979:67-68).
Die neugegründeten Unternehmen waren ihrerseits bis zum Jahre 1978 von 50% der Einkommenssteuer (Imposto de Renda) befreit (25).
Von den übrigen 50% der zu zahlenden Einkommenssteuer konnten wiederum 50% für den Ausbau des eigenen Unternehmens im Nordosten oder für dritte Projekte verwendet werden, so daß die Einkommenssteuer nur noch 25% des ursprünglichen Betrages ausmachte.
Neben diesen Steueranreizen durch die Bundesregierung erhielten die Unternehmen noch Vergünstigungen durch die Landesregierungen:

- Fünf Jahre lang nach Inbetriebnahme des Unternehmens wurde die Umsatzsteuer (ICM) um 60% gesenkt bzw. ganz erlassen, wenn das Unternehmen Produkte für den Export herstellte.
- Der Import von fortgeschrittener Technologie wurde gefördert, indem jegliche Zölle oder Gebühren entfielen.

Schließlich wurden den Unternehmen, die sich im Industriezentrum von Aratú niederlassen wollten, außerordentlich günstige Infrastrukturleistungen angeboten.
Der Bodenpreis wurde nach der Formel

$$Bp = \frac{0{,}005 \times \text{Wert der Sachanlagen}}{\text{gewünschte Fläche}}$$

in Rechnung gestellt, so daß der Quadratmeterpreis zwischen mindestens Cr$ 0,14 und maximal Cr$ 0,66 schwankte.

"Die gesamte für die Ansiedlung von Industriebetrieben zur Verfügung stehende Bodenfläche beträgt 750 Quadratkilometer. Die Staatsregierung garantiert jeder Firma asphaltierte Zufahrtsstraßen, die Möglichkeit der Verwendung eigener Eisenbahnanschlußstrecken und die Installation von Wasser-, Elektrizitäts- und Telefonanschlüssen bis direkt zum Fabriktor.

---

(24) Der Ausdruck bezieht sich auf den Art.34 des Decreto-Lei Nr.3995 (Dez. 1961) und die Änderungen, die durch Decreto-Lei Nr. 4239 (Juni 1963) eingeführt worden waren.

(25) Laut Art.1 des Dekrets 64.214 vom 18.03.1969.

> Die Bodenpreise sind so niedrig, daß sie eigentlich nur als symbolisch angesehen werden, und sie brauchen erst bezahlt zu werden, wenn 80% der Produktionsstätten vollendet sind" (BRASILIEN, Sept./Okt. 1982:38; Hervorhebung von mir; P.S.).

Zur gleichen Zeit, Ende 1972, lag der niedrigste Bodenpreis in Salvador im Stadtdistrikt Pau da Lima bei Cr$ 4,00 pro Quadratmeter (PLANEJAMENTO, 2,3(1974):287).

Die Finanzierung dieser Ausgaben erfolgte nicht aus dem Fond, der aufgrund Art. 34/18 gebildet worden war, sondern aus dem Haushalt der öffentlichen Hand.

> "Für die Infrastruktur des CIA investierte allein die Staatsregierung von Bahia über 200 Mio. DM (610 Mio. Cruzeiros von 1966 bis 1974). Weitere 600 Mio. Cruzeiros wurden in den Bau des Hafens Aratú investiert" (Krüger, 1978:191).

Weitere Ausgaben erfolgten durch einzelne Landesämter oder andere Organe. Entgegen den pompösen Lobsprüchen der bahianischen Landesregierung gibt es Anzeichen, daß das Industriezentrum von Aratú, die petrochemischen Großanlagen von Camaçarí sowie die übrigen kleineren Industrieprojekte und die Förderung der kapitalistischen Agrarwirtschaft keineswegs zu einer Verbesserung der Lebenslage der bahianischen Bevölkerung, sondern vielmehr im Gegenteil zu einer zunehmenden Verarmung und Verelendung beigetragen haben.

Das soll an zwei ausgewählten Bereichen skizziert werden, nämlich an der Arbeitsplatzentwicklung einerseits und an der Wohnungsnot in Salvador andererseits.

Die Wahl fiel auf diese beiden Bereiche, weil erstens die offiziellen Erfolgsmeldungen immer auf die neu geschaffenen Arbeitsplätze in der Industrie hinweisen (26), und zweitens die offensichtlichste Wirkung des Industriezentrums von Aratú und des petrochemischen Komplexes von Camaçarí auf die Stadt Salvador die enorme Erhöhung der Mieten und folglich der Bodenpreise war, die, einhergehend mit einer sinkenden Reallohnentwicklung, zu einer stets größer werdenden Wohnungsnot geführt haben.

---

(26) Nach offiziellen Angaben wurden im CIA mehr als 12.000 direkte Arbeitsplätze geschaffen (Governo do Estado da Bahia, 1975:91).

5. Die Auswirkungen der Industrialisierung auf den Arbeits- und Wohnungsmarkt in Bahia bzw. in Salvador

5.1. Die Arbeitsplatzentwicklung in Salvador

Kritiker der Industrialisierungspolitik in Bahia, die deren negative Folgen auf den Lebensstandard eines großen Teils der Bevölkerung betonen, stützen sich in der Regel auf die These, daß durch die Industrialisierung entweder - im Verhältnis zum Kapitaleinsatz - nicht genügend Arbeitsplätze geschaffen worden sind bzw. werden, oder gar, daß mehr Arbeitsplätze im traditionellen kleinindustriellen Sektor zerstört werden, als in der modernen Großindustrie neu geschaffen wurden.
Diese Hypothese von der Verschärfung der gesellschaftlichen Widersprüche durch die Industrialisierung müßte sich auf Statistiken stützen, die z.B. eine Zunahme der Arbeitsplätze im modernen industriellen Sektor und eine Abnahme der Arbeitsplätze im traditionellen kleinindustriellen oder handwerklichen Sektor verzeichnen.
Solche Statistiken liegen leider nicht vor. Vielmehr werden in den offiziellen Statistiken beide hier interessierenden Industriesektoren unter derselben Kategorie "verarbeitende Industrie" aufgeführt (27).

Eine Notlösung könnte es bedeuten, dann wenigstens nach der Betriebsgröße zu differenzieren: eine Zunahme von modernen kapitalistischen Unternehmen, die in der Regel pro Einheit mehr Arbeiter beschäftigen, und eine überproportionale Abnahme der Klein- und Kleinstunternehmen könnte unter Umständen in dieselbe Richtung einer mangelhaften Absorption von Arbeitskräften durch die neue Industrie hinweisen, also auf Arbeitslosigkeit und entsprechende Verelendung.
Doch ist es möglich, daß wegen der mangelnden Absorption von Arbeitskräften durch die neue Industrie einerseits und die starke Konkurrenz eben derselben Industrie mit dem traditionellen Kleingewerbe andererseits ein Prozeß der Selbstausbeutung bei den Kleinst- oder Handwerksbetrieben inganggesetzt oder ausgedehnt wird; das heißt, es ist möglich, daß die Betriebsgröße insgesamt zunimmt bei gleichzeitiger Senkung des Betriebseinkommens, etwa,

(27) Siehe Anuário Estatístico da Bahia, 1972:597ff., Tab.4.5. (für 1968-1969).

wenn ein selbständiger Handwerker, der früher durch seine alleinige Tätigkeit ein regelmäßiges und durchschnittliches Familieneinkommen verdienen konnte, nun ein solches Einkommen nur durch den Einsatz seiner nächsten Familienangehörigen (Ehefrau, Kinder) erhalten kann (28).

Es wäre also zusätzlich nötig, die Betriebsgrößen mit den Betriebseinkommen zu korrelieren: aus einer gleichbleibenden oder auch steigenden Anzahl von Kleinbetrieben bei jedoch sinkendem Pro-Kopf-Einkommen ihrer Beschäftigten ließe sich somit auf die mangelnde Absorptionsfähigkeit der modernen Industrie bzw. ihre zerstörerische Wirkung auf den Lebensstandard der Bevölkerung schließen.

Ein weiteres Problem bei der Analyse von Statistiken im dargestellten Zusammenhang ergibt sich daraus, daß durch die Industrialisierung eine Anzahl kleiner Dienstleistungsbetriebe neu entsteht, die ihrerseits wiederum, gemessen an Betriebsgröße und -einkommen, nicht von den traditionellen Handwerksbetrieben unterschieden werden können.

Somit bleibt die Antwort auf die Frage offen, ob die moderne kapitalintensive Industrie neue, zusätzliche Arbeitsplätze schaffe oder nicht (siehe Tabelle 5).

---

(28) Laut einer (repräsentativen?) Befragung von 1.958 Familien mit insgesamt 8.878 Personen in Salvador arbeiteten im Jahre 1960 neben den Haushaltsvorständen nur 125 weitere Personen. (Santos, 1961:25). Das hieße, daß pro Familie 1,06 Erwerbstätige vorhanden waren.
Selbst wenn man annimmt, daß die Angaben aus Furcht vor Steuerabgaben oder aus Mißverständnis über das, was unter Erwerbstätigkeit gemeint war (ob nur formale oder auch informale etc.), stark untertrieben sind, ist der Unterschied zur Situation 10 Jahre später signifikant:
Im Jahre 1970 gab es bei 203.297 Familien in Salvador (*) 316.685 erwerbstätige Personen (**), das heißt, pro Familie arbeiteten nunmehr 1,55 Personen.
Quellen: *) CONDER, 1979:95; **) OCEPLAN, 1976a:Tab.22.

Tabelle 5
BESCHÄFTIGTE IN BAHIA PRO WIRTSCHAFTSSEKTOREN

Sektoren	1940		1970	
Primär-	28.019	23,6%	20.994	5,7%
Sekundär-	19.522	16,5%	95.741	26,1%
Tertiär-	71.063	59,9%	250.314	68,2%
		100,0%		100,0%

Quelle: Faria, 1980:38,Tab.4 bzw. Faria, 1976:248.

Doch selbst wenn die moderne Industrie zusätzliche Arbeitsplätze geschaffen hätte, bedeutete das nicht notwendigerweise eine Erhöhung des Lebensstandards der Bevölkerungsmehrheit. Das heißt, der Diskussion um die Arbeitsplatzbeschaffung der neuen Industrie kommt keineswegs die Bedeutung zu, die ihr auch die Kritiker einräumen.
Vielmehr hängt der Lebensstandard von der Verfügung des einzelnen Individuums über materielle Ressourcen ab, im Lohnarbeitssektor also von der Höhe des Realeinkommens, während er im Subsistenzsektor von der Qualität und Quantität des verfügbaren landwirtschaftlichen Bodens abhängt.

Ein "Lohnarbeitsplatz" ist zwar eine notwendige Voraussetzung für die Erzielung eines L o h n einkommens, aber eben noch keine hinreichende Voraussetzung für ein Einkommen, das hoch genug wäre, um die Reproduktion und die persönliche Entfaltung des Arbeiters zu sichern.
Dieser Sachverhalt wird bei regierungsamtlichen Verlautbarungen über das geschaffene Arbeitsplatzangebot immer unterschlagen.

Darüber hinaus sind "Lohnarbeitsplätze" nicht schlechthin notwendig für die Ausstattung der Individuen mit materiellen Ressourcen; das heißt, eine Wirtschaftspolitik, die eine Ausdehnung des Subsistenzsektors zum Ziele hätte (in dem es ja keine Lohnarbeit gäbe), k ö n n t e u n t e r U m s t ä n d e n einen höheren Lebensstandard der Gesamtbevölkerung zur Folge haben als eine Industrialisierungspolitik (29).

Der Grad der Verfügbarkeit über materielle Ressourcen bestimmt den Grad der materiellen Bedürfnisbefriedigung der Individuen.
In Marktwirtschaften wird dieser Sachverhalt in der Formulierung ausgedrückt, daß die Höhe der Kaufkraft die Höhe des Konsums bestimmt.
So selbstverständlich dieser Sachverhalt auch zu sein scheint, wird er doch in der politischen Argumentation der Verfechter einer Kapitalisierung des Wirtschaftssystems stets verdrängt oder gar verdreht:
Nach deren These ist die Armut eine Folge des zu geringen A n g e b o t s sei es an Waren oder an (Lohn-)Arbeitsplätzen. Folglich müsse gerade die Industrialisierung und die Umwandlung des landwirtschaftlichen Subsistenzsektors in kapitalistische Agrarbetriebe vorangetrieben werden (Governo do Estado da Bahia, 1975: 133-34 et passim). Aber kapitalistische Industrieunternehmen sind keineswegs daran interessiert, zu einer Erhöhung des Durchschnitteinkommens beizutragen, sondern nutzen im Gegenteil vorhandene niedrige Lohnniveaus aus (30) oder erzwingen solche vermittels staatlicher Druckmittel. So war das Einfrieren der Löhne ja ein wesentlicher Bestandteil der Wirtschaftspolitik der Militärregierung nach 1964, was sich in einer Senkung der Realeinkommen niederschlug:

---

(29) Man vergleiche etwa Bilder von brasilianischen Indianern v o r und n a c h ihrem erzwungenen Kontakt mit der "Zivilisation": Indianer im Urwald sehen immer wohlgenährt aus, Indianer in den Elendsvierteln dagegen ausgezehrt und kränklich!

(30) Diese Aussage verträgt sich durchaus mit der folgenden Feststellung von Krüger:
"Die geringeren Durchschnittslöhne des Nordostens fielen, entgegen einer weitverbreiteten Ansicht, als positiver Standortfaktor (für das CIA; P.S.) nicht ins Gewicht. Die Löhne für ländliche Zuwanderer aus dem Nordosten, die mit unqualifizierten Tätigkeiten in der Industrie São Paulos beschäftigt werden, sind nicht höher als die Löhne für vergleichbare Tätigkeiten in den Ballungszentren des Nordostens. Dagegen müssen für qualifizierte Arbeitnehmer z.T. höhere Löhne als im Südosten gezahlt werden. Außerdem ist das Angebot von Facharbeitern, Ingenieuren usw. im Nordosten geringer. Das bedeutet, daß vor allem die kapitalintensiven Betriebe aus der Arbeitsmarktsituation im Nordosten keine Vorteile ziehen können" (1978:199).

"Die Analyse der Lorenzkurven für Salvador in den Jahren 1962, 1971 und 1975 zeigt (...) eine Verstärkung der Regression (der Einkommen; P.S.) zwischen 1962 und 1971 bzw. 1975. Der Gini-Index drückt diese allgemeine Entwicklung aus, und seine Variation von 0,578 zu 0,535 verweist auf eine geringe Verbesserung. Das heißt, trotz eines ziemlich gleichen Niveaus der Regression zwischen 1971 und 1975 gab es eine fast unbedeutende Verbesserung der allgemeinen Einkommensverteilung.
Doch bei den Schichten, denen fast 40% der Familien in den unteren Bereichen zuzurechnen sind, gab es relative Einkommensverluste. Trotz der Modifikationen der Kriterien für die Festlegung des Salário Mínimo ab Mai 1974 und der konjunkturellen Knappheit an Arbeitskräften im Baugewerbe, der einen etwas höheren Lohnindex für diesen Sektor herbeigeführt zu haben scheint, der von großer Wichtigkeit für die nicht-qualifizierten Arbeitskräfte ist, blieb die Tendenz zur Regression für diese niedrigen Einkommensschichten bestehen" (CONDER, 1979, VOL.I, p.97; siehe Abb.1).

Abbildung 1

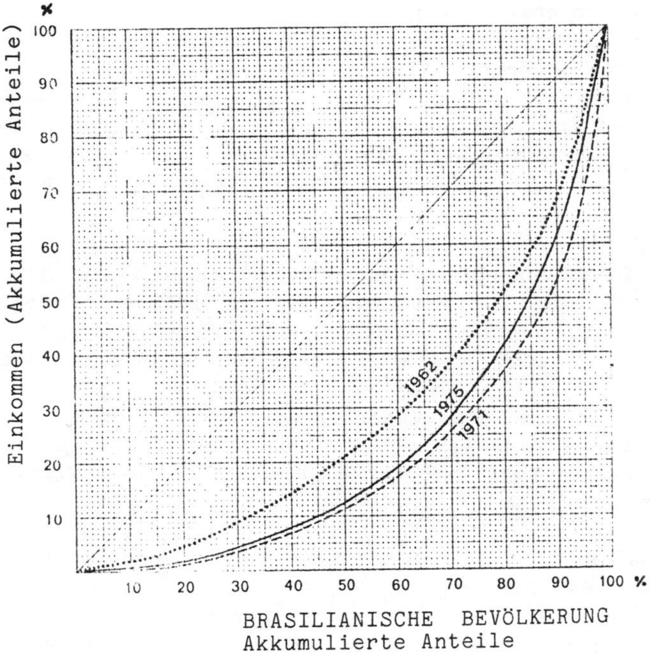

Quelle: CONDER, 1979, VOL.I, p.97

Im übrigen sind Daten über persönliche Einkommen höchst unzuverlässig:

> "Das persönliche Einkommen erhält man, wenn man von dem nationalen Einkommen (Nettobetrag) die Gewinne der Unternehmen abzieht, die direkten Steuern, welche diese Unternehmen bezahlen, die Mieten, die der Regierung gezahlt werden und die Beiträge zur Sozialversicherung, und zu dem daraus gebildeten Saldo die laufenden Überweisungen der Regierung addiert (Renten, Kindergeld, Sozialhilfe etc.)" (R.Hoffmann, 1977:162).

Generell kann davon ausgegangen werden, daß durch die bei Volkszählungen abgefragten Daten die Diskrepanz in der Einkommensverteilung geringer erscheint als sie tatsächlich ist. Denn Einkommen aus Eigentum (Mieteinkünfte, Aktiendividenden, Zinsen etc.) läßt sich leichter unterschlagen als bloßes Lohneinkommen.
Budd/Radner (1959:435-449) schätzen, daß die Angaben über Einkommen aus Eigentum nur 37% des tatsächlichen Einkommens umfaßten, während bei Lohneinkommen etwa 92% der realen Höhe angegeben wurde.
Auch genießen die Bezieher von Spitzengehältern meist eine Reihe von außergehaltlichen Vegünstigungen, um den Zugriff durch die Einkommenssteuer abzumildern:

> "Es wurde 65 Arten von "benefícios paralelos" festgestellt, die von der Verringerung der Pflichtarbeitszeit bis zur Miete für die Wohnung, die Finanzierung eines privaten Chauffeurs und von Reisen ins Ausland reichten und in gewissen Fällen sogar Kreditkarten umfaßten, für deren Deckung die Firma aufkam" (Estado de São Paulo vom 6.4.1975:45; zit.in: R. Hoffmann, 1977:163).

Aber auch Verzerrungen in den unteren Einkommensgruppen können auftreten, etwa wenn bei Hausangestellten nicht die freie Kost und Unterkunft berücksichtigt werden, und generell im Subsistenzbereich, in dem nicht-monetäre Einkommen sogar das Übergewicht haben.
Schließlich sagt die Einkommenshöhe an sich nichts über die Kaufkraft aus, die einerseits von der Höhe der Preise abhängig ist, andererseits aber auch von der sich wandelnden Bedürfnisstruktur der Einkommensbezieher.

> "Festzuhalten ist hier bloß, daß die Steigerung des 'Wohlstandes', auf den sich die offizielle Propaganda so viel zugutehält, nicht nur nicht in der Steigerung des Nominaleinkommens (das ist wegen der permanenten Inflation

selbstverständlich!), auch nicht in einer Steigerung des R e a l e i n k o m m e n s , sondern allein in einer über die w a c h s e n d e n R e p r o d u k t i o n s k o - s t e n der Arbeitskraft h i n a u s g e h e n d e n Verfügung über Güter und Leistungen zu bemessen ist, sofern sie der individuellen und kollektiven Emanzipation zugutekommt" (Offe, 1973:155; Hervorhebung im Original).

Wenn etwa ein realer Einkommenszuwachs mit einer Veränderung der Lebenssituation einhergeht - als geringstes Beispiel sei auf vermehrte Ausgaben für öffentliche Nahverkehrsmittel hingewiesen, die eine an die Peripherie der Stadt verdrängte Familie aufwenden muß - kann sich trotz der Einkommenssteigerung eine Verschlechterung des Lebensstandards ergeben.

5.2. Die Wohnungssituation in Salvador

Der geringe Grad an "Verfügbarkeit über materielle Ressourcen" bei einem beträchtlichen Teil der Bevölkerung drückt sich aber nicht nur an - schwierig zu messenden - Einkommenshöhen aus, sondern läßt sich viel deutlicher an der prekären Situation vieler Reproduktionsfaktoren wie Gesundheitswesen, Lebensmittelversorgung, Schulwesen, Transport, Energieverbrauch und vor allem des Wohnungssektors ablesen. Der Wohnungssektor steht vor allen übrigen Faktoren im Mittelpunkt der öffentlichen Aufmerksamkeit innerhalb der Stadtpolitik.

Warum das der Fall ist, darüber lassen sich nur Vermutungen anstellen:
Die übrigen Faktoren, die zur Reproduktion der Menschen erforderlich sind, fallen aufgrund historischer, politischer oder ideologischer Entwicklungen nicht in die Kompetenz der Stadtverwaltung (Gesundheitswesen, Lebensmittelversorgung), oder die Betroffenen des mangelnden oder mangelhaften Angebots an Dienstleistungen sind - aufgrund der besonderen Art dieser Dienstleistungen - schlecht organisationsfähig (was auch heißt, nicht fähig, die permanenten Desorganisationsbestrebungen der öffentlichen Organe zu überwinden...).

So können z.B. im Schulwesen oder im Transportsektor die Betroffenen leichter auseinanderdividiert werden:
Wo etwa Schulen vorhanden sind, die aber mangelhafte Bedingungen für eine adäquate Ausbildung aufweisen, kann durch die Konkurrenz

der Schüler untereinander, die durch das herrschende Schulsystem gepflegt wird, die Verantwortung für schlechte Ergebnisse den einzelnen Schülern selbst bzw. ihren Eltern zugewiesen werden.

Im Prinzip gilt das auch für den Wohnungssektor und wird ja - erleichtert vor allem durch die räumliche Trennung der Bewohner - immer wieder mit Erfolg durchgeführt.
Doch hat der Mangel an Wohnungen, der schon seit Anfang der 50er Jahre besteht, eine Größenordnung und Sichtbarkeit erreicht, daß eine Unterdrückung der Thematik nicht mehr als möglich erscheint (31).
Die "Nationale Kommission für sozialen Wohlstand" (Comissão Nacional de Bem Estar Social) stellte schon 1950 für Salvador ein Defizit von 16.534 Wohnungen fest - auf der Berechnungsgrundlage einer schon exzessiven Zahl von 5 Personen pro Schlafraum! (Brandão, 1978:167). Für 1961 wurde ein Defizit von ca. 36.000 Wohnungen geschätzt (Mattedi, 1979:81-82), für 1970 von 50.000 und für 1977 von 85.000 Wohnungen (CONDER, 1970 und VEJA, 1977; zit. in: Krüger, 1978:186).

Laut allgemeiner Volkszählung aus dem Jahre 1970 gab es in der metropolitanen Region von Salvador (32) 205.588 Haushalte (domicílios), davon 178.881 in Salvador (siehe Tabelle 6 und 7).
In diesen Haushalten lebten insgesamt 1.100.619 Personen bzw. 966.768 (in Salvador), das heißt, durchschnittlich etwa 5 Personen pro Haushalt.

---

(31) Selbstverständlich aber wird versucht, das Wohnungsproblem derart zu definieren, daß es in eine Politik der Kapitalakkumulation "paßt". Siehe hierzu Bolaffi, 1975.

(32) Zur metropolitanen Region siehe Fußnote 21.

Tabelle 6
ANZAHL DER WOHNEINHEITEN IN DER RMS (1970)

	Total	dauerhafte (*)		rustikale (**)	
R M S	205.588	152.916	74,3%	52.584	25,5%
davon in Salvador		178.881		keine Angaben	

(*) "dauerhafte"(durável):"Gebäude, die vorwiegend aus Ziegelsteinen, Steinen, Luftziegeln oder Bauhölzern bestehen und Dächer aus Ziegeln, Wellblech oder Zementplatten und Böden aus Holz, Zement, Fliesen oder Mosaik besitzen";

(**) "rustikale"(rústico): "Gebäude, deren Wände und Dächer vorwiegend aus Lehm (taipa), Dach-Stroh (sapé), ungeeigneten Hölzer oder dem Material gebrauchter Behälter oder Fässer und deren Boden aus festgestampftem Lehm bestehen" (CONDER, 1969, Kap.1.1., Fußnote).

Quelle: CONDER, 1969, Kap.1, Tab.I.

Tabelle 7
ANZAHL DER WOHNEINHEITEN IN SALVADOR (1974)

Total	davon ohne Anschluß an Wassernetz
219.688 (100,%)	109.233 (49,8%)

Quelle: OCEPLAN, 1976a:Tab.123.

E i n Maßstab für die Qualität von Wohnungen ist ihre Fläche pro Person. In Europa liegt die "Mindestkomfortrate" bei ca. 20 qm pro Bewohner.
Dagegen zeigt die folgende Tabelle 8 die Situation in verschiedenen Unterschichten-Stadtteilen Salvadors:

Tabelle 8
WOHNFLÄCHE PRO BEWOHNER IN UNTERSCHICHT-STADTTEILEN IN SALVADOR/BAHIA (ca. 1969)

Stadtteil	bis 4 qm	bis 6 qm
Liberdade	31%	57%
Calabar	40%	59%
Alto do Cruzeiro	54%	78%
Pernambués	28%	59%
Nordeste de Amaralina	45%	72%

Quelle: Núcleo, 1970; zit.in: CONDER, 1975:Tab.VI.

Legt man die Formel der UNO zur Messung des Wohnungsdefizits zugrunde (33) und geht von zwei Personen pro Schlafraum und fünf Personen pro Familie bzw. Wohneinheit aus, dann ergibt sich für die RMS im Jahre 1970 ein Wohnungsdefizit von

$$D = \frac{1.100.704 - 425.262 \times 2}{5} = 50.034 \text{ Wohneinheiten.}$$

Das heißt, 50.035 Familien wohnten in zu kleinen Wohnungen, oder es fehlten mindestens 125.085 Schlafzimmer! (CONDER, 1975, Kap.1.6.)

Ein weiterer Indikator für die Wohnungsmisere ist die Statistik in der folgenden Tabelle 9, die zeigt, daß von den jährlich durchschnittlich 13.000 neuerrichteten Wohnungen (im Zeitraum 1967/73) 8000 Wohnungen im "informellen Sektor" errichtet wurden, das heißt, ohne offizielle Institutionen einzuschalten - sei es zum Erhalt der Baugenehmigung oder zum Empfang von Krediten etc.

---

(33) $$D = \frac{Ew - S \times PS}{PW}$$

D = Wohnungsdefizit
Ew = Einwohner des Gebietes
S = Schlafräume
PS = Personen pro Schlafraum
PW = Personen pro Wohneinheit

Tabelle 9
WOHNUNGSPRODUKTION IN DER R M S (1967 - 1973)

Bauherren	Herkunft der Finanzmittel	mittlere jährliche Produktion	
Private u.Immobilienfirmen	eigene	2000	15%
Immobilienfirmen	SBPE	2000	15%
INOCOOP	SFH	400	3%
URBIS	SFH	600	5%
Informeller Sektor	...	8000	62%
		13000	100%

Quelle: CONDER, 1975:Kap.2

6. Die Stadtentwicklungspolitik in Brasilien

Erst spät wurden in Brasilien die Städte als spezielle Problemfelder "entdeckt", wobei zunächst der Wohnungsmangel als Hauptproblem definiert wurde (siehe dazu v.a. Bolaffi, 1975; auch Szubert, 1978).
Wie in allen übrigen privat- oder staatskapitalistischen Gesellschaftsformationen war der Industrie, die sich wegen der Allokationsvorteile in den Städten niederließ, großzügige Unterstützung durch den Staat gewährt worden, während die Bevölkerung, die in dieser Industrie arbeitet und alle gesellschaftlichen Werte erst schafft, in den prekärsten Lebensumständen gelassen wurde. Jedoch nicht dieser Sachverhalt als solcher sollte zur Postulierung einer globalen Wohnungsbaupolitik führen, sondern der daraus erwachsende politische Druck jener Bevölkerung.

Daß die verfolgte Wohnungspolitik - insoweit sie eine Verbesserung der Wohnungsversorgung für die bedürftigste Bevölkerung propagierte - keine humanitären Beweggründe hatte, sondern auf politischen Erwägungen beruhte, läßt sich an den Ergebnissen der Wohnungspolitik ablesen, die effektiv zu keiner Verbesserung der Wohnungsversorgung geführt hat. Das, was tatsächlich an Wohnungen für die unteren Einkommensschichten errichtet worden ist, muß wegen seines geringen Umfanges im Verhältnis zu dem Propagandaeinsatz unter dem Gesichtspunkt der "Alibi-Erzeugung" oder "Legitimationsbeschaffung" interpretiert werden. Cintra (1978:186) spricht von einem "symbolischen Effekt".

Die erste Ausdrucksform dieses Typs der politischen Legitimationserzeugung war die Gründung der "Stiftung für Volkswohnungen" (Fundação da Casa Popular) durch das Gesetz Nr. 9.218 von 1946. Ziel dieser Stiftung war es, den Kauf und den Bau von Wohnungen in städtischen und ländlichen Bereichen zu ermöglichen, wobei 60% der zu bauenden Einheiten an Angestellte und Arbeiter der Privatindustrie, 20% an öffentliche Funktionäre (Beamte und Angestellte) und die letzten 20% an "andere Personen" verteilt werden sollten.
Schon damals wurde der Zusammenhang von Wohnungsproblemen mit anderen städtischen Problemen gesehen.
So könne es nicht nur um die Errichtung von Wohnungseinheiten gehen, sondern gleichzeitig müßten Wasser- und Lichtleitungen und Abwasserkanäle installiert werden; darüber hinaus soziale Dienstleistungen wie Müllabfuhr, Schulen, Busstationen etc. Auch sei es nötig, billige Grundstücke zu erwerben und die Baustoffindustrie zu subventionieren, um die Baukosten niedrig zu halten (Decreto-Lei 9.777 vom 6.9.46).

Der zweite große propagandistische Anlauf zur "Lösung" der Wohnungsprobleme erfolgte 1961 (also während der populistischen Phase Brasiliens) mit der Bildung eines "Nationalen Rates für die Planung von Volkswohnungen" (Conselho Nacional de Planejamento de Habitação Popular; Decreto-Lei 50.488).
Er war schon umfangreicher konzipiert als die "Fundação da Casa Popular" und sollte die Koordination zwischen der Bundesregierung und den Munizipien übernehmen, um eine globale Wohnungspolitik in die Wege zu leiten, die auf der Zusammenarbeit mit "Autarquias" (34), gemischten Gesellschaften, Berufsvereinigungen der Architekten, Ingenieure und Agronomen und mit anderen privaten Organisationen beruhen sollte.

Die Durchführung der Wohnungsprojekte sollte in den Händen von privaten Unternehmen bleiben, die ihrerseits vom Staat subventioniert würden.
Doch auch dieser Plan hatte, ganz im Gegensatz zu dem großsprecherischen Entwurf, nur geringe Folgen (Cintra, 1978:187). Immerhin erkannten einige Planer, daß eine konsequente Wohnungsbaupolitik nicht nur weitergehende infrastrukturelle, sondern auch politische Maßnahmen erforderte. Denn die Wohnungsprobleme wurden durch die

(34) Autarquias sind verwaltungsmäßig unabhängige Institutionen, die jedoch durch staatliche Gelder finanziert werden (siehe Meirelles, 1977:430).

hohen Bodenpreise, die Immobilienspekulation, die Zurückhaltung von großen Brachflächen in den Städten und die hohen Mieten verursacht.
So verwundert es also nicht, daß die Stadtplaner einen substantiellen Eingriff des Staates in die Mechanismen des städtischen Immobilienmarktes als Grundlage für eine wirksame Wohnungspolitik betrachteten.
Eine allgemeine "Stadtreform" bildete einen der Programmpunkte des Dreijahresplanes der Regierung Goulart (Plano Trienal de Desenvolvimento Econômico-Social), der vom damaligen Planungsminister Celso Furtado ausgearbeitet worden war.

Der Tendenz, das Wohnungsproblem als Folgeerscheinung anderer ökonomischer und politischer Faktoren zu betrachten und folglich tiefgreifende Veränderungen der gesellschaftlichen Formation anzustreben, kam eine Interessenkoalition mit Hilfe des Militärs durch einen Staatsstreich zuvor (35).
Nunmehr wurden soziale Probleme wieder als bloß technische Probleme definiert, die durch eine paramilitärische Logistik behoben werden könnten. Die Funktion des Politikers wurde diffamiert (Entzug der legislativen Aufgaben etc.; Cintra, 1978:195) und an seine Stelle Technokraten gesetzt. Dieser Änderung wurde unter dem Schlagwort der "Entideologisierung" durchgeführt.
Die neue Militärregierung erkannte sofort, daß der Ruf nach einer Stadtreform aufgenommen werden konnte, um die eigenen Ziele einer stärkeren Kontrolle der gesamten Wirtschaft durchzusetzen.
Ein umfangreiches Wohnungsbauprogramm wurde als Möglichkeit angesehen, die Arbeitslosigkeit zu vermindern, da der Bausektor noch sehr arbeitsintensiv organisiert war. Zudem sollte die Beschaffung von Eigentumswohnungen revolutionäre Intentionen im Keim erstikken:

> "Die Lösung des (Wohnungs-; P.S.) Problems durch den Bau von Eigenheimen trägt viel mehr zur sozialen Stabilität bei als eine Mietwohnung. Der Besitzer eines Eigenheimes überlegt es sich zweimal, ob er in Tumulten mitmacht oder fremdes Eigentum zerstört; er wird ein Aliierter der Ordnung" (Planungsminister Roberto Campos, 1966, Vol.II, p.20; zit.in: Cintra, 1978:198).

---

(35) Was natürlich nicht bedeutet, daß diese Tendenz das einzige oder gar das wichtigste Motiv für den Staatsstreich war.

Zur Finanzierung dieser so konzipierten Wohnungsbaupolitik wurde 1964 die Nationale Wohnungsbank (BNH) gegründet. Daß eine öffentliche Institution, die öffentliche Güter wie etwa Wohnungen bereitstellen bzw. finanzieren sollte, als Bank konstituiert wurde, also unter kapitalistischer Logik par excellence handeln sollte, hatte schwerwiegende Abweichungen von der propagierten Wohnungsbaupolitik zur Folge (vgl. Szubert, 1978). So verschob sich das Interesse der Bank schnell hin zu lukrativeren Finanzunterstützungen für Luxuswohnungen und Hotels (VISÃO, 13.11.1976).

Zusammen mit dem BNH wurde durch Gesetz 4.388 vom 21.8.1964 das "Bundesamt für Wohnung und Städtebau" (SERFHAU) als "autarquia" des Innenministeriums gegründet, das die Untersuchungen zum Wohnungsdefizit durchführen und die physischen, technischen und sozioökonomischen Aspekte des Wohnungsbaues planen und ausführen sollte (Cintra, 1978:203; IPEA, 1973:141).
Darüber hinaus sollte sie die technische Hilfe für den regionalen und munizipalen sozialen Wohnungsbau koordinieren, fördern oder selbst liefern und die Länder und Munizipien bei der Ausarbeitung von Leitplänen unterstützen.

Bei der Gründung des BNH und des SERFHAU war dem letzteren die leitende Funktion zugedacht worden, während die Wohnungsbaubank nur die finanziellen Mittel bereitstellen sollte. Doch faktisch setzte sich das umgekehrte Verhältnis durch. Die Bank verteidigte von Anfang an ihre Autonomie und verweigerte die Unterordnung unter den SERFHAU. Dieser Kampf um Kompetenzen kam zunächst in einer Änderung des Gründungsgesetzes zum Ausdruck, das die Verbindung aufhob.
In einem weiteren Dekret (59.917 vom 30.12.1966) wurden die Funktionen und Ressourcen des SERFHAU genauer definiert. Seine politischen Ziele sollten in Zusammenarbeit zwischen dem Innenministerium und dem Planungsministerium ausgearbeitet werden. Damit war diese Institution im Grunde schon zur Wirkungslosigkeit verdammt, d.h., sie wurde in dem Gerangel zwischen den beiden Ministerien zerrieben (vgl. Cole, 1971).

Erst im Jahre 1974 wurde wieder eine zentrale Organisation für die Koordination einer nationalen Stadtentwicklungspolitik gegründet, nämlich der "Nationale Rat für städtische und metropolitane Entwicklung" (CNPU). Seine Aufgabe sollte es sein,

> "die Implementierung des Systems der Metropolitanen Regionen zu begleiten und die Leitlinien, Strategien und Instrumente der nationalen Politik der Stadtentwicklung vorzuschlagen und

deren Ausführung zu begleiten und zu evaluieren" (Gründungsdekret Nr. 74.156 vom 6.6.1974, Art.I).

Laut Gründungsdekret gehörten dem CNPU folgende Mitglieder an:
1. Als Präsident der Generalsekretär des Sekretariats für Planung beim Präsidialamt der Republik - SEPLAN;
2. als Vizepräsident der Generalsekretär des Innenministeriums;
3. der Präsident der Nationalen Wohnungsbaubank - BNH;
4. ein Repräsentant des Verkehrsministeriums;
5. ein Repräsentant des Wirtschaftsministeriums;
6. ein Repräsentant des Industrie- und Handelsministeriums;
7. vier Mitglieder, die gemeinsam von der SEPLAN und dem Innenministerium gewählt werden.

Es leuchtet ein, daß bei einer solchen Zusammensetzung die vorgeschlagenen Richtlinien für die Stadtentwicklung nur aus dem kleinsten gemeinsamen Nenner bestehen können, also so vage formuliert werden, daß sie faktisch keinerlei Bedeutung bei der politischen Durchsetzung von Vorhaben besitzen.

Der CNPU war für die Ausarbeitung der Richtlinien der Stadtentwicklungsplanung innerhalb des II.PND zuständig, dessen Planungszeitraum von 1975 bis März 1979 galt.
Der II.Nationale Entwicklungsplan (PND) war der erste Globalplan, der die nationale Entwicklung Brasiliens vor allem als raumpolitische Aufgabe verstand.
Während unter der Regierungszeit Medici (Geltungsdauer des I.PND) raumpolitische Maßnahmen - vor allem die Erschließung des Amazonasgebietes - ideologisch unter dem Aspekt der Landesverteidigung legitimiert wurden und deshalb auf den Norden beschränkt blieben, verstand der II.PND die Eingliederung unterentwickelter Regionen in einen allseitig zu entwickelnden Wirtschaftsraum als eine Maßnahme zur Erweiterung des inneren Marktes. Es ist kein Zufall, daß dieser Plan konzipiert wurde, nachdem sich die Weltwirtschaftskrise von 1973 in Brasilien als Gefahrenpunkt für die exportorientierte Wirtschaft herausgestellt hatte.

> "Die Lektüre des II. PND offenbart deutlich die Ideologie, in der sich die vorgeschlagene Stadtpolitik einreiht. Teil dieser Ideologie sind die Begriffe "Wachstumspole" (Vergrößerung des Abstandes zwischen "Polen erster Ordnung" und "sekundären Polen"), die geplante Maßnahmen zum Ziele haben, um aus der Urbanisierung einen instrumentellen Prozeß und nicht ein Hindernis für die Entwicklung zu machen.

In ökonomischer Hinsicht befindet sich ein Pol im Bereich dessen, der ihn kontrolliert, das heißt, er befindet sich in der Sphäre der "dominanten Ökonomie" und kann darüber hinaus als ein Element der sozio-ökonomischen Herrschaftsstruktur eingesetzt werden.
Man kann diese Ideologie als die Rechtfertigung einer Industrialisierung begreifen, die sich auf einen eingeschränkten Arbeitsmarkt stützt (Verwendung von arbeitskraftsparender Technologie), wobei sie das Angebot an Arbeitern entwertet und ein verringertes Angebot an Arbeitsplätzen in der Industrie erzeugt. Gleichzeitig desorganisiert sie eine Reihe von traditionellen ökonomischen Tätigkeiten" (Motta, 1979:82/83).

Die Erweiterung der nationalen Globalpläne um die Aspekte der Stadtentwicklung und Regionalplanung spiegelte die Entwicklung der zunehmenden Verstädterung Brasiliens und deren Problemdruck wider, wurde ihrer aber nicht Herr.
Die Entwicklung der Städte verläuft - zum Schaden der Mehrheit der Bevölkerung - so anarchisch und unkontrolliert wie eh und je, und die Planung läuft dieser Entwicklung immer hinterher, weil sie nur Obenflächenphänomene als Probleme begreift, nicht aber die Ursachen.
Das läßt sich auch an der Entwicklung der Stadtplanung auf der lokalen Ebene verfolgen.

7. Die Entwicklung der Stadtplanung in Salvador

Der Beginn einer Beschäftigung mit globaler Stadtentwicklungsplanung in Salvador wird mit der Durchführung der "Woche des Städtebaus" (Semana de Urbanismo) angesetzt.
Sie wurde vom 20. bis 27. Februar 1935 abgehalten und sollte "in Bahia ein urbanistisches Bewußtsein schaffen, ohne das eine rationale und methodische Erweiterung unserer Hauptstadt nicht möglich wäre" (Semana de Urbanismo - Conferências; zit. in: OCEPLAN, 1976c:21).

Die verschiedenen Konferenzen, die vom "Organisationskomitee für den Stadtplan" einberufen wurden, behandelten folgende Themen:

- "Öffentliche Sicherheit und Brandgefahr"
- "Stadtsanierung"
- "Denkmäler, Museen, Archive und Schöne Künste"
- "Eine falsch angelegte und eine richtig angelegte Stadt"

- "Die Verbreitung des städteplanerischen Bewußtseins"
- "Vorschläge für einen Leitplan der Stadt Salvador"
- "Die Gartenstädte"

In ihnen wurden folgende Probleme der Stadt angesprochen:

- die hohe Tuberkuloseziffer, die in Verbindung mit der ungesunden Wohnsituation großer Teile der Bevölkerung gesehen wurde;
- das Fehlen jeglicher Hygiene;
- die Enge der Straßen und die Schwierigkeiten des Zugangs (extreme Steigungen etc.);
- der Verfall der Kunstdenkmäler;
- die mangelnde Ausnutzung der natürlichen Ressourcen.

In den "Vorschlägen für einen Leitplan der Stadt Salvador" entwikkelte der Ingenieur Américo Furtado de Simas, ausgehend von der physiologischen Modellvorstellung der Stadt als "Gehirn" einer Region oder eines Landes, vor allem ein Straßensystem ("Arterien"), durch welche die Stadt mit dem Hinterland und das Stadtzentrum mit den Randbezirken (36) bequemer verbunden werden sollte.
Zur Durchführung des Leitplanes der Stadt wurden als wesentliche Vorausetzungen betrachtet:

- die Erstellung eines Katasterplanes der Stadt;
- die Bildung eines Amtes für Stadtplanung (Urbanismo);
- die Feststellung Salvadors als "Nationales Denkmal" mit dem Anrecht auf entsprechende Subventionen;
- die Wiedereinsetzung der alten Straßennamen;
- die Organisation von "Straßenverschönerungsvereinen" in den Stadtvierteln.

Im Jahre 1939 wurde das Planungsunternehmen Coimbra Bueno aus Rio de Janeiro, das mit dem französischen Stadtplaner Alfred Agache zusammenarbeitete, von der Präfektur Salvadors vertraglich verpflichtet, einen Entwicklungsplan auszuarbeiten.
Auch dieser erste Plan, der am 30. Juli 1941 fertiggestellt und ausgehändigt werden sollte, legte den Schwerpunkt auf die Anlage eines Straßennetzes, schlug aber zudem die Bildung von Satellitenstädten vor.

---

(36) Zu den neuen Wohnansprüchen der Oberschicht siehe Brandão, 1978.

Der Plan wurde von einer Sachverständigen-Kommission geprüft und mit einigen Modifikationen am 21. August 1941 dem Präfekten Durval Neves da Rocha mit dem Vorschlag vorgelegt, für die finanzielle Absicherung die Unterstützung des Landes und des Bundes zu ersuchen.
Der Gouverneur (z.Z. der Diktatur Vargas "Interventor" genannt) Landulfo Alves forderte eine breitere Debatte über den Plan, womit dessen Realisierung zunächst einmal verhindert wurde.

Die Erweiterung der Diskussion schlug sich in einem Vorschlag des hochangesehenen Ingenieurs Prof. Mario Leal Ferreira nieder, der sein Interesse an der technischen Leitung der Plandurchführung bekundete und in einem Schreiben vom 3.6.1942 an die Präfektur den Rahmen absteckte, in dem die Realisierung eines Stadtentwicklungsprojektes stattfinden müsse:

> "Die Defekte einer Stadt korrigieren oder ihre Entwicklung planen heißt vor allem, die Vergangenheit erforschen und durch wissenschaftliche historische Untersuchungen die Faktoren identifizieren, die ihre Entwicklung bestimmt haben und die gegenwärtige Physiognomie kennzeichnen; das heißt aber auch, in einer genauen Untersuchung die verantwortlichen Gründe für die Entstellung der ursprünglichen Merkmale zu analysieren und über die neuen Faktoren intensiv nachzudenken, die bei der Entwicklung der Menschheit wirken und größere oder geringere Abweichungen in der Zukunft erzeugen können.
> Nur auf diese Weise ist ein realistisches Verständnis der komplexen sozialen, kulturellen, politischen und ökonomischen Phänomene möglich, die in der Vergangenheit am Werke waren und denen sich die Stadt in ihrer Entwicklung bis heute angepaßt hatte und die, in der Zukunft wirksam, unbestreitbar einen vorherrschenden Einfluß auf deren weitere Entwicklung nehmen werden" (Leal Ferreira, Proposta formal..;zit. in: OCEPLAN, 1976c:24).

Als konkrete Handlungsanweisungen griff er Vorschläge aus der Konferenzreihe von 1935 wieder auf, nämlich die Fertigstellung eines Katasters, die Durchführung von historischen Untersuchungen über Faktoren, die für die Physiognomie der Stadt verantwortlich sind und die Bildung einer Abteilung, die für die Entwicklung der einzelnen Projekte zuständig sein solle.

Aufgrund des positiven Gutachtens über den eingereichten Vorschlag wurde am 3.11.1942 ein Vertrag zwischen der Präfektur und dem Ingenieur Leal Ferreira geschlossen, der eine Zeitdauer von drei Jahren mit Verlängerungsmöglichkeit vorsah. Infolge dieses Vertrages wurde im April 1943 das "Escritório do Plano de Urbanismo da Cidade do Salvador" (EPUCS) gegründet, das somit das erste städtische Planungsinstitut in Salvador war.

Der Plano Urbanístico, der von dem EPUCS ausgearbeitet wurde, bestand in seiner letzten Fassung aus folgenden Elementen:
- Topographische Vermessung des Geländes und Herstellung von adäquaten Karten, welche die Voraussetzung für die Planung von Trinkwasser- und Abwasserleitungen, von Flächennutzungsplänen und für den Straßenbau bilden sollten;
- Plan eines Abwasser-Kanalsystems;
- Flächennutzungsplan (Zoneamento).

Beim Flächennutzungsplan wurde ein Kompromiß zwischen den gegensätzlichen Doktrinen einer Zentralisierung aller produktiven Funktionen (Industrie, Handel, Dienstleistungen) und ihrer Dezentralisierung geschlossen.

Bei der Zentralisierung wurde die preisgünstigere Ausstattung des Zentrums mit Infrastruktur als Vorteil angesehen. Auch habe die Distanz der Wohngebiete vom Zentrum den Vorteil, den Umweltbelastungen des Zentrums durch Lärm, Staub, Abgase etc. zu entgehen. Dementsprechend sollten große Betriebe mit vielen Arbeitsplätzen im Zentrum der Stadt bleiben bzw. untergebracht werden, während Tätigkeiten und Unternehmen, von denen tägliche Haushaltsarbeiten abhängen (Einkaufsläden, kleine Dienstleistungsbetriebe) in den Subzentren der Wohnviertel eingerichtet werden sollten.
Hauptzentren und Wohnviertel könnten durch breite Grüngürtel ("Pufferzonen") aus Wäldchen und Parkanlagen getrennt werden. Für die Arbeiter sollten neue Satellitenstädte an der Peripherie des Handels- und Industriegebietes errichtet werden, zwar dicht besiedelt, aber in Form von Gartenstädten und durch Schnellstraßen mit dem Zentrum verbunden.
Der Straßenplan sah zunächst die bestmögliche Anpassung an die topographischen Besonderheiten Salvadors vor, das durch eine Vielzahl von tiefen Talfurchen gekennzeichnet ist.
Die zweite Voraussetzung war die Differenzierung des Straßennetzes nach Funktionen: von den Durchgangsstraßen (linhas de penetração) für den Transport von Gütern aus dem Hinterland bzw. dem Industriegebiet sollten Verteilerstraßen ausgehen, die den Verkehr der

arbeitenden Bevölkerung von und zu den Arbeitsstätten bewältigen sollten.

Neben den genannten umfassenden Strukturmaßnahmen wurden noch einige besondere Vorschläge unterbreitet:
- die Erweiterung eines Krankenhauses und die Errichtung einer Lungenklinik;
- Kanalisierung und Umleitung des Rio Camarogipe, durch die, verbunden mit Dränagearbeiten, malariaverseuchte Flächen trockengelegt werden sollten;
- Errichtung eines Hotels, eines Gefängnisses und eines Theaters.

Nur diese Vorschläge wurden weitgehend aufgrund der Pläne des EPUCS realisiert.

Darüber hinaus hatte das Planungsunternehmen den Bau von Grundschulen (37) in den Stadtdistrikten Itapagipe, Brotas, Santo Antônio, Barris, Barra, Rio Vermelho und Liberdade vorgesehen, wovon nur die Schule in Liberdade errichtet wurde.
Basierend auf einer umfangreiche Felduntersuchung zum Wohnungsproblem wurden folgende Vorschläge gemacht:

- Die Verhinderung der Zurückhaltung von unbebauten Flächen zu Spekulationszwecken durch eine spezielle Steuer; die Freigabe solcher Flächen sollte ihren relativ preiswerten Erwerb für den Bau von billigen Wohnungen ermöglichen;
- Lokalisierung der Arbeiterwohnungen so nahe wie möglich an den Arbeitsstätten, jedoch ohne die Trennung beider Sektoren aufzuheben;
- maximale Verbilligung der Arbeiterwohnungen, ohne an den Mindestanforderungen für Sicherheit, Hygiene und Bequemlichkeit zu sparen, die für eine menschenwürdige Unterkunft unabdingbar sind;
- Verwendung eines großen Teils der freien Flächen für die Einrichtung von sozialen Dienstleistungen für die jeweils ansässige Bevölkerung, zum Zweck,
  "die erzieherische und beschützende Tätigkeit der Regierung und philanthropischer Institutionen zu ermöglichen, die notwendig für die Massen sind, die sich nicht aus eigenen Kräften erheben können" (OCEPLAN, 1976c:116).

---

(37) Das Grundschulwesen war und ist, soweit es nicht privat betrieben wird, Sache der Munizipien.

Das Planungsinstitut EPUCS hatte einen Status als "autarquia", das heißt, es war von der finanziellen Unterstützung der öffentlichen Hand abhängig, nicht aber von den Weisungen irgendeiner Behörde. Diese Autonomie verschaffte dem EPUCS zwar die Handlungsfreiheit eines privaten Unternehmens, führte jedoch dazu, daß es schon bald nach dem Tode seines Leiters Leal Ferreia (11.3.1947) aufgelöst wurde und stattdessen am 29.1.1948 per Dekret eine neue "Kommission für den Stadtplan von Salvador" (Comissão para o Plano Urbanístico da Cidade do Salvador - CPUCS) gegründet wurde (siehe Gordilho, 1978).

Dieser Änderung lag offensichtlich eine Wandlung der politischen Konstellation zugrunde. Die Diktatur von Getúlio Vargas mit ihren Auswirkungen auf die unteren Verwaltungsebenen (Ernennung eines "Interventors" und der Präfekten "von oben" mit der entsprechenden Kompetenzzentralisierung) war beendet worden, und die verschiedenen politischen Kräfte bzw. Interessengruppen konnten sich wieder offen artikulieren.
Dementsprechend änderte sich auch die Konzeption der Stadtplanung.

> "Die Stadtplanung dieser Hauptstadt (des Landes Bahia; P.S.) ist weniger eine Einheit von Plänen und Skizzen über Straßenführungen und besteht nicht aus Projekten, die unmittelbar durch die Stadtregierung genehmigt werden können - eine Tätigkeit, die notwendigerweise hart und wenig flexibel ausfallen würde; vielmehr ist sie eine Sammlung von Studien, die auf der Grundlage von wissenschaftlich durchgeführten Untersuchungen und sorgsam interpretierten statistischen Informationen erstellt werden..." (Begründung für den Gesetzes-Entwurf vom 29.1.1948; zit. in: OCEPLAN, 1976c:29).

Bis 1950 stand die CPUCS unter der provisorischen Leitung eines früheren Mitarbeiters von Leal Ferreira, Diôgenes Rebouças, und führte mit dem Personal des EPUCS noch folgende Arbeiten zuende:

- die Ausarbeitung der Luftaufnahmen;
- die Planung für das Erziehungszentrum Carneiro Ribeiro;
- die Planung für die Theaterschule;
- die Planung der Urbanisierung der Stadtdistrikte Paripe und Itapoã;
- die Projektierung der Avenida Centenária, deren Bau anläßlich des 400-jährigen Gründungsjubiläums der Stadt am 29.3.1949 begonnen wurde.

Der dritte Direktor der CPUCS - nach Diôgenes Rebouças und João A. Calmón -, Ing. Gustavo Maia, beklagte in einem Arbeitsbericht vom 30.1.1952 die "fast vollständige Paralysierung" der Arbeiten an dem Stadtentwicklungsprojekt (OCEPLAN, 1976c:30).
Die Tätigkeit der Kommission bestand nur noch in der Erstellung von Gutachten über städtische (Detail-)-Baumaßnahmen und in der Anfertigung von Einzelstudien und Bauplänen.

Im Zuge der administrativen Reorganisation des Amtes für Straßenbau und öffentliche Arbeiten (Secretaria de Viação e Obras Públicas - SVOP) wurde im Jahre 1958 die CPUCS auch formal aufgelöst und deren Personal in eine neugegründete "Sektion für Planung" innerhalb der Stadtverwaltung integriert. Als Verwaltungsabteilung mit noch weniger Kompetenzen als die CPUCS konnte jene Sektion nur einige Straßenprojekte entwickeln oder Vorstudien dazu anfertigen.

Ein solch umfangreiches Stadtentwicklungsprogramm wie dasjenige des EPUCS wurde bis heute nicht mehr entwickelt. Gemessen an dem planerischen Aufwand waren allerdings die effektiven Resultate sehr gering. Es kann angenommen werden, daß die faktisch realisierten Projekte auch ohne die umfangreiche Entwicklung eines Globalplanes zustandegekommen wären.
Gleichwohl bildete die EPUCS-Studie den Bezugspunkt für alle nachfolgenden Arbeiten zu Problemen der Stadtentwicklung (siehe z.B. Mensagem 1968:13).

Ein neuer Anlauf zu einem Stadtentwicklungsplan für Salvador wurde schon 1953 mit einem Vorschlag des Ökonomen Rômulo Almeida an die Präfektur von Salvador genommen, in dem die Bildung einer Gesellschaft für Verbesserungen in Salvador - noch ohne bestimmten Namen - vorgeschlagen wurde.

Es sollte sich dabei in erster Linie um eine Finanzierungsgesellschaft handeln, denn

> "die größte Schwierigkeit bei der Realisierung des Stadtentwicklungsplanes wie bei der Lösung des Wohnungsproblems für die Bevölkerung (...) ist die finanzielle und administrative Unfähigkeit derjenigen öffentlichen Institutionen, die unmittelbar mit diesen Problemen befaßt sind: der Präfektur und der Regierung. Dieser Mangel kann z.Z. nicht behoben werden, weil eine Organisation fehlt, die speziell für die Beseitigung solcher Schwierigkeiten eingerichtet ist" (Almeida, 1978:82).

Jene Organisation solle vollständig autark sein, um eine spätere Eingliederung in die Verwaltung oder Unterordnung unter Verwaltungsvorschriften zu verhindern, und deshalb als "gemischt-wirtschaftliches Unternehmen" eingerichtet werden, das unter der Kontrolle der Präfektur stünde, aber mit anderen öffentlichen und privaten Unternehmen assoziiert wäre. Ziel dieses Unternehmens sollte es sein, aktive und passive Immobilien-Operationen durchzuführen, das heißt, "kaufen und verkaufen, Kredite geben und erhalten und zu diesem Zweck die Einrichtung der Hypothek benutzen" (Almeida, 1978:83).
Die Möglichkeit der hypothekarischen Belastung wurde als entscheidend angesehen, um Geld zur Realisierung des Programms zu erhalten. Denn weil die öffentliche Verwaltung solche Operationen nicht unmittelbar durchführen dürfe, leide sie an der ungesunden finanziellen Einschränkung.

Auf dem Umweg über das zu errichtende Unternehmen könne die Stadt ohne Eigenfinanzierung die dringenden Infrastrukturmaßnahmen durchführen, denn die Kosten für den Straßenbau etc. könnten durch den Verkauf der neuerschlossenen Parzellen oder der im Wert gestiegenen Grundstücke wieder amortisiert werden.

> "Das Unternehmen würde Gewinne machen und damit die Präfektur und die Stadt, und zwar aufgrund der Wertsteigerung der Flächen durch die öffentlichen Arbeiten - eine Wertsteigerung, die gegenwärtig in die Taschen der am wenigsten unternehmenden Kapitalisten fließt und dank der öffentlichen Investitionen lotteriehafte Reichtümer erzeugt und den Unternehmergeist anderer Besitzer und Kapitalisten entmutigt" (R.Almeida, 1978:84).

Es sei allerdings unabdingbar, ein solches Unternehmen "gegen den Einfluß von Personen, Gruppen und Fraktionen immun zu machen". Zu diesem Zweck sei eine "rigorose und korrekte Implementierung ihrer Aktivitäten" erforderlich.
Der Vorschlag von Rômulo Almeida enthielt auch schon einen ausgearbeiteten Gesetzesentwurf zur Gründung jener Gesellschaft, wurde aber nicht weiter verfolgt.

Zwei weitere Versuche zur organisatorischen Überwindung der städtischen Probleme Salvadors wurden 1959 unternommen, indem innerhalb der "Kommission für ökonomische Planung" (Comissão de Planejamento Econômico - CPE; eine Institution der Landesregierung von Bahia) zwei Projekte zur Diskussion gestellt wurden.

Das erste, das informal zirkulierte, sah die Bildung eines Instituts für Wohnungsbau in Salvador vor.
Das zweite, das Resultat einer Arbeitsgruppe über sozialen Wohnungsbau ("habitação popular"), die von Dezember 1958 bis Juni 1959 unter der Leitung von Newton Oliveira arbeitete, schlug die Gründung einer Immobiliengesellschaft für Wohnungsbau und Urbanisierung vor.
Dieser zweite Vorschlag nahm die Definition der Parlamentskommission von 1947 wieder auf, welche die Programme der "Fundação da Casa Popular" (s.o.S.58) ausgearbeitet und Wohnungen als Gebrauchsgüter definiert hatte,

> "deren Nutzen in ökonomischer Hinsicht an den indirekten Wirkungen bemessen werden muß, die sie auf die allgemeine Produktivität und den nationalen Reichtum ausüben, die Folgen der unmittelbaren Verbesserung der Lebensbedingungen des menschlichen Elements sind, das darin lebt und produziert" (PLANEJAMENTO,6,1(1978):93).

Hierin wird noch ausführlicher als im Projekt von R.Almeida der Zusammenhang von Wohnungsbau in Salvador und Wirtschaftsentwicklung in Bahia betont:

> "Zur Durchführung solcher Maßnahmen ist es notwendig, die Entwicklung der Wohnungspolitik mit dem Programm der wirtschaftlichen Sanierung Bahias in Einklang zu bringen. Die Verwendung von ökonomischen und finanziellen Ressourcen - die immer knapp sind - für den Bau von Wohnungen kann kontraproduktiv sein, wenn sie nicht mit Investitionen und Maßnahmen der öffentlichen Hand in anderen Sektoren - Landwirtschaft, Industrie, Handel, Bergbau, Dienstleistungen etc. - koordiniert wird..." (PLANEJAMENTO,6,1(1978):95).

Das Defizit an Wohnungen wurde für Anfang Juli 1958 auf ca. 36.018 Einheiten beziffert, das sich nach den damaligen Schätzungen um jährlich 2419 Einheiten erhöhte, wenn man bloß das vegetative Wachstum der Stadtbevölkerung - also ohne Immigranten - und eine Bautätigkeit von 1000 Wohneinheiten pro Jahr zugrundelegt.
Zwar war in dem vorgeschlagenen Projekt vorgesehen, daß das Unternehmen Gewinne machen solle, aber offensichtlich in Unkenntnis der Mechanismen des Kapitalmarktes wurde die Dividende so gering angesetzt (anfangs 5%, ab dem 13. Jahr 10%), daß schon von daher kein Interesse an der Beteiligung an einer solchen Gesellschaft zu erwarten war, so daß auch dieses Projekt zu den Akten gelegt wurde.

Im Jahre 1961 unterbreitete der CPE einen neuen Vorschlag, die Gründung einer "Urbanisierungsgesellschaft von Bahia".
Auch dieses Unternehmen sollte aus privatem und öffentlichem Kapital gebildet werden, das heißt, von Bauunternehmen und Wohnungsbaugesellschaften etc. einerseits und der "Stiftung für landwirtschaftliche Entwicklung" (FUNDAGRO) und dem kommunalen "Institut für Volkswohnungen" andererseits.
Diese Aktiengesellschaft solle

- billige Wohnungen zum Verkauf an die Bevölkerung bauen;
- eine Familienumwelt bilden, die für die Entwicklung der demokratischen und christlichen Ideen förderlich ist;
- die Gründungen von Wohnungssiedlungen (urbanizações) kontrollieren;
- aus den Stadtbereichen allmählich die ungesunden und gefährlichen Bauten und Wohnungen entfernen, durch adäquate Wiederaufbaupläne, welche die Gesellschaft im Rahmen der größten Sicherheit für ihre Investitionen entwickelt, bei Berücksichtigung des sozialen Aspekts des Problems" (PLANEJAMENTO, 6,1(1978):112).

Mit einer solchen Struktur könne die Gesellschaft auf dem Immobilienmarkt konkurrieren und ein neues Aussehen in den städtischen Zentren des Landes hervorbringen.
Dadurch, daß die Gesellschaft auch Industrieansiedlungen vornehme, indem sie geeignete Flächen aufkaufe, mit Infrastruktur versehe und sie dann zu entsprechend höheren Preisen weiterverkaufe, könne sie für den Staat schnell ein umfangreiches Investitionsvolumen schaffen.
Die juristische Form des gemischten Unternehmens wird wieder damit begründet, daß die öffentliche Hand nicht die finanziellen Ressourcen habe, um ein solch umfangreiches Programm durchzuführen. Wegen institutioneller Schwierigkeiten sei es angebracht, die vorgeschlagene Gesellschaft unter die Leitung privater Unternehmen zu stellen, weil es somit "ein autonomes und objektives finanzielles Instrumentarium darstellt, um das Programm durchzuführen, welches das Land Bahia braucht" (PLANEJAMENTO,6,1(1978):116).
Auch dieses Projekt fand bei den kompetenten Entscheidungsgremien keine Resonanz und wurde nicht weiter verfolgt. Zwei Jahre später, in der letzten Phase des Populismus, wurde ein Gesetzesentwurf publiziert, der von einer Arbeitsgruppe unter der Leitung des Vize-Gouverneurs Orlando Moscoso ausgearbeitet worden war und "konjunkturell-strukturelle Maßnahmen" legitimieren sollte, die den Wohnungsmangel und dessen Ursachen beheben könnten.

Als Gründe für den Wohnungsmangel wurden angesehen:

"a) Das außerordentlich niedrige Pro-Kopf-Einkommen (38) des Landes. Zweifellos kann nur der Entwicklungsprozeß dieses Einkommensniveau korrigieren bzw. verbessern;

b) die inadäquate Verteilung und Nutzung des Bodens. Die Agrarstruktur des Landes (Bahia; P.S.), die einerseits Latifundien und andererseits Minifundien erzeugt, führt zu niedrigen landwirtschaftlichen Produktionsziffern und entmutigt die Fixierung des Menschen auf dem Lande. Ein anderer Aspekt, der angegangen werden muß, ist die schlechte Nutzung des Bodens;

c) die mangelhafte Ausstattung oder das fast vollständige Fehlen von öffentlichen Dienstleistungen in der ländlichen Zone, z.B. Energie, Transport, soziale und technische Fürsorge etc. Diese Dienste, die in den großen Städten vorhanden sind, wirken polarisierend auf die Menschenmassen, die sie in Anspruch nehmen wollen, und erhöhen das Heer der Arbeitslosen und Unterbeschäftigten, womit sich die Probleme der betroffenen Städte vergrößern;

d) das Fehlen von Arbeiterschutzgesetzen für die Landarbeiter;

e) die Insuffizienz oder der Mangel einer wirksamen Politik der Wassernutzung, die in engem Zusammenhang mit einer Politik der Bodennutzung stehen muß, da zwei Drittel der Landesfläche (Bahias; P.S.) innerhalb des Trockenheitsgürtels liegen" (PLANEJAMENTO,6,1(1978):123-124).

Zwar wurde betont, daß bei Fortdauer dieser Faktoren jede Wohnungsbaupolitik zum Scheitern verurteilt sei oder nur geringste Wirksamkeit habe, aber die Maßnahmen, die vorgeschlagen wurden, beschränkten sich gleichwohl auf architektonisch-physische Änderungen wie die Errichtung von neuen Wohnungen, den Abriß von alten Wohnungen, Urbanisierung, d.h., Infrastrukturbau etc.
Die Programme sollten nicht karitativ sein, sondern auf Selbstfinanzierung beruhen, also kostendeckend arbeiten. Auch sollte die Privatinitiative bei Investitionen im Wohnungssektor gefördert und die Wohnungspolitik über alle politisch-parteilichen Interessen gestellt werden.
Auch dieser Gesetzesentwurf wurde zunächst nicht realisiert.

---

(38) Ritz (1972b) spricht sogar von einem der niedrigsten Pro-Kopf-Einkommen Lateinamerikas.

Der einzige wirksame administrativ-organisatorische Schritt - nach der dargestellten Reihe von Vorschlägen - wurde durch die Gründung der "Superintendanz für die Urbanisierung der Hauptstadt (Superintendência da Urbanização da Capital - SURCAP) vollzogen.
Das Gesetz Nr.900 vom 25. März 1959 sah für dieses Amt mit dem juristischen und finanziellen "Autarkie"-Status die Aufgabe vor, das Straßennetz der "Avenidas de Vale" (Schnellstraßen durch die Täler der Stadt) zu planen und zu finanzieren. Artikel 16 des Gesetzes sah den Bau von zwei Unterführungen, zwei Viadukten und zehn Avenidas vor.
Zur Finanzierung dieses groß angelegten Straßenbauprojektes wurde ein spezieller Fonds gegründet (Art.17), dessen Einnahmen bestehen sollten aus:

1. 10% der städtischen Einnahmen innerhalb der nächsten 11 Jahre;
2. den Einnahmen aus der Kfz-Steuer;
3. dem Verkauf von Grundstücken des Munizips, die nach der Beendigung der Straßenbauarbeiten übrig bleiben;
4. den Einnahmen aus "Beiträgen zu städtebaulichen Maßnahmen" (Obrigações Urbanísticas);
5. den Beiträgen für Verbesserungsmaßnahmen (Contribuição de Melhoria) und einer Straßensteuer oder einer anderen Steuer, die aus den Straßenbaumaßnahmen abgeleitet werden kann;
6. Schenkungen aus dem Haushalt der Stadt;
7. 50% der Einnahmen aus der aktiven Schuld, die bei der Stadt noch offensteht;
8. Kreditoperationen;
9. Zinsen aus den Bankguthaben dieses Spezialfonds;
10. Stiftungen, Legate, Vermächtnisse;
11. jede weitere Ressource, die dem Fonds durch Gesetz eröffnet wird.

Erst 1963 wurde auch eine "Urbanisierungsgesellschaft für Salvador" (Companhia Urbanizadora de Salvador - CURSA) per Gesetzesdekret Nr. 1.471 (vom 30.4.1963) gegründet.
Diese Aktiengesellschaft sollte Wohnungsbaumaßnahmen durchführen, wie sie schon in dem Vorschlag von 1961 (s.S. 71) skizziert worden waren.
Die Aktienmehrheit von 51% des Gesellschaftskapitals sollte die Stadt Salvador halten und im Verwaltungsrat, der aus fünf Mitgliedern (efetivos) und drei Beigeordneten (suplentes) bestand, sollten wenigstens ein Vertreter der Industriearbeiterföderation und ein Repräsentant der Industrieunternehmerschaft vertreten sein.

Durch den Militärputsch vom März 1964 wurde eine Tendenz sichtbar, die schon vorher latent vorhanden war, nämlich die Zentralisierung von Kompetenzen der Munizipien, die nun eindeutiger als zuvor ihrer Autonomie beraubt wurden.
Im Bereich der Stadtplanung kam das darin zum Ausdruck, daß das Land ein entscheidendes Mitspracherecht in Anspruch nahm.
So wurde die per Stadtgesetz schon gegründete Aktiengesellschaft für Urbanisierung wieder gelöscht und der 1961 entworfene Plan der Arbeitsgruppe unter Vize-Gouverneur Moscoso realisiert und im März 1965 die URBIS (Companhia de Urbanização da Bahia S.A.) gegründet.

Die URBIS ist eine Aktiengesellschaft, die der Landesregierung von Bahia angegliedert ist und als Ausführungssorgan (agente promotor) der Wohnungsbaubank BNH deren Richtlinien und Politik vertritt (Szubert, 1977:25).
Die Übernahme der Wohnungsbau-Kompetenzen durch die Zentralregierung machte sich jedoch für die Stadt nicht als finanzielle Entlastung bemerkbar, da ohnehin faktisch keinerlei Wohnungsbau durch das Munizip betrieben worden war.
Auch eine legitimatorische Entlastung fand nicht statt, weil die Produktion der URBIS nicht im geringsten die Wohnungsnot der niederen Bevölkerungsschichten behob und somit der Nachfragedruck nach Bodenparzellen anhielt und die inflationäre Steigerung der Boden-, Bau- und Wohnungspreise zunahm.
Dieser Nachfragedruck hielt als Begründung dafür her, um eine ganz entscheidende Änderung der Stadtentwicklung einzuleiten. Mit dem Gesetz 2.181 von 1968 wurde der Verkauf von stadteigenen Bodenflächen freigegeben, die bisher als Erbpacht vergeben worden waren.

8. Die Verwandlung des städtischen Bodens von Gebrauchswert in Tauschwert

8.1. Das ursprüngliche System der Erbpacht

Um eine Besiedlung des neuentdeckten Landes Brasilien zu erleichtern bzw. zu stimulieren, wurden vom portugiesischen König João III. ab 1534 an portugiesische Fidalgos (reiche Junker) Landstreifen vergeben, die jeweils von der Küste - dort 300 - 360 km breit - bis zu der "Linie von Tordesillas" reichten (39).
Die 15 ursprünglichen Empfänger erhielten mit dem Land, den "capitanias", den Titel eines "capitão" und Gouverneurs und weitreichende Privilegien:
- Ausübung des Zivil- und Strafrechtes;
- Wahl der Richter und Justizbeamten (oficiais);
- Erlaubnis zur Gründung von Ortschaften;
- Lizenz zur Ernennung von Notaren;
- Recht auf Einnahmen (mercê) aus Wasserstraßen, Wassermühlen und Salzabbau;
- die Schenkung von sechs Quadratkilometer Land "für immer" und frei von jeglichem Tribut;
- die Hälfte der Steuer auf Fischfang;
- Anteil an allen Einkünften, die in der Capitania dem König oder dem Jesuitenorden zustehen, und zwar in der Höhe des Prozentsatzes der entsprechenden Steuer (bei einer 10%igen Steuer also 10 % der Steuer; genannt "redízima");
- Recht auf den Verkauf von 24 Indianern pro Jahr als Sklaven nach Portugal;
- Recht auf Vererbung der Ländereien in männlicher Linie. Nur wenn sie nicht mehr besteht, geht sie auf die weibliche Linie über.

Zu den Verpflichtungen des Schenkungsvertrages gehörte es,
- das Land zu besiedeln und mit den Ressourcen des Beschenkten auszubeuten;
- dem König und dem Jesuitenorden Steuern und Tribute zu zahlen;
- jeder Person Ländereien (sesmarias) zu gewähren, die in Lissabon mit dem Hinweis auf ihre Verdienste (etwa im Krieg gegen Indianer oder Franzosen) einen Antrag darauf stellte.

---

(39) Siehe weiter unten, Seite 91.

Durch die Vergabe von sesmarias wurden dieselben Rechte und Pflichten der Gouverneure auf weitere Personen übertragen, die vermögend genug waren, das Land für die Krone nutzbar zu machen. Ebenso wie die "capitanias" waren die "sesmarias" vererbbares Eigentum der Beschenkten, verfielen aber der Krone, wenn sie die vertraglich festgesetzten Bedingungen nicht erfüllten (Tavares, 1979:47-50; Ribeiro/Debeffe, 1979:87).

Im Bereich der Ortschaften wurden "sesmarias" in großem Umfang an religiöse Körperschaften und an die Lokalverwaltung (Senado da Câmara) vergeben. Ihr dienten die "sesmarias" durch eine weitere Parzellierung und Verpachtung (Erbpacht = "enfiteuse") zur Finanzierung der öffentlichen Ausgaben (Teixeira/Teixeira, 1978:20). Jene Erbpacht wurde und wird (gegenwärtig nach dem Côdigo Civil, Art.678) durch einen Vertrag zwischen Lebenden oder durch Testament eingerichtet.

Für den Pächter ("enfiteuta") ergeben sich folgende Verpflichtungen:

- die jährliche Entrichtung des Pachtzinses (fôro); der Betrag wird beim Kauf festgelegt und kann nie mehr geändert werden!
- die Bezahlung von evtl. anfallenden Grundstückssteuern;
- im Falle eines Verkaufs des nutzbaren Eigentums (domínio util) die Zahlung einer Abstandssumme (laudêmio) in Höhe von 2,5% des "Marktpreises" an den Verpächter (senhorio);
- vor allem aber, das Land zu kultivieren oder Gebäude darauf zu errichten, also ökonomisch zu nutzen.

Ein Erbpachtvertrag impliziert folgende Rechte:

- Verkauf oder Vererbung des gepachteten Landes; im Falle des Verkaufs hat der Verpächter Vorkaufsrecht;
- nach Ablauf von 10 Jahren die Möglichkeit zum Erwerb (resgate) des vollen Eigentumstitels (domínio direto) auf das gepachtete Land, indem der Pächter ein laudêmio und 10 fôros bezahlt. Der Verpächter darf diesen Loskauf nicht verweigern (Art.693 des Côdigo Civil; durch Gesetzesnovelle Nr.5827/72 wurde die Wartezeit von 20 auf 10 Jahre verkürzt). Der Pächter kann auf dieses Recht des resgate nicht vertraglich verzichten;
- Recht auf hypothekarische Belastung des Grundstücks.

Der Verpächter hat folgende Rechte:
- Vorkaufsrecht im Falle des Verkaufs der Erbpacht durch den Pächter;
- Recht auf die Hälfte eines auf dem Grundstück gefundenen Schatzes;
- Recht auf das laudêmio und das fôro;
- Recht auf die Rückgabe des verpachteten Grundstückes im Falle daß der Pächter seine Pflichten nicht erfüllt oder ohne Erben stirbt.

Der Erbpachtvertrag wird hinfällig,
- wenn der Pächter an drei aufeinander folgenden Jahren das fôro nicht bezahlt;
- wenn der Wert des Grundstückes natürlicherweise derart verfällt, daß er nicht mehr dem 1,25 fachen des fôros entspricht.

Das Pachtgeld hat heutzutage kaum ökonomische Bedeutung. Da es beim Pachtvertrag für immer fixiert worden ist (und zwar in seinem nominalen Geldausdruck), der größte Teil der Verträge aber schon sehr alt ist, ist der Pachtzins aufgrund der steten Geldabwertung in Brasilien oft weniger wert als das Papier, auf dem seine Entrichtung quittiert wird.

So wurde anläßlich der "Stadtreform" (40) in Salvador (siehe weiter unten) in einem Gutachten der Kanzlei (Procuradoría Geral) des Munizips festgestellt, daß es im Bereich des Munizips eine Erbpacht von 14,2 Mio. Quadratmeter Umfang gab, deren jährlicher Pachtzins zwei Centavos (= ca. 1 Pfg.) betrug. Ein weiteres Grundstück mit mehr als 6 Mio. Quadratmeter brachte der Stadt als Verpächterin 3 Pfg. ein (Ribeiro/Debeffe, 1979:101; Augel, 1980:10).

8.2. Das "Stadtreform"-Gesetz von 1968

Dieser Sachverhalt bot eine der Begründungen für das "Stadtreform"-Gesetz, mit dessen Hilfe die Stadt ihre verpachteten Grundstücke zur Veräußerung freigab.

---

(40) "Lei de Reforma Urbana"; Gesetz 2.181/68. Die entsprechenden Ausführungen wurden durch Dekret 3.684 vom 29.7.1969 geregelt.

Ziel des Gesetzes sei es, "den unproduktiven und antisozialen Großgrundbesitz", der sich i n n e r h a l b der Stadtgrenzen befinde, zu parzellieren und somit einer intensiven Nutzung zuzuführen.

Der Verkauf der Besitztümer sei der einzig gangbare Weg, weil eine Auflösung der Erbpachtverträge durch den Verpächter, also in diesem Falle die Stadt Salvador, aus verfassungsrechtlichen Gründen nicht möglich sei.
Dagegen würde eine Enteignung der Pächter durch die zu zahlenden Entschädigungssummen den Haushalt der Stadt zu sehr belasten (Mensagem 1969, zit.in Ribeiro/Debeffe, 1979:99).
Aber durch den Verkauf ihrer Besitztümer könne die Stadt ihre Kassen füllen und die "Stadtreform" finanziell absichern.

> "Die Maßnahme, die mit der Zustimmung dieser erlauchten Kammer durchgeführt wurde, genießt Ansehen, nicht nur, weil sie ein großes Defizit im Haushalt decken konnte, sondern darüber hinaus eine kräftige Einnahmequelle bildet, ganz zu schweigen von ihrer sozialen Dimension, indem sie einer beträchtlichen Gruppe von einfachen Leuten die Gelegenheit gab, zu einem Preis in Höhe von 25% des Marktwertes und auf Ratenzahlung das volle Eigentum an den Parzellen oder Grundflächen aus dem Stadteigentum zu erwerben, die von ihnen besiedelt waren" (Mensagem 1971:15, zit.in: Ribeiro/Debeffe, 1979:99).

Als weitere Gründe für die Durchführung der Reform wurden genannt:

a) die nicht mehr kontrollierbare Weiterverpachtung ("subenfiteuse"), die den Erstpächtern einen Gewinn einbrachte, da sie das Pachtgeld für die subenfiteuse weitaus höher - nach gängigen Marktpreisen - ansetzen konnten, als sie selbst an die Stadt abführten;
b) die illegale Parzellierung von Pachtgrundstücken. Diese Parzellierungen brachten den Pächtern große Gewinne ein, der Stadt dagegen starke Belastungen, denn bei einer bestimmten Anzahl von Parzellierungen wuchs der Druck auf die Stadtverwaltung, den die Bewohner ausübten, um in dem parzellierten Gebiet Infrastrukturen - Straßen, Licht, Buslinien, Kanalisierung - zu erhalten (siehe Augel, 1976).

Bemerkenswerte Aspekte ergeben sich aus dem Vergleich mit dem Kloster São Bento in Salvador, das ebenfalls Eigentümer enorm großer Grundflächen in Salvador ist, aber keineswegs daran interessiert, sie zu veräußern, sondern sie weiterhin als Erbpacht vergibt.

Ribeiro/Debeffe (1979:101-102) begründen das unterschiedliche Verhalten von Präfektur einerseits und Kloster andererseits mit der unterschiedlichen Lage der Besitztümer:
Das Kloster São Bento ist Eigentümer eines der teuersten Stadtviertel Salvadors (Graça), das vertikal und horizontal außerordentlich stark parzelliert ist: es ist ziemlich dicht mit bis zu 20-stöckigen Wohnhochhäusern (größtenteils Eigentumswohnungen) bebaut.

Wie schon erwähnt, erhält der Eigentümer ("titular do domínio direto") verpachteter Flächen vom Besitzer bzw. Pächter bei jedem Besitzwechsel der Erbpacht das laudêmio, eine Abstandszahlung von 2,5% auf den Marktpreis z.B. einer Eigentumswohnung.
Laut Gesetz kann der Besitzer nach 10 Jahren die Erbpacht (bzw. bei Eigentumswohnungen den ideellen Anteil an der Grundfläche) als Eigentum (domínio direto) erwerben. Daran sind die Pächter von Grundstücken des Klosters São Bento offensichtlich nicht interessiert.
Denn ist der Pächter Eigennutzer des Grundstücks, kann er angesichts eines geringen Pachtzinses gar nicht an einer Umwandlung in Eigentum interessiert sein, zumal die Abstandszahlung unter Zugrundelegung eines einseitig vom Verpächter festgelegten "Marktpreises" berechnet wird, der oft ü b e r dem realen Marktpreis liegt. Eine Überführung in Eigentum ist auch deshalb nicht nötig, weil die Erbpacht vom Verpächter nicht gekündigt werden kann, also vollständige Besitzgarantie herrscht.
Auch eine Immobilienfirma kann an einem Eigentumstitel nicht interessiert sein, denn abgesehen von der 10-jährigen Wartezeit müßte sie die Preise der zu verkaufenden Eigentumswohnungen höher ansetzen als möglicherweise die Konkurrenz. Denn in den Kaufpreis einer Wohnung hätte eine doppelte Abstandszahlung einzugehen: das erste laudêmio wegen des Erwerbs des Grundstückes vom Vor-Pächter, das zweite laudêmio plus 10 fôros wegen des Erwerbs des Eigentumstitels auf das Grundstück.

Somit bildet die Erbpacht eine Größe, die durch die Einrichtung des laudêmios zwar alle Grundstückspreise um einen "Sockelbetrag" erhöht, der sich aber nicht mehr konkurrenzverschärfend auswirkt, da er von Anfang an in die Kalkulation des allgemeinen Marktpreises in der Stadt Salvador eingegangen ist.
Niemand der Beteiligten hat einen Schaden an diesem System der Erbpacht, aber das Kloster zieht großen Gewinn daraus, denn bei der dichten Besiedlung ist ein Besitzerwechsel (v.a. von Eigentumswohnungen) relativ häufig.

Bei den Grundstücken der Stadt liegt dagegen eine andere Situation vor. Sie befinden sich hauptsächlich am Rande des Stadtkerns, waren also dünn besiedelt und erbrachten folglich wenig Einnahmen aus Besitzübertragungen.
Andererseits waren die Pächter durchaus daran interessiert, die Grundstücke als Eigentum zu erwerben, sei es durch die gesetzlich vorgesehene Einlösung (resgate) nach 10 Jahren, sei es durch das im Gesetz 2.181/68 (Stadtreform-Gesetz) konzedierte Verfahren.
Denn zum Zeitpunkt der Gesetzesverkündigung waren schon enorme Wertsteigerungen der Grundstücke vorauszusehen, zumal die Pläne eines Schnellstraßensystems, das viele Stadtdistrikte besser miteinander verbindet und somit auch die Preise der angrenzenden Flächen in die Höhe treibt, fertiggestellt und zum Teil schon realisiert worden waren (siehe Annex, Bodenpreise).

Zweifellos war der niedrige Einlösungs- bzw. Kaufpreis eine zusätzliche Attraktion. Er betrug maximal 25% des Einheitswertes eines Grundstückes, der ebenso wie in der Bundesrepublik Deutschland erheblich unter dem Marktpreis liegt.
Wie gering die Einnahmen aus den Verkäufen waren - entgegen den anderslautenden Erklärungen der beiden Präfekten A.C. Magalhães und Cleriston Andrade (41) - zeigt ein Blick auf die Haushaltseinnahmen der Jahre 1968 - 1976: die Einnahmen aus dem Verkauf von beweglichen und unbeweglichen Gütern (42) betrugen insgesamt für diesen Zeitraum Cr$ 59.047.693 (Schmarling, 1979:40-42,Tab.1).

Das ist bei einer verkauften Fläche von insgesamt 24.385.245 qm im selben Zeitraum ein Quadratmeter-Preis von Cr$ 2,42 (1976: 1 Cr$ = 0,20 DM) (43), oder, wenn man auch die im Verfahren des resgate veräußerten Flächen einbezieht, sogar nur Cr$ 0,63 !

Vom Standpunkt des Allgemeininteresses aus ergibt sich wegen der geringen erzielten Einnahmen (1,8% der gesamten Haushaltseinnahmen 1968 - 1976) eine negative Bilanz, wenn man in Betracht zieht, daß

---

(41) Der später zum Gouverneur aufgestiegene A.C. Magalhães hatte seinen Vertrauensmann C. Andrade zum Präfekten ernannt.

(42) Budgetposten 2.300: Alienação de Bens Móveis e Imóveis

(43) Berechnet nach Daten in Ribeiro/Debeffe,1978, p. 114, Tab.1: Gesamter Verkauf 1968-1978 abzüglich des Verkaufs aus 1977-1978. Wahrscheinlich wegen der Inflationsberechnung bei Debeffe/Ribeiro geringfügig andere Ergebnisse.

die Stadt die u n t e r Marktpreis veräußerten Grundstücke in Zukunft - bei erforderlichen Infrastrukturmaßnahmen - zu r e a - l e n Marktpreisen zurückkaufen muß, die zudem durch schon getätigte städtische Investitionen auf benachbartem Gelände erheblich gestiegen sein dürften.

Augel (1980:12) hat darauf hingewiesen, daß von einer "sozialen Dimension" (siehe Zitat S.78) bei der Umwandlung des städtischen Bodens in Privatbesitz kaum die Rede sein kann. Die "beträchtliche Gruppe von einfachen Leuten" hat gerade 0,4% (!) des veräußerten Bodens erworben (siehe Tabelle 10, Parzellen bis 360 qm).

Unter dem System der Erbpacht wären Enteignungen (d.h. die Auflösung von Pachtverträgen durch den Verpächter) möglich gewesen, wenn die entsprechenden Grundstücke für Allgemeinwohlzwecke (em razão da utilidade pública) benötigt würden.
In solchen Fällen würde eine Entschädigung nur die vom Pächter auf dem Grundstück installierten Anlagen ("benfeitorias" - Pflanzungen, Gebäude) betreffen, nicht aber den Boden selbst, der ja Eigentum des Verpächters (in diesem Fall die Stadt selbst) geblieben wäre.

Tabelle 10
VERKAUFTE STÄDTISCHE GRUNDSTÜCKE (JULI 1968 - JULI 1978)

Größe (qm)	Anzahl	Fläche	%	Mittlere Fläche (qm)
bis 360	1.311	188.437	0,40	144
361 - 999	314	193.135	0,41	609
> 999	439	25.029.540	53,49	57.015
davon:				
> 50 ha	(5)	(17.110.424)	.....	......
	2.064	25.411.112	54,30	
Bei Tausch verkauft	7	1.576.123	3,37	225.160
R e s gate	16	13.097.527	27,99	818.595
Schenkung	58	6.709.728	14,34	115.685
	2.145	46.794.490	100,00	

Quelle: Ribeiro/Debeffe, 1979:114,Tab.1

Dagegen müssen nach der Veräußerung des städtischen Grundeigentums bei einer eventuell anfallenden Entschädigung nun auch neben den benfeitorias die Bodenpreise in Rechnung gestellt werden. Das heißt, die Entschädigungssummen dürften nach der städtischen Reform erheblich höher liegen als zuvor.

Gleichwohl lag den Maßnahmen des Präfekten und der Ratsherren, die das Gesetz verabschiedeten, eine Logik zugrunde: zwar nicht die des Allgemeinwohls, wohl aber die der Verwertung von Kapital, das heißt, die Logik der Kapitalakkumulation:
Durch die Veränderung des vorrangigen Aspekts, unter dem Boden betrachtet und gehandelt wird, nämlich nicht mehr als Gebrauchswert (Erbpachtsystem), sondern nunmehr als purer Tauschwert (Boden als Ware), wurde nicht nur ein dynamischer Investitionsmarkt für Privatkapital geschaffen, sondern das Startkapital bestimmten Privateigentümern gleichsam vom Staat mitgeliefert:
Nach Ribeiro/Debeffe (1979:110) befindet sich ein großer Teil der veräußerten Grundstücke von mehr als 1000 qm just in dem Bereich der zukünftigen städtischen Expansion, der durch enorme öffentliche Investitionen erschlossen wird. Das heißt, außergewöhnliche Bodenpreissteigerungen innerhalb kürzester Zeit waren vorauszusehen.
Es war schon darauf hingewiesen worden, daß der durchschnittliche Quadratmeter-Preis der verkauften Flächen bei Cr$ 2,42 lag, also ca. DM 0,20 (im Jahre 1976). Dagegen betrug der billigste qm-Preis in Salvador schon im Jahre 1972 Cr$ 4,00 (PLANEJAMENTO,2,3(1974): 287), das heißt, inflationiert zu Preisen von 1976: Cr$ 11,00 !

9. Die Straßenbaupolitik in Salvador

Zentrales städtebauliches Programm der Stadtverwaltungen von Salvador war in den 50er und 60er Jahren die Anschließung der Stadt an das nationale Verkehrsnetz durch den Bau von asphaltierten Straßen (vgl. Mattedi, 1979:80). Stadtplanung war in erster Linie Straßenplanung.
Gefördert wurde dieses Ziel durch die Konstruktion der Steuergesetze. Das Anrecht auf gewisse Anteile aus Steuereinnahmen der Bundes- und Landesregierung war für die Gemeinden an die Ausführung von Straßenbauarbeiten geknüpft. Das trifft unmittelbar auf die Brennstoffsteuer zu (IUCL - durchschnittlicher Anteil an den Gesamteinnahmen der Stadt Salvador 1971-1976: 2,47%), aber mittelbar auch auf den Anteil am Gemeindefonds (FPM), dessen Zuteilung

ein Investitionsprogramm e n t s p r e c h e n d den nationalen Entwicklungsplänen voraussetzt.

Der Höhepunkt der Straßenbaupolitik in Salvador wurde unter der Regierung des Präfekten Antônio Carlos Magalhães (1967 - 1970) erreicht.
Wie Magalhães in seinem Rechenschaftsbericht über das Amtsjahr 1967 vor der Câmara darstellte, hätten sich die vorausgegangenen Stadtregierungen bei ihren Straßenbauprogrammen zwar alle auf den Entwurf des Ing. Mario Leal Ferreira (siehe oben, S.63) gestützt, "aber es geschah, daß man bis heute das Problem nicht mit der Absicht angehen konnte oder wollte, es in einem adäquaten Zeitraum zu lösen. Es war schon viel, wenn jede (vorausgegangene; P.S.) Stadtregierung eine einzige Talstraße bauen konnte" (Mensagem 1968:14).

Auch die Projekte, die Magalhães in seiner Amtszeit durchführen ließ, stützten sich ausdrücklich auf die Pläne von Leal Ferreira und verwirklichten weitgehend dessen Straßenführung, wobei allerdings der städteplanerische Inhalt des Vorbildes völlig verkehrt wurde:

Während bei Ferreira das Straßennetz bloß notwendiger Bestand- t e i l des Stadtentwicklungsplanes war, um die geplanten sozialen Dienstleistungseinrichtungen, die Wohn- und Arbeitssektoren und die Erholungszentren miteinander zu verbinden, aber keineswegs der wesentliche, bildete das Straßennetz bei der Infrastrukturpolitik der 60er Jahre das z e n t r a l e Element.
Die Funktion der Straßen wurde nicht ausgewiesen. Scheinbar hatten sie den ganz a l l g e m e i n e n Zweck, "eine leichte und schnelle Kommunikation zwischen den verschiedenen Bevölkerungskernen der Stadt" (Mensagem 1968:15) zu ermöglichen und diese von dem Verkehrsdruck auf den Straßen der Oberstadt zu befreien.

Aber die Anlage der Straßen zeigt deutlich, welchen sozialen Gruppen diese Straßen in erster Linie nützen: es ist die Mittel- und Oberschicht, die entweder - wie im Falle der Av. Camarogipe - schnellen Zugang vom Stadtzentrum zu den neuerschlossenen Grundstücken an der Meeresküste (Orla Marítima) bzw. viceversa erhält, oder - im Falle der Av. Marechal Branco und dem Tunnel Américo Simas - von der schnellen Zirkulation von Waren aus dem Hafen- und Bankenbereich in der sog. "Unterstadt" an der Bucht profitiert (siehe Annex, Karte Straßenbau).

Für einen großen Teil der armen Bevölkerung dagegen haben sich durch das Straßenbauprogramm die Entfernungen in der Stadt nicht nur n i c h t verkürzt, sondern sogar wesentlich verlängert. Denn die Täler, durch die das neue Schnellstraßensystem gelegt wurde, waren durchaus bevölkert - gerade von den armen Schichten, die nicht genug Kaufkraft besaßen, um a u f dem Plateau wie die Reichen zu wohnen. Deshalb hatten sie sich an den unbebauten Abhängen in unmittelbarer Nachbarschaft zu den Wohnbezirken der Oberschicht niedergelassen. Die Talsohlen selbst waren für eine Besiedlung wenig geeignet, weil sie die Wassermassen bei tropischen Regenfällen aufnahmen.

Aus dieser günstigen Lage unterhalb der reichen Stadtviertel, gleichsam wie Lazarus (44) unter dem Tisch des Reichen, wurden die Armen im Rahmen des Straßenbauprogramms vertrieben.

In den seltenen Fällen, wo ihnen Ersatzgrundstücke zugewiesen wurden, geschah es aus politischen Opportunitätsgründen (z.B. Boca do Rio), aber immer lagen diese Ersatzflächen weit außerhalb der Stadt (São Cristovão liegt 30 km entfernt!), besaßen keine Infrastruktur (um sie mußte stets bitter gekämpft werden) und befanden sich vor allem weit weg vom täglichen Arbeitsplatz (in vielen Fällen die Haushalte der Reichen oder die Straßen des Stadtzentrums), der nur noch unter erheblichem Zeit- und Kostenaufwand und physischem Streß erreicht werden konnte.

Unmittelbar von der Straßenlegung waren mindestens folgende "Favelas" (45) betroffen (Tabelle 11):

(44) Die Assoziation mag nicht von ungefähr gekommen sein: Lazarus ist bei den Armen Bahias ein hochverehrter Heiliger. Jeden Montag findet eine Prozession zu seiner Kirche São Lázaro statt.

(45) Unter Brasilianern werden "Favelas" nur die "Spontan"Siedlungen in Rio de Janeiro genannt. Doch da sich dieser Begriff in Deutschland für die brasilianischen Elendsviertel schlechthin eingebürgert hat, soll er auch hier in diesem allgemeinen Sinne verwendet werden. In Bahia unterscheidet man "Mocambos", "Avenidas", "Cortiços" etc.

Tabelle 11
ZERSTÖRUNG VON ELENDSVIERTELN IN SALVADOR (1968-1975)

Elendsviertel	Jahr der Zerstörung
Siedlung zwischen Dique de Lucaia und Avenida Vasco da Gama	1968 ?
Curva Grande, García	1968 ?
Santo Antônio (Av. Oceânica/Ondina)	1969
Bico de Ferro (Pituba)	1969
Pero Vaz	1970
Av. do Contôrno (Solar do Unhão)	1971

Quelle: Mattedi, 1979, Annexo, Quadro Resumo.

Die Liste kann keinen Anspruch auf Vollständigkeit erheben; es muß vielmehr davon ausgegangen werden, daß die Zahl der Wohnsiedlungszerstörungen größer war. Denn aktenkundig bzw. durch Tageszeitungen publik wurden nur solche Fälle, in denen eine wenigstens ansatzweise vorhandene Organisation der bedrohten Bewohner bestand.
Gerade das aber war bzw. ist oft nicht der Fall, z.B. wenn nur das Randgebiet einer Favela - also etwa die Talsohle, wo die Ärmsten der Armen wohnten - wegen des Straßenbaus beseitigt wird (46).
Eine konkrete Zahl über die verdrängte Bevölkerung liegt nicht vor. Bei den sechs genannten Favelas ist wohl eine Zahl von durchschnittlich jeweils 200 Familien à 4 Personen (47) realistisch. Unter dieser Voraussetzung wären also allein durch die offenkundigsten Vertreibungen 4800 Personen wohnungslos gemacht worden.

Die Vertreibung ging natürlich nicht gewaltlos vor sich. Mattedi stellt fest, daß sich die Einstellung der Stadtverwaltung gegenüber den "Invasionen" d.h., den Besetzungen von ungenutztem Land, ab Mitte der 60er Jahre änderte und einen "eindeutig repressiven Charakter" annahm, "weil die Perspektiven für eine Nutzung und Verwertung des Bodens nun ziemlich deutlich werden" (1979:161).

---

(46) Zudem ist zu bedenken, daß gerade in den Jahren 1968 - 1971 in Brasilien die schlimmste Repression herrschte.

(47) Anzahl der Stadtbevölkerung dividiert durch die Anzahl der Haushalte ergibt 4 Personen pro Haushalt; Daten von 1975. Quelle: OCEPLAN, 1976a:Tab.1.

Damit werden die mittelbaren Effekte des Straßenbaues angesprochen:
die neuangelegten Straßen verbinden nicht nur bestimmte schon vorhandene Stadtteile miteinander, sondern erschließen die Peripherie des alten Stadtzentrums und bieten somit außerordentlich lukrative Aussichten auf die Verwertung von Immobilienkapital, oder, einfacher ausgedrückt, die Schnellstraßen führen zu rapiden Preissteigerungen für die angrenzenden Grundstücke.

Allerdings war in Salvador eine Änderung des juristischen Status von Bodenbesitz notwendig, um jenen Mechanismus der Wertsteigerung in Gang setzen zu können. Es ist also kein Zufall, daß diese Änderung - das "Stadtreform"-Gesetz - g l e i c h z e i t i g mit dem Straßenbauprogramm vorgenommen worden war.
Die Preissteigerungen traten zunächst im städtischen Kernrandgebiet (Entfernung zum Stadtkern bis ca. 3 km) ein, vor allem in Graça, Barra, Corredor da Vitória, griffen dann aber wegen der homogenisierenden Funktion des Schnellstraßensystems und der gleichzeitig bestehenden oligopolistischen Bodenbesitzstruktur auch auf die anderen Stadtteile über.

Aus einem weiteren Grunde bildete der Straßenbau ein bevorzugter Sektor zur Förderung der privaten Kapitalakkumulation, wie sie im Zusammenhang mit der nationalen Wirtschaftspolitik des seit 1964 etablierten Militärregimes betrieben wurde:
Die Durchführung erfordert keinen hohen Kapitalstock bei den Bauunternehmen; deren technologisches Niveau ist im Vegleich zu den übrigen "dynamischen" Branchen ziemlich niedrig. Die Gründung von Straßenbauunternehmen ist also mit geringem Kapitalaufwand möglich und bei eingeschränkter Konkurrenz überproportional lukrativ.

Aus einer Statistik der bahianischen Industriekammer geht hervor, daß im Jahre 1977 von den 200 größten Unternehmen des Bundesstaates Bahia 43 Hoch- und Tiefbauunternehmen waren (48). Diese 43 größten Bauunternehmen hatten ohne Ausnahme ihren Sitz in Salvador. Keine der übrigen Branchen ist so ausschließlich auf Salvador konzentriert (siehe Tabelle 12). Die älteste der aufgeführten Baufirmen stammt aus dem Jahre 1924 (CONCIC), aber die Hälfte der 43 Unternehmen wurde allein in den Jahren 1965 - 1970 gegründet! Keine andere Branche hat einen vergleichbaren Boom speziell in diesem Zeitraum erlebt (siehe Tabelle 13).

In derselben Veröffentlichung werden - gemessen an neun Kriterien - die jeweils 10 größten Firmen aufgezählt.
Die Kriterien sind folgende:
- Umsatz - Umlaufvermögen - technische Investitionen
- Anzahl der Arbeitskräfte - Gesamtinvestitionen
- Rentabilität im Verhältnis zum Umlaufvermögen
- Nettoertrag - Energieverbrauch - Gesamtpunktzahl.

In der Kategorie "Umsatz" steht die Baufirma Odebrecht an erster Stelle (sie führt auch die Liste der 200 größten Firmen Bahias an). Daneben sind noch zwei weitere Bauunternehmen aufgeführt.

In der Kategorie "Umlaufvermögen" treten keine Bauunternehmen hervor, ebensowenig in den Kategorien "technische Investitionen", "Gesamtinvestitionen" und "Nettoertrag".
Doch gemessen an der Anzahl der Arbeitskräfte befinden sich unter den 10 größten Firmen fünf Bauunternehmen; dasselbe ist bei der Kategorie "Rentabilität" der Fall.
Diese Daten begründen also das Motiv, der Bauindustrie eine besondere Bedeutung als Initiator für einen wirtschaftlichen Aufschwung beizumessen.

---

(48) Eine genaue Angabe über die Zahl der Bauunternehmen in Salvador liegt nicht vor. Im Verband der Bauindustrie (SICCS) waren im Jahre 1980 119 Mitglieder eingetragen. Für 1974 liegt die Zahl von 157 registrierten Unternehmen in Salvador vor (OCEPLAN, 1976a:Tab.97). Eine Untersuchung über die Bauindustrie aus dem Jahre 1975 nennt für das Jahr 1973 235 registrierte Bauunternehmen in Salvador (SEPLANTEC/CONDER, 1975:Vol.I, III/3). Auf jeden Fall scheint seit 1973 wieder ein beträchtlicher Konzentrationsprozeß stattzufinden.

Tabelle 12
RÄUMLICHE VERTEILUNG DER 200 GRÖSSTEN GEWERBLICHEN UNTERNEHMEN BAHIAS (nach Branchen). 1977

Micro-Regionen und Munizipien	Branchen 1	2	3	4	5	6	7	8	Total	%
CHAPADA DIAMANTINA (136) *	1								1	0,5
Boquira				1					1	0,5
SERRA GERAL DA BAHIA (137) *	3								3	1,5
Brumado	2								2	1,0
Licínio de Almeida	1								1	0,5
SENHOR DO BONFIM (138) *	2	1		1		1			5	2,5
Campo Formoso	1	1							2	1,0
Senhor do Bonfim	1			1		1			3	1,5
CORREDEIRAS DO SÃO FRANCISCO (140) *								1	1	0,5
Juazeiro								1	1	0,5
SERRINHA (142) *					2				2	1,0
Valente					2				2	1,0
FEIRA DE SANTANA (143) *			2			1		9	12	6,0
Feira de Santana			2			1		9	12	6,0
JEQUIÉ (144) *						1		2	3	1,5
Jequié						1		2	3	1,5
PASTORIL DE ITAPETINGA (146) *						1			1	0,5
Itapetinga						1			1	0,5
AGRESTE DE ALAGOINHAS (148) *								2	2	1,0
Alagoinhas								2	2	1,0
SALVADOR (150) *	3	13	18	23	9	14	43	27	150	75,0
Camaçari		2		9				2	13	6,5
Candeias			2	2					4	2,0
Pojuca			1						1	0,5
Salvador	3	4	6	3	6	13	43	16	94	47,0
São Francisco do Conde				1					1	0,5
Simões Filho		7	9	8	3	1		9	37	18,5
RECÔNCAVO BAIANO (151) *			1			4		6	11	5,5
Amélia Rodrigues						1			1	0,5
Cruz das Almas								3	3	1,5
Maragogipe								1	1	0,5
Nazaré						1			1	0,5
Santo Amaro			1					2	3	1,5
São Sebastião do Passe						1			1	0,5
Terra Nova						1			1	0,5
TABOLEIRO DE VALENÇA (152) *	1			1	1				3	1,5
Camamú	1								1	0,5
Taperoá				1					1	0,5
Valenca					1				1	0,5
CACHOEIRA (154) *						2			2	1,0
Ilhéus						2			2	1,0
INTERIORANA EXTREMO SUL/BAHIA (155) *						1			1	0,5
Medeiros Neto						1			1	0,5
LITORÂNEA EXTREMO SUL DA BAHIA (156) *								3	3	1,5
Nova Viçosa								1	1	0,5
Porto Seguro								1	1	0,5
Prado								1	1	0,5
TOTAL	10	14	21	25	12	25	43	50	200	100,0

FONTE: As 200 Maiores Indústrias da Bahia – Edição 1977.
* *Número de Ordem Nacional*

1 Bergbau
2 nicht-metallische Produkte
3 Metallurgie
4 Chemie
5 Textil
6 Nahrungsmittel
7 Baugewerbe
8 andere

Tabelle 13

GRÜNDUNGSJAHRE DER 200 GRÖSSTEN UNTERNEHMEN BAHIAS (nach Branchen)

	G R Ü N D U N G S J A H R								
B R A N C H E N	vor 1941	1941-1945	1946-1950	1951-1955	1956-1960	1961-1964	1965-1970	1971-1975	1975-1977
Nichtmetallische Mineralien				1	1	1	6	4	1
Hoch- und Tiefbau	2		2	6	7	4	21	1	
Metallurgie					3	4	6	7	1
Mechanik								4	1
Transportmittel								3	
Chemie			1		2	1	8	8	5
Plastikmaterial					1		1	2	
Parfüm	2								
Nahrungsmittel	6	2	1	1	3	6	4	2	
Getränke		1	1		1	1	1	1	
Tabak	2		1	1	1		2		
Textilien	2				3	1	2	3	1
Kleidung							2	1	
Leder					1		1		1
Holz	1						3	1	
Papier		1					1	2	
Gummi									1
Bergbau			2		2		4	2	
Elektrotechnik/Elektronik							2	2	
Verschiedenes	1							1	1

Quelle: FIEBA, As 200 Maiores Indústrias da Bahia. Salvador. 1977.
Vgl. auch: OCEPLAN, Informações Sócio-Econômicas. Salvador. 1976.

Aber anstatt Schnellstraßen bauen zu lassen, hätte die Stadtverwaltung auch Sozialwohnungen errichten können. Auf der Unternehmerseite hätte das etwa dieselben Anforderungen und Wirkungen haben können. Doch eine Erweiterung des Wohnungsangebotes hätte einen Mietpreisverfall für die privaten Wohnungseigentümer zur Folge gehabt, also einen unerwünschten negativen Effekt für die private Kapitalakkumulation. Dagegen tritt der Straßenbau mit etwaigen Privateigentümern nicht in Konkurrenz.
Die Aufgabe des Straßenbauprogramms, unmittelbar die private Kapitalakkumulation einer kleinen Gruppe von Bauunternehmen und mittelbar die von Grundbesitzern zu betreiben, wurde zufriedenstellend gelöst (49).
Doch den mikroökonomischen Vorteilen für eine kleine Kapitalgruppe standen schwerwiegende makroökonomische Nachteile gegenüber, die sich für die schwach organisierten Gesellschaftsgruppen u n m i t t e l b a r bemerkbar machten (Vertreibung, Erhöhung der Mieten, Transportkosten etc.), für die Stadtgesellschaft insgesamt aber nur ganz allmählich:

Erstens hat die Beschäftigung von Arbeitskräften, wie sie durch die Förderung des Baugewerbes als politisches Ziel deklariert worden war, solange wenig gesellschaftlichen Nutzen, wie sie zu einem Lohn geschieht, der in Höhe oder gar unterhalb der puren physischen Reproduktionskosten liegt. Eine Fortbildung oder Entwicklung der individuellen Anlagen ist dabei nicht möglich, folglich auch nicht eine Weiterentwicklung der Gesellschaft insgesamt, wo sie, wie in Brasilien, ü b e r w i e g e n d aus Personen besteht, deren Entwicklung durch Niedrigstlöhne blockiert wird.

Zweitens ist die hohe Rentabilität des Bausektors, die ja gerade auf der Ausbeutung der Arbeitskraft und auf der geringen organischen Zusammensetzung des Kapitals beruht, ein Motiv für das Interesse an einem stetigen und "großspurigen" Straßennetzausbau, das somit eine Eigendynamik unabhängig von den dringendsten gesellschaftlichen Erfordernissen erhält.

Diesen widersprüchlichen Bedürfnissen der armen Bevölkerung einerseits und der Kapitalgruppen in Salvador andererseits versuchte der Präfekt Jorge Hage (1975 - 1977) Rechnung zu tragen. Bevor

---

(49) Natürlich wird diese Funktion nicht deklariert, sondern vielmehr wird stets die "Absorption von Arbeitskräften" in den Vordergrund gestellt.

jedoch auf dessen Amtszeit eingegangen wird, soll im folgenden Kapitel die formalrechtliche Stellung der Munizipien dargestellt werden.

10. Die Stellung der Munizipien im Staatsaufbau

10.1. Die verfassungsrechtliche Stellung der Munizipien in der Vergangenheit

Durch den Vetrag von Tordesillas vom 7. Juni 1494 war Portugal bzw. die portugiesische Krone Besitzerin aller Landflächen geworden, die sich innerhalb einer nord-südlichen Linie 370 léguas (= 360 Meilen) westlich der kapverdischen Inseln befanden.
Auf der Grundlage dieses Vertrages begann Portugal seine Erkundungen und entdeckte unter der Expeditionsleitung von Pedro Alvares Cabral im Jahre 1500 die brasilianische Ostküste. Bis 1532 wurden noch viele weitere Expeditionen in das neuentdeckte Land gesandt, um dessen Reichtümer auszukundschaften und sofort auszubeuten (zunächst vor allem Brasil-Holz zur Gewinnung der seltenen Farbe "Rot").

Die Verwaltung des neugewonnenen Kolonialreiches wurde anfangs unmittelbar durch die Krone in Lissabon durchgeführt, mittels königlicher Verordnungen, den "Alfonsinas", "Manuelinas" und "Filipinas" (entsprechend dem Namen des jeweiligen Königs).
Doch wegen anhaltender Plünderungen des Küstenstreifens "ihres" Landes durch freibeutende Franzosen, Engländer und Holländer führte die portugiesische Regierung einen neuen Verwaltungsmodus ein: Ab 1534 wurde das gesamte Gebiet in Erb-Capitanias eingeteilt, die an reiche Junker des Hofes (Fidalgos) vergeben wurden. Die Verteilung der Ländereien war aufs Engste mit der Verteilung von politischer Macht verknüpft.
So waren zunächst nicht irgendwelche städtischen Zentren - die es noch gar nicht gab - der Sitz der lokalen politischen Macht, sondern die einzelnen Landgüter (fazendas). Deren Herren standen in unmittelbarem Kontakt zum "Capitão" - dem Inhaber einer Kapitanie - oder gar zum König selbst.

Erst mit der Erweiterung des Personenkreises, der nicht unmittelbar der Produktionseinheit einer Fazenda unterstellt war, wie z.B. Händler und Verwaltungsleute, die den Dienstleistungssektor bildeten und sich am Amtssitz des Gouverneurs ansiedelten, entstanden "städtische Verkehrsformen".

Von zentraler Bedeutung war dabei die Einrichtung von Gerichtshöfen und Verwaltungsfunktionen, die eng mit der Ausübung des Handels - schließlich war ja die gesamte Produktion Brasiliens für den Export bestimmt - verknüpft sind, wie zum Beispiel die Festsetzung und Eichung von Gewichten und Maßen. Diese Verwaltungsfunktionen wurden von den "almotacéis" ausgeübt, deren Ämter jährlich neu besetzt wurden.

Alle Munizipien der Kolonie besaßen dieselbe politisch-administrative Struktur:
Neben dem vom Gouverneur (seit 1549 einem einzigen mit Amtssitz in Salvador) ernannten "Präsidenten" der Kammer (= Bürgermeister o.ä.) gab es drei Ratsherren, zwei almotacéis und einen Schreiber. Dieser Kammer standen ein Amtsrichter auf Lebenszeit und zwei weitere Richter zu Diensten, welche wie die Ratsherren gewählt wurden (Meirelles, 1977:4-5).
In der Verfassung von 1824, die nach der Unabhängigkeit Brasiliens von Portugal in Kraft trat, wurden die Munizipien nicht mehr nur als Verwaltungseinheiten betrachtet, die - wie vorher - die zentrale politische Macht (Lissabons) auf lokaler Ebene durchsetzen sollten, sondern sie erhielten lokale ökonomische und politische Aufgaben zugesprochen.

Jedes Munizip sollte eine Ratsversammlung (Câmara) erhalten, die von der Bevölkerung gewählt wird und durch ihren Präsidenten die Regierungsgeschäfte des Munizips leiten soll. Die Funktion des Präsidenten der Câmara sollte von dem Abgeordneten mit den meisten Wahlstimmen ausgeübt werden.
Gemäß der Verfassung vereinigte die Câmara sowohl legislative als auch exekutive Gewalten auf sich. Doch schon mit der Gesetzesverordnung vom 1.10.1828 wurden die politischen Rechte der Munizipien wieder drastisch eingeschränkt. Nun sind die Câmaras "den Präsidenten der Provinzen unterworfen" (Art.78) (Mello, 1970:155), die ihrerseits von der Zentralregierung ernannt werden.
Eine schnelle Rotation der Provinzpräsidenten sollte verhindern, daß diese begännen, eine Hausmacht zu bilden und schließlich einige Großgrundbesitzer mehr zu begünstigen als andere.

Das heißt, auch während der Kaiserzeit (1822-1889) blieben die Munizipien bloß territoriale Verwaltungseinheiten der Zentralregierung, die vermittels der Provinzialregierungen ihre Macht und Interessen auf der lokalen Ebene durchsetzte (50).

Die Verfassung von 1891, mit der die republikanische und föderative Staatsform in Brasilien eingeführt wurde, verkündete die Autonomie der Munizipien bei denjenigen Belangen, die in deren "besonderem Interesse" seien (Art.68).
Doch diese Vagheit der Definition ermöglichte es, die Munizipien weiterhin als Ausführungsorgane der Zentralregierung zu benutzen.

> "Die Munizipalverfassungen versicherten das Prinzip (der Autonomie; P.S.) und zählten die munizipalen Rechte und Pflichten auf, aber dieser ganze Aufwand für die Autonomie blieb nur Gesetzestext. Während der 40 Jahre, welche die Verfassung von 1891 bestand, gab es keine munizipale Autonomie in Brasilien" (Meirelles, 1977:9).

Erst mit der Verfassung von 1934 wurde die Macht der "Coronéis", der Großgrundbesitzer, welche die Munizipien auf ihren Ländereien als ihr Privateigentum "und die Wähler als eine ihrer Macht gefügige Schafherde" (Meirelles, 1977:10) betrachteten, beschnitten und den Munizipien für kurze Zeit eine konkretere Autonomie zugestanden.

Die Präfekten wurden vom Volk gewählt - wenngleich indirekt (Art. 13,2); vor allem durften nun eigene Munizipalsteuern dekretiert, erhoben und eigenverantwortlich verwendet und munizipale Dienstleistungen selbständig organisiert werden (Art.13).

Der Staat durfte nur dann intervenieren, "...wenn Unpünktlichkeit bei der Rückzahlung von Krediten festgestellt wird, die durch den Staat garantiert worden waren" (Art.13,4; zit. in Brasileiro, 1973:8).

Doch schon drei Jahre später, mit der Verfassung der Diktatur ("Estado Novo") unter Getúlio Vargas aus dem Jahre 1937, wurde wieder eine starke, zentralisierte Bundesexekutive eingeführt. Die gesetzgebenden Kammern der Munizipien wurden aufgelöst und die Landesgouverneure zu Stellvertretern der Zentralregierung (sog.

---

(50) Meirelles (1977:7) spricht sogar von einer stärkeren Kontrolle als in der Kolonialzeit.

"Interventoren") gemacht, welche die Präfekten der Munizipien ernannten (Art.26 und 27). Diese mußten nicht der Câmara des Munizips, sondern den jeweiligen Landesverwaltungsräten (Conselhos Administrativos) Rechenschaft abgeben.
Durch einheitliche Haushaltsgesetze und Buchhaltungsvorschriften für alle drei Verwaltungsebenen sollten die Munizipien vollständig in den Staatsaufbau integriert werden (Brasileiro, 1973:8).
Ähnlich wie 1934 gab es bei dem neuerlichen politischen Konjunkturwandel von 1945/46, also nach der Abschaffung der ersten Vargas-Diktatur, wieder eine (formale) Entfaltung der Autonomie der Munizipien.

Die Verfassung von 1946 bestimmte die Selbständigkeit der lokalen politischen Einheit durch folgende Elemente:

- der Präfekt und die Ratsmitglieder werden von der wahlberechtigten Munizipalbevölkerung gewählt (Art. 28,I); allerdings wird diese Autonomie schon durch die Paragraphen 1 und 2 desselben Artikels eingeschränkt, in denen die Ernennung von Präfekten aus strategisch wichtigen Munizipien - Landeshauptstädte, Munizipien mit Minerallagern oder wichtigen Gewässern (etwa zur Energiegewinnung) - den Landesgouverneuren vorbehalten wird (Brasileiro, 1973:9).
- Hinsichtlich der besonderen Interessen des Munizips besteht Eigenverwaltung; das betrifft vor allem die Dekretierung und Erhebung von Steuern und deren freie Verwendung für lokale öffentliche Dienstleistungen, die ebenfalls selbständig organisiert werden (Art.28,II).
- Neben ausschließlich munizipalen Steuern (Art.29) beteiligt die Verfassung von 1946 die Munizipien erstmals an der Verteilung einiger Steuern, die vom Bund oder dem jeweiligen Bundesland erhoben werden (Art.15,2 und 15,3; Art.20, 21, 29).

Der Präfekt war nur der Câmara verantwortlich, und eine Intervention der Zentralregierung war nur möglich, wenn - wie schon bei der Verfassung von 1934 - staatlich garantierte Kredite nicht pünktlich abbezahlt wurden oder wenn die Verpflichtungen aus Schulden (dívida fundada) an zwei aufeinander folgenden Jahren nicht bezahlt wurden (Brasileiro, 1973:9).
Trotzdem hatten auch in der Konstitution von 1946 die Munizipien nicht volle Rechte als gleichwertige Partner von Land und Bund, sondern galten nur als "Ausdruck der staatlichen Machtkonzession" (Cavalcanti, 1960:101).

10.2. Die gegenwärtige juristische Position der Munizipien

Mit dem Staatsstreich von 1964 begann eine neue Phase in der politischen Entwicklung, durch welche auch die Stellung der Munizipien neu bestimmt wurde:
Durch Verfassungsänderungen, die schon im November 1964 vorgenommen wurden, versuchte die Militärdiktatur mit Hilfe politisch einheitlicherer Strukturen ihr Entwicklungsprogramm und die Inflationsbekämpfung durchzusetzen.
Die - formale - Autonomie der Minizipien wurde weiter stark eingeschränkt und auf bestimmte Belange der Zentralregierung ausgerichtet (vgl. Brasileiro, 1973:11).

Folgende Verfassungsänderungen betrafen unmittelbar die Munizipien:

Nr.12: Die Präfekten von "militärisch wichtigen" Munizipien werden vom Gouverneur ernannt; die Ratsherren erhalten keine Vergütung.

Nr.13: Die Mandate der Präfekten, Vize-Präfekten und Ratsherren werden auf vier Jahre beschränkt; die Wahlen zum Parlament des Munizips finden innerhalb eines Bundesstaates jeweils ein Jahr v o r Beendigung des Gouverneur-Mandates statt.

Nr.18: Die Einkommensquellen der Munizipien werden neu bestimmt: Der Anteil der Munizipien an einigen Steuern der Zentralregierung sinkt von 15% auf 10%.
Das Recht, Agrarlandsteuern zu erheben, wird den Munizipien wieder genommen und nun - zum Zweck der proklamierten Agrarreform - der Zentralregierung zugeordnet. Nur der Bund darf Anleihen aufnehmen.

Wie in allen vorhergehenden Fällen zeigt sich der Grad der Autonomie der Munizipien am deutlichsten im Bereich der Finanzhoheit.
Das nationale Steuersystem setzte neue Normen für die Ausarbeitung der Munizipalhaushalte fest; die Neubildung von Munizipien mußte ökonomisch und finanziell gerechtfertigt werden, die Ernennung von Präfekten durch die Landesregierung war nun obligatorisch und nicht mehr bloß fakultativ, wie durch die Konstitution von 1946 festgelegt war.
Die Einkommen der Länder und Munizipien wurden erheblich gekürzt und dadurch das Finanzvolumen der Zentralregierung erweitert.
Insgesamt war die Neustrukturierung des Verhältnisses der Munizipien zum Zentralstaat durch eine starke Straffung der Administration gekennzeichnet, die mit einer weitgehenden Kontrolle der

Munizipien in allen Bereichen einherging. Zu diesem Zweck wurden neue Institutionen geschaffen, welche die Vereinheitlichung der Verwaltung der Munizipien und ihre Integration in einen angestrebten homogenen Staatsapparat betreiben sollten.

Die Änderungen wurden in die Verfassung von 1968 integriert. Zwar wurde weiterhin der föderative Aufbau und die Autonomie der Länder und Munizipien behauptet, aber sowohl in politischer als auch in administrativer und vor allem in finanzieller Hinsicht wurden die Handlungsspielräume stark eingeschränkt.

In der gegenwärtig gültigen Verfassung, in der Form der ersten Verfassungsänderung (Emenda Constitucional Nr.1) vom 17.10.1969, wird die Autonomie der Munizipien insofern aufrechterhalten, als:

a) die Präfekten, Vize-Präfekten und Ratsherren direkt von den Einwohnern gewählt werden (Art.15,I);
b) die Munizipalverwaltungen bestimmte Abgaben einrichten, in der Höhe festlegen und erheben und diese Einnahmen nach eigenem Gutdünken verwenden dürfen (Art.15,IIa);
c) die lokalen Dienstleistungen eigenverantwortlich organisiert werden dürfen (Art.15,IIb).

Doch schon für alle Landeshauptstädte (in denen 1975 ca. 20% der brasilianischen Bevölkerung lebten) und für Munizipien mit Bodenschätzen oder von strategischer Wichtigkeit für die nationale Sicherheit wurde die Regelung wieder eingeführt, daß deren Präfekten von den Gouverneuren oder unmittelbar vom Präsidenten (im Falle Brasílias und der Landeshauptstädte von Rondônia und Acre) ernannt werden (Art. 15,II,1).

In Art.15,3a-f der Verfassung werden sechs Gründe aufgezählt, die einen Eingriff der Zentralregierung in Belange der Munizipien legitimieren:

1. Wenn die Rückzahlung der vom Land garantierten Anleihen nicht pünktlich erfolgt;
2. wenn die Abzahlungen für die hypothekarisch abgesicherte Schuld (dívida consolidada oder fundada) in zwei aufeinander folgenden Jahren nicht erfolgt sind;
3. wenn die Haushaltsabrechnungen nicht zur Prüfung beim Rechnungshof der Landesregierung (Tribunal de Contas do Estado) und bei der Bundesregierung (im Falle von Bundesfonds) eingereicht werden;
4. wenn Verfassung, Gesetze und/oder Gesetzesentscheidungen nicht eingehalten werden;

5. wenn subversive Handlungen oder Korruptionen begangen werden (was "subversiv" ist, wird im BundesgesetzesDekret - Decreto-Lei Federal - Nr.898 vom 29.9.69 definiert);
6. wenn nicht der verfassungsmäßig vorgeschriebene Prozentsatz von 20% des Steuereinkommens für das Grundschulwesen aufgewendet wird.

Eine spezielle Einschränkung für Munizipien im Umkreis der Landeshauptstädte war die vorgesehene Einrichtung von "Metropolitanen Regionen" (Regiões Metropolitanas) mit den entsprechenden zentralisierenden Institutionen (im Falle Bahias die CONDER), die die Erstellung von Infrastrukturen in diesen Munizipien koordinieren sollten.
Diese Regiões Metropolitanas wurden 1969 per Dekret eingerichtet, sind aber - vor allem wegen der unklaren Kompetenzabgrenzungen der koordinierenden Institutionen - bis zur Gegenwart (1980) nicht aus dem Stadium von Vorüberlegungen und Projektentwürfen herausgekommen.

Die administrative Autonomie der Munizipien besteht darin, daß sie die ihr "eigenen Interessen" (seu peculiar interesse) verfolgen und die lokalen Dienstleistungen organisieren und verwalten dürfen.
Was ihr Interesse sei, wird jedoch nicht definiert, und man kann davon ausgehen, daß im Falle eines Kompetenzstreites oder der Durchsetzung "übergeordneter nationaler Interessen" die Kommunalverwaltungen stets den kürzeren ziehen.
Doch nach dem allgemeinen Verständnis fallen in den Bereich des Eigeninteresses:
- die Wahl der Regierung (der Ratsherren und im allgemeinen des Präfekten);
- Erschließung von finanziellen Ressourcen für die Verwaltung (Erhebung von Gebühren);
- Organisation von Dienstleistungen;
- Verteidigung der ästhetischen und sozialen Aspekte der Stadt (Urbanismus);
- Erziehung (Grundschulwesen);
- Erholung der Einwohner;
- Verwaltungsvorschriften für Beamte und Munizipalangestellte;
- Gesundheitswesen und Wohlfahrt.

(Meirelles, 1977:115,155,156,157,403).

Munizipale Gesetze, welche die ausdrücklichen und exklusiven Machtbefugnisse des Munizips betreffen, können gegenüber dem gewöhnlichen Landesgesetz (Lei Ordinária Estadual), gegenüber der Landesverfassung und gegenüber dem gewöhnlichen Bundesgesetz Vorrang haben (Mello, 1971:73).

> "Wenn wir die politisch-juristischen Aspekte der Zentralisierung betrachten, gelangen wir zu der Schlußfolgerung, daß das brasilianische Munizip, trotz der Restriktionen der letzten fünf Jahre, das autonomste der Welt ist (...).
> Aber was bedeutet diese wunderschöne Konstruktion der politisch-juristischen Autonomie hinsichtlich der effektiven Tätigkeit des Munizips im Prozeß der nationalen Entwicklung? Sehr wenig, wie wir gesehen haben" (Mello, 1971:72-73).

Die Munizipien sind unterste, aber selbständige politisch-administrative Einheit innerhalb des staatlichen Verwaltungsaufbaus und haben unmittelbaren Zugang zu allen Gewalten (poderes) auf Bundes- wie auf Landesebene o h n e hierarchische Vermittlung der letzteren.
Die politisch-administrative Struktur der Munizipien folgt der Idee der Gewaltenteilung, indem der Präfektur die exekutiven Funktionen, der Ratsversammlung (Câmara de Vereadores) die legislativen Funktionen zugeteilt sind. Die Munizipalregierung wird im Abstand von vier Jahren gewählt.

Während die Câmara die Regeln für die Verwaltung setzt, ist die Präfektur dasjenige Organ, welches die allgemeinen und abstrakten gesetzlichen Gebote in individuelle und konkrete Verwaltungsakte umsetzt (Meirelles, 1977:817).
Der Präfekt ist Chef des exekutiven Organs des Munizips; er ist politischer Funktionär (agente político), nicht aber Beamter (funcionário), was bedeutet, daß er keiner anderen Autorität unterworfen ist als dem Gesetz (Manual do Prefeito, 1977:11).
Selbst wenn er vom Gouverneur ernannt wurde, ist er diesem gegenüber nicht weisungsgebunden.
Als Chef der Exekutive ist er oberster Verwaltungsvorgesetzter des Munizips und gleichzeitig Repräsentant des Munizips gegenüber anderen politischen und administrativen Einheiten.

Der Präfekt kann Gesetzesinitiativen zu allen Belangen des Munizips einbringen, außer zur internen Organisation der Câmara.
Gesetzesvorlagen zum Gemeindehaushalt können nur von ihm eingebracht werden (Verfassung, Art.65). Gesetzesvorlagen von der

Câmara müssen vom Präfekten bestätigt oder zurückgewiesen werden. Neben den regelmäßigen Ratsversammlungen, welche die Câmara abhält, kann der Präfekt außerordentliche Sitzungen einberufen.
Doch bilden die Funktionen als Verwaltungschef - planen, leiten, koordinieren, kontrollieren und externe Kontakte pflegen - das Hauptaufgabengebiet des Präfekten.
Nach Gesetz 4.320 ist es Pflicht des Präfekten, einen Drei-Jahres-Plan der öffentlichen Arbeiten und der Kapitalausgaben sowie der Anschaffung von Ausrüstungsgütern vorzulegen, der durch den jährlichen Haushaltsplan korrigiert wird (Art.23; vgl. Administração Municipal, 1971:77).

Die Leitung des Verwaltungsapparates geschieht durch Ausführungsbestimmungen (regulamentos), Anweisungen (instruções), Dienstanweisungen (ordens de serviço), Erlasse und ähnliche Verwaltungsakte (Manual do Prefeito, 1977:15).
Durch regelmäßige Kabinettssitzungen mit den Dezernenten soll dem Präfekten eine Koordination der verschiedenen Vorhaben ermöglicht werden. In großen städtischen Munizipien gibt es spezielle Koordinationsorgane, die eng an die Planungs- und Haushaltsabteilungen angebunden sind.

Mittel der Kontrolle des Verwaltungsapparates sind die monatlichen Bilanzen (balancetes mensuais), welche die Kontrolle über die Ausführung des Haushaltsplanes ausüben sollen, die täglichen Berichte des Kämmerers (Boletim Diário da Tesouraria) über die Einnahmen und Ausgaben und die regelmäßigen Berichte zur Programmentwicklung und über Dienstleistungen; schließlich die mündlichen Berichte der verschiedenen Verwaltungsvorgesetzten.
Die Pflege der externen Kontakte beinhaltet sowohl Repräsentationsaufgaben des Munizips als Ganzem als auch die Vertretung der Stadtverwaltung gegenüber den Bürgern.

Der Präfekt trägt die Verantwortung für folgende Aufgaben:
- Veröffentlichung der Gesetze, Dekrete, Erlasse, Einnahmen- und Ausgabenbilanzen;
- Durchführung der Gesetze, Dekrete, Ausführungsbestimmungen, Vorschriften etc.
- Bestrafung durch Geldbußen, Schließung von Firmen, Entzug von Genehmigungen etc. bei Verletzung von Gesetzen und Gesetzesverordnungen und von Verträgen, die mit dem Munizip abgeschlossen wurden;

- Einsatz von Polizei für die Durchsetzung munizipaler Gesetze, wo nötig;
- Eintreibung der Einnahmen sowie die Festlegung der Gebührensätze;
- Erhaltung und Verwaltung der materiellen und immateriellen Güter, die im Besitz des Munizips sind. Sie dürfen nur mit Autorisierung der Câmara veräußert werden;
- Enteignungen im Falle der öffentlichen Notwendigkeit oder des gesellschaftlichen Interesses, gemäß den entsprechenden Vorschriften der Bundesgesetze;
- Vorlage des Rechenschaftsberichtes mit der jährlichen Haushaltsbilanz beim Landesrechnungshof und bei der Câmara.

Die Câmara hat gesetzgebende Funktionen, die jedoch auf die Belange von lokalem Interesse und auf den Bereich des Munizips beschränkt sind, sich also vor allem auf Verwaltungsvorschriften und Steuergesetze beziehen, die in der Kompetenz des Munizips liegen. Neben der gesetzgebenden Funktion hat die Câmara noch diejenige der Kontrolle der Exekutive (der Präfektur) inne. Sie kann bei politisch-administrativen Vergehen des Präfekten dessen Mandat kassieren.

Die Ratsherren werden alle vier Jahre in geheimer und direkter Wahl nach dem Modus der Verhältniswahl gewählt. Ihre hauptsächliche Aufgabe besteht darin, der Câmara Gesetzesvorlagen, Gesetzesdekrete und Entschließungen vorzulegen und sich an der Diskussion und Entscheidung über solche Vorlagen zu beteiligen. Jeder Abgeordnete hat das Recht, an allen Tätigkeiten und Sitzungen der Câmara teilzunehmen, und besitzt das aktive und passive Wahlrecht für den Vorstand (mesa) und für die Beteiligung an Kommissionen.

Die "mesa" ist das leitende Gremium der Câmara. Sie wird von einem Präsidenten, einem Vize-Präsidenten, einem oder mehreren "Sekretären" und - wo nötig - einem Schatzmeister gebildet; die Mitglieder werden aus der Mitte der amtierenden Abgeordneten gewählt und erhalten ein zweijähriges Mandat. Eine Wiederwahl für dasselbe Amt ist unzulässig. Die mesa führt die Beschlüsse der Vollversammlung der Câmara aus; ihr Präsident ist zugleich der Präsident der Câmara und hat somit gleichzeitig legislative, exekutive, administrative und repräsentative Funktionen inne.

Nach der Wahl der mesa werden "dauerhafte" und "besondere" Kommissionen eingesetzt.

Dauerhafte Kommissionen sind interne Organe der Câmara, welche die Vorlagen und Vorschläge prüfen, die dem Plenum zur Diskussion gestellt werden. Dementsprechend gibt es Rechts-, Finanz- und Baukommissionen und weitere, die von der Câmara als notwendig erachtet werden. Die entsprechenden Gutachten beschränken sich auf die technischen Aspekte der Vorschläge; ihre politische Beurteilung steht nur der Vollversammlung zu.

Besondere Kommissionen können durch Entschließung der Vollversammlung gebildet werden, um bestimmte Untersuchungen - z.B. über die Einführung einer neuen munizipalen Dienstleistung - und Nachforschungen - z.B. bei Unregelmäßigkeiten in der Legislative, der Exekutive, der direkten oder indirekten Verwaltung (51) - durchzuführen oder um repräsentative Verpflichtungen zu erfüllen.

11. Die finanzielle Konstitution der Munizipien

Trotz der politisch-juristischen Eigenständigkeit, welche die brasilianischen Munizipien weitgehend genießen, kann nicht von einer eigentlichen Autonomie gesprochen werden.
Allein gemessen am Grad des finanziellen Spielraumes, der den Munizipien durch die Verfassung und die Zentralregierung zugestanden wird, ist die Autonomie sehr begrenzt (Mello, 1971:72-74; s.a. Sherwood, 1965:49; IPEA, 1973:26-27). (52)

In erster Linie wurde die Steuerhoheit der Länder und Munizipien beschränkt; nunmehr kann nur noch die Zentralregierung neue Steuern einführen (Art.18,5) und Zwangsanleihen aufnehmen (Art.18,3).

---

(51) "Indirekte Verwaltung" bezeichnet die Autarquias, die öffentlichen Unternehmen und die gemischt-wirtschaftlichen Gesellschaften (mit mehrheitlichem Aktienanteil des Staates) (vgl. Meirelles, 1977:429-457).

(52) Legte man jedoch als Maßstab die Fähigkeit zugrunde, finanzielle Ressourcen zur Befriedigung von Bedürfnissen der eigenen Stadtbevölkerung bereitzustellen, und zwar für Verfahren, die effektiv sind, aber den herrschenden Normen des Wirtschaftens widersprechen, so kann von einer Autonomie erst recht nicht gesprochen werden.

Der Bundessenat kann Grenzen für die Verschuldung der Länder und Munizipien festlegen und ihnen Bedingungen für die Ausgabe von Kommunalobligationen (emissão de obrigações) diktieren (Art. 42,VI).

Die Kompetenzen zur Erhebung von Steuern sind folgendermaßen auf die drei politisch-administrativen Ebenen verteilt:
Der Bundesregierung steht es zu, Steuern zu erheben auf
- den Import von ausländischen Produkten;
- den Export von Produkten ins Ausland;
- landwirtschaftliche Flächen;
- Einkommen jeglicher Art (Imposto sobre a renda);
- Industrieprodukte;
- Kredit-, Wechsel- und Versicherungsgeschäfte und Immobilienwerte;
- Dienstleistungen im Transport- und Kommunikationssektor;
- Benzin, Öl, Gas (IUCL) und elektrische Energie;
- Bodenschätze.

Die Landesregierungen dürfen besteuern (Art.23):
- die Besitzübertragung von Immobilien;
- die Zirkulation von Waren (ICM).

Auch die Steuern, welche die Munizipien erheben dürfen bzw. müssen, sind auf zwei Arten beschränkt:
- Steuern auf städtische Immobilien und Grundstücke (IPPTU);
- Steuern auf Dienstleistungen (ISS).

Hinsichtlich dieser Steuern wird die Höhe und Verfahrensweise der Einziehung sowie die Gewährung von Steuererleichterungen bzw. -nachlaß von den Munizipien festgesetzt (Art.24,I,II); allerdings behält sich die Bundesregierung die Festsetzung der maximalen Höhe der Dienstleistungssteuer (Imposto sobre Serviços) vor.
Daneben haben die Munizipien das Recht, Gebühren für Dienstleistungen und "Beiträge zur Verbesserung" (Contribuição da Melhoria) (53) zu erheben (Art.18,I,II).

---

(53) Contribuição de Melhoría: Kostenbeitrag von Anrainern zu geleisteten Infrastrukturmaßnahmen in der nächsten Umgebung ihres Immobilienbesitzes (Anliegerbeiträge).

Der größere Teil der Einnahmen der Munizipien stammt aus "Überweisungen" des Bundes und der Länder; er macht bei den größten Städten ca. 55% der Gesamteinnahmen aus und bei den kleineren Munizipien sogar ca. 73% (Schmarling, 1979:44; IPEA, 1973:203). Den Munizipien stehen folgende Anteile aus Bundes- und Landessteuern zu:

1. Mittel aus dem Anteilfonds für Munizipien (FPM). 9% des gesamten Volumens der Bundeseinnahmen aus der Einkommenssteuer (IR) und der Steuer auf industrialisierte Produkte (IPI) bilden den Anteilfonds für Munizipien (FPM), dessen Summe regelmäßig - in unterschiedlicher Höhe, aber nach einem einheitlichen Schlüssel (54) - auf alle Munizipien verteilt wird. Der Anteil an diesem Fonds bildet für ökonomisch schwache Munizipien die größte Einkommensquelle.

Die Aushändigung der Mittel setzt allerdings voraus, daß

I - die Programme gebilligt wurden, welche die Munizipien für die Verwendung der Mittel auf der Grundlage von Richtlinien und Prioritäten der Bundesregierung aufstellen müssen;

II - bei der Durchführung dieser Programme eigene Einnahmen der Munizipien verwendet werden;

III - eine wirksame Übertragung von Ausführungsaufträgen des Bundes (encargos executivos da União) auf die Munizipien stattfindet;

IV - daß die Munizipien für den Bund die Steuern erheben und ihrem Schuldendienst pünktlich nachkommen.

Schließlich wird noch vorgeschrieben, welcher Prozentsatz des Einkommens aus dem FPM für Kapitalausgaben und welcher für Personalausgaben verwendet werden muß (Decreto Federal 77.565/76).

Zudem müssen 20% für das Grundschulwesen, 10% für das Gesundheitswesen, 20% für Planungsprojekte (gilt nur für Landeshauptstädte in "Metropolitanen Regionen") und 2% für die Vermögensbildung der öffentlichen Angestellten (PASEP) verwendet werden (Manual do Prefeito, 1977, p. 144-146).

---

(54) Siehe Administração Municipal (1971:392ff.), Lei 5.172/ 25.10.1966, Art.91.

2. Überweisungen aus den Steuereinnahmen auf Brennstoffe aller Art (IUCL).
   40% aus diesem Einkommen erhalten die Länder und die Munizipien nach demselben Schlüssel, in dem a) die Fläche, b) die Bevölkerungszahl, c) die Produktion und d) der Verbrauch von flüssigen und gasförmigen Brennstoffen gewichtet werden (55). Die Einnahmen aus dieser Quelle dürfen nur für Straßenbauprojekte verwendet werden, und zwar nur als Kapitalausgaben, das heißt, die Verwaltungskosten der Empfängerinstitution müssen aus Eigeneinnahmen finanziert werden.

3. Überweisungen aus den Steuereinnahmen aus elektrischer Energie (IUEE).
   Die Munizipien erhalten 10% dieser Einnahmen. Der Betrag muß zum Ausbau des Energienetzes eingesetzt werden oder, wenn das Munizip nicht selbst Betreiberin der Energieversorgung ist, in Aktien eines Elektrizitätswerkes investiert werden.

4. Überweisungen aus den Steuereinnahmen auf Bodenschätze. Diejenigen Munizipien, in denen Bergbau oder Edelsteinabbau o.ä. betrieben wird, erhalten 20% der daraus resultierenden Steuereinnahmen. Die Verwendung der Einnahmen ist nicht in engem Sinne zweckgebunden, sondern kann im Schul- und Gesundheitswesen, im Straßen- und Energieausbau geschehen, sofern der Bergbau dadurch direkt oder indirekt gefördert wird. Allerdings muß ein konkreter Finanzplan vorgelegt werden.

5. Von der Landesregierung erhalten die Munizipien 20% der Einnahmen aus der Umsatzsteuer, welche in ihrem Verwaltungsbereich erhoben wird. An diese Einnahme sind keine Bedingungen hinsichtlich ihrer Verwendung geknüpft.

6. Schließlich wird der Betrag der Steuer auf landwirtschaftliche Grundflächen und der Einkommenssteuer (nur diejenige, die von den Angestellten der Munizipien gezahlt wird) zwar von der Bundesregierung eingezogen, aber in vollem Umfang den Munizipien zugeteilt.

---

(55) Gewichtung bei nationalen Produkten: 0,18; 0,36; 0,10; 0,36; bei importierten Produkten: 0,2; 0,4; 0,4. (IPEA, 1973:61).

Die Erfüllung der Bedingungen, die an die Vergabe der ersten vier Überweisungsarten (die des Bundes) geknüpft sind, wird von verschiedenen Organen der Bundesregierung kontrolliert (Manual do Prefeito, 1977:149ff.):
zu (1): Bundesrechnungshof (Tribunal de Contas da União);
zu (2): Nationale Abteilung für Straßen und Fahrwege - DNER;
zu (3): Nationaler Rat für Wasser und Elektrizität - CNAEE;
zu (4): Nationale Abteilung für den Abbau von Mineralien (Departamento Nacional de Produção Mineral).

Für Hilfe und Beratung bei der Ausarbeitung der munizipalen Entwicklungspläne stehen eine Reihe von Institutionen zur Verfügung wie z.B.

- das Brasilianische Institut für munizipale Verwaltung - IBAM;
- das Sekretariat für die Verflechtung (des Bundes; P.S.) mit den Ländern und Munizipien - SAREM;
- die Kommission für Koordination und Implementierung des Finanzinstrumentariums - COCITEF.

Daneben bestehen in allen Ministerien Abteilungen, mit denen die Munizipien unmittelbar Kontakte aufnehmen können.

12. Die Dienstleistungen der Munizipien

Es lassen sich drei Arten von Dienstleistungen der Munizipalverwaltungen unterscheiden:

a) Öffentliche Dienste im engeren Sinne sind vor allem die allgemeinen Funktionen der Verwaltung und die Aufgaben der Kontrolle der Normen. Sie können zwar im Auftrag der Verwaltung von nicht-öffentlichen juristischen Personen durchgeführt, aber nicht selbständig wahrgenommen werden.

b) Soziale Dienstleistungen wie z.B. Schulwesen, Kultur, Erholung, Gesundheitswesen (mit Ausnahme der Seuchenbekämpfung - política sanitária -, die in die Kompetenz des Landes fällt) und Sozialfürsorge können dagegen sowohl von der öffentlichen Hand als auch von privaten Personen oder Institutionen o h n e Vertrag mit dem Munizip erbracht werden.
Private soziale Dienstleistungen unterliegen allerdings der Kontrolle der öffentlichen Verwaltung, welche durch Lizenzvergabe oder Betriebsgenehmigung (alvará de localização) geregelt wird.

c) Dienstleistungen von öffentlichem Nutzen sind z.B. die Stromversorgung, das öffentliche Transportwesen, das Telefonnetz, die Verteilung von Gas (in Brasilien in Gasflaschen), Wasserversorgung, Abwässerbeseitigung und das Friedhofswesen.
Wegen ihrer Wichtigkeit für die Öffentlichkeit unterliegen diese Dienstleistungen den Vorschriften der öffentlichen Hand, werden aber mit Ausnahme der Wasserversorgung und der Abwässerbeseitigung in Brasilien fast ausschließlich von privaten Unternehmen angeboten.

"Was die Verteilung der Aufgaben bei der Erstellung von Dienstleistungen betrifft, so besteht in der Regel eine Undefiniertheit der funktionalen Grenzen zwischen den drei Ebenen (des Staatsapparates: Bund, Länder, Gemeinden; P.S.), das heißt, konkurrierende Kompetenz: jede einzelne Regierungsebene und alle drei gemeinsam können zur gleichen Zeit dieselben Funktionen ausführen. Besonders deutlich wird das bei den sozialen Dienstleistungen (Bildung, Kultur, Erholung, Gesundheit, Sozialfürsorge, etc.). Sowohl das Munizip als auch das Land und der Bund können sich um die Grundschulausbildung, die Einrichtung von Gesundheitsstationen usw. kümmern und tun es auch" (IPEA, 1976:12).

Daß sie es tun, kann nicht bestritten werden; daß es aber in einer mangelhaften Weise geschieht, ebenfalls nicht. Wenngleich im politischen Selbstverständnis derjenigen, die Funktionsträger im Staatsapparat sind, die Erstellung von Dienstleistungen eine zentrale Position einnimmt, ist der Mangel an städtischen Dienstleistungen, der sich um so gravierender auswirkt, je ärmer die zu versorgende Bevölkerungsschicht ist, offensichtlich *an sich* kein Grund für die Kommunal- oder Staatsverwaltung, dieser Situation ihre Aufmerksamkeit zuzuwenden (vgl. Offe,1975:14). Das zeigt ein einfacher Blick auf die permanente Verschleppung von ernstzunehmenden Lösungen oder auf die faktisch vollzogenen Prioritäten bei städtischen Bauvorhaben oder anderen politischen Entscheidungen, die in der Regel nicht der städtischen Bevölkerungsmehrheit dienen.
Vielmehr ist es der politische Druck der Betroffenen auf die Verwaltung bzw. die politischen Instanzen, der diese in irgendeiner Weise zum Handeln zwingt.

Es gibt drei Formen staatlichen Handelns:

1. Die Lösung der anstehenden Probleme.
   Das ist der unwahrscheinlichste Weg, weil er an Interessenwidersprüchen scheitert. Denn bei der vorhandenen Konstruktion

des Staatsaufbaues bedeutet eine Verwendung von Ressourcen für den Wohnungsbau oder für Infrastrukturen zum Nutzen der Bevölkerung in der Regel ein Abzug von Ressourcen für die Kapitalakkumulation; das heißt, es sind zwei grundsätzlich widersprüchliche Logiken im Spiel - Gebrauchswertproduktion versus Tauschwertproduktion - die nur in Ausnahmefällen den Anschein von Vereinbarkeit zulassen (etwa im "Wohlfahrtsstaat"; s. Narr/Offe,1975).

2. Die Unterdrückung des politischen Druckes der betroffenen Bevölkerung.
   Soweit das "nötig" ist, wird von dieser Strategie mit Hilfe des Polizei- und Militärapparates Gebrauch gemacht. Allerdings kann eine übermäßige Verwendung dieser Technik zu einer Gefährdung der Stabilität des zu sichernden Herrschaftsverhältnisses führen. Deshalb wird, soweit irgend möglich, eine andere, weniger sichtbare Form der Unterdrückung des Protestes verwendet, nämlich
3. die Desartikulierung des politischen Druckes, d.h. die Verhinderung seines Entstehens durch Legitimationsstrategien.
   Darunter sind solche Maßnahmen, Vorgehensweisen und Äußerungen zu verstehen, die bei einem genügend breiten Teil der Bevölkerung den Eindruck und die Erwartung entstehen lassen, daß die staatlichen Instanzen den guten Vorsatz haben, tatsächlich die anliegenden Probleme zu lösen, so daß es nicht notwendig sei, durch eigene Organisationen politischen Druck auszuüben, um die Regierung zu Handlungen im Interesse der Bevölkerung zu zwingen.

Unter der Berücksichtigung dieser drei Aspekte soll im folgenden die Regierungszeit des Präfekten von Salvador, Jorge Hage, dargestellt werden, die im März 1975 aufgrund der Ernennung und Einsetzung durch den Gouverneur Roberto Santos begann und im März 1977 aufgrund der Absetzung des Präfekten durch eben denselben Gouverneur beendet wurde.

KAPITEL III
DIE AMTSZEIT DES PRÄFEKTEN VON SALVADOR, JORGE HAGE (1975 - 1977)

1. Problemperzeption in Salvador und Erwartungen an den Präfekten

Gemäß Artikel 15,1 der Verfassungsänderung von 1969 (Emenda Constitucional Nr.1) werden die Präfekten der Landeshauptstädte mit Zustimmung der Landesparlamente vom Gouverneur ernannt.
Im vorliegenden Falle fiel die Wahl des Gouverneurs Roberto Santos für die Besetzung des Postens des Präfekten auf den Juristen und Unversitätsprofessor für öffentliche Verwaltung, Jorge Hage.
Als Grund für diese Wahl - eine andere Person stand anscheinend nicht zur Debatte - wurde in der Öffentlichkeit die enge Freundschaft zwischen beiden Personen genannt, die seit der Zusammenarbeit an der Universität bestanden hatte. Denn der Gouverneur Roberto Santos war zwischen 1967 und 1971 Rektor der Universität von Bahia (UFBa) gewesen und hatte Jorge Hage aufgrund der Empfehlung des vorhergehenden Kabinettchefs Zitelman de Oliva zum neuen Kabinettchef berufen.

Der 36-jährige Hage hatte nach Abschluß seines Rechtsstudiums im Jahre 1960 an der University of California, Los Angeles (UCLA) Öffentliche Verwaltung studiert. Im Jahre 1964 übernahm er die Leitung der Abteilung für technische Assistenz am neugebildeten Institut für öffentliche Dienste (ISP), das unter der Landesregierung Lomanto Júnior die Aufgabe erhalten hatte, die Programme für Verwaltungsreformen zu entwickeln.
Später war er zusätzlich - bis 1969 - als Superintendent der Industriekammer von Bahia (FIEBA) tätig.
Nach der gemeinsam durchgeführten Universitätsreform wurden Roberto Santos nach Ablauf seiner Amtszeit als Rektor (1971) in den Bundesrat für Erziehung (Conselho Federal de Educação) und Jorge Hage im Jahre 1974 an das Sekretariat zur Unterstützung des Erziehungsministeriums nach Brasília berufen (56).

An die Wahl des Planungsfachmannes Jorge Hage war allem Anschein nach sowohl vom Gouverneur als auch in der Öffentlichkeit die Erwartung und Hoffnung geknüpft worden, die städtischen Probleme

---

(56) Alle Angaben aus einem Interview mit Hage in der Zeitschrift BOCA DO INFERNO, Salvador, August 1976.

in Salvador lösen zu können.
Diese Erwartungen kamen u.a. in einer Reihe von offenen Briefen von Berufsgenossenschaften zum Ausdruck, die aus Anlaß der Amtseinführung des Präfekten verfaßt und in den Tageszeitungen von Salvador bzw. Bahia veröffentlicht wurden.

1.1. "Das IAB angesichts der städtischen und metropolitanen Problemlage von Salvador"

Anläßlich der Amtseinführung von Jorge Hage veröffentlichte als erstes das Institut der Architekten Brasiliens, Untergruppe Bahia (IAB - BA) ein Positionspapier (57), worin es Stellung zu den Problemen der Stadt Salvador nahm:

> Schon im Jahre 1963, während der Konferenz über "Wohnen und Stadtreform" in Rio de Janeiro, hätten die brasilianischen Architekten eine Reihe von institutionellen Instrumenten vorgeschlagen, die in der Lage gewesen wären, eine Koordination der städtischen Entwicklung vorzunehmen. Dazu sei die Bildung einer Superintendanz für Stadtpolitik und eines Rates für Stadtpolitik vorgeschlagen worden, die ein geordnetes Stadtwachstum mit dem Schwerpunkt im Wohnungsbau hätten durchführen sollen.
> Auch das örtliche Institut habe eine solche Politik verfolgt. So habe es, motiviert durch den Entwicklungsplan des EPUCS, die Bildung des Rates für Stadtplanung und einer Nachfolgeinstitution anstelle des 1958 aufgelösten CPUCS durchgesetzt. Beide Organe seien zwar durch Gesetz 1.855/1965 gegründet worden, ohne aber je formalisiert und durch ein Dekret reguliert zu werden. Das habe im Laufe der Zeit eine immer größer werdende Desorganisation des städtischen Raumes zur Folge gehabt.
> Auch bei weiteren Anlässen habe der bahianische Ortsverein der brasilianischen Architekten immer wieder auf die Notwendigkeit eines Globalplanes hingewiesen.

---

(57) IAB, 1975. O IAB diante da Problemática Urbana e Metropolitana de Salvador. Broschüre. 16 S.

Zu den strukturellen Problemen Bahias habe folgende Entwicklung beigetragen:
Bahia sei bis vor kurzem eine Region mit niedriger Produktivität und extensiver Nutzung des Bodens gewesen. Mit der Installation der Erdölförderungsanlagen und Raffinerien der PETROBRAS habe die Umstrukturierung der bahianischen Ökonomie begonnen. Diesen Änderungen sei weder durch adäquate institutionelle Bedingungen noch durch materielle Infrastrukturen Rechnung getragen worden.
Das 1943 gegründete EPUCS habe "für seine Zeit verwegene Merkmale gehabt, in dem Sinne, daß es nicht direkt unter politisch-administrativem Einfluß gestanden hat, was Stellungnahmen ermöglichte, die mit den wahren Erfordernissen der Stadtexpansion übereinstimmten" (IAB-BA, 1975:7).
Doch wegen der mangelnden Teilnahme der Öffentlichkeit habe das EPUCS nicht die notwendige Unterstützung erhalten, um eine effektive Konkretisierung seiner Pläne durchzusetzen. Deshalb habe die spätere Stadtentwicklung einen Verlauf genommen, der völlig im Gegensatz zu den formulierten Prinzipien des EPUCS stand.
Die Diskontinuität der einzelnen sektoralen Pläne und Maßnahmen, die ohne einen Globalplan durchgeführt werden, könne zum Chaos führen, wenn dem Problem nicht die erforderliche Aufmerksamkeit geschenkt werde.
Die Wanderungsbewegung vom Land in die Stadt habe zu einer Ausdehnung der Stadt über die Verwaltungsgrenzen hinaus geführt und berühre die Peripherie der benachbarten Ortschaften. Dieser Prozeß der Verstädterung (conurbanização) erfordere eine globalere politisch-administrative Struktur, welche die Bundes-, Landes- und Munizipalebene umfasse. Fundament müsse eine neue Bodenpolitik sein, die den Erfordernissen der Industrieansiedlungen und deren Konsequenzen (Verkehr, Wohnungen, Versorgung und Erholung) gerecht werde.
Darauf basierend müsse eine Verkehrsgrundstruktur entwickelt werden, die fähig sei, zunehmend mehr Transportentscheidungen zu ermöglichen. Das heißt, es müsse eine spezifische Ausstattung für den Massentransport bereitgestellt werden und eine Anpassung des Verkehrssystems an die Bedürfnisse der Bevölkerung erfolgen.
Die Bewahrung des kulturellen Erbes (z.B. die koloniale Architektur) einerseits und der Grünflächen und Erholungsstätten andererseits seien weitere Aufgaben einer verantwortungsbewußten Präfektur.

Die Wertsteigerungen des Bodens durch die Erstellung von Grunddienstleistungen (serviços básicos) führe zu einer zügellosen Spekulation und hohen Bevölkerungsdichte.
Das wiederum habe eine Überlastung der Infrastruktur zur Folge und damit eine Verschlechterung des städtischen Lebens. Für die unteren Einkommensschichten bleibe die dürre Alternative zwischen sozialem Wohnungsbau und der ungesunden Besiedlung an den Abhängen und in den feuchten Tälern.
So lebten 70% der Bewohner von Salvador infolge ihres niedrigen Einkommens unter dem Wohnstandard.

Nie zuvor habe sich eine Kontrolle der Bodennutzung als so notwendig erwiesen wie in den letzten fünf Jahren. Die Freizügigkeit der Bauordnung, die Nachfrage nach Grundstücken für die Investitionen entsprechend den Wohnungsfinanzierungssystemen, die neuen Industriezweige und die Schnellstraßenprojekte führten zu einer solchen Spekulationswelle, daß es sehr schwierig sei, ihr noch Einhalt zu gebieten.
Das effektivste Mittel für eine Korrektur dieses Sachverhaltes sei auf administrativer Ebene eine detaillierte Studie einer rationalen Steuergesetzgebung.
In Salvador gebe es mehr als zehn verschiedene Planungsämter, die Teilpläne mit verschiedenen Schwerpunkten aufstellen, die in keiner Weise in irgendeiner Beziehung zueinander stünden.
Die notwendige Mobilisierung einer interdisziplinären Aktion von Fachleuten müsse gleichzeitig von der Entwicklung eines Gemeinschaftsbewußtseins begleitet werden, das zentral durch die Darstellung der Problemlage geschaffen werde.

1.2. "Eine Darstellung der städtischen Probleme von Salvador"

Als offenen Brief in Form eines 18-seitigen Manuskripts (58) überreichte im Juni 1975 auch der Club für Ingenieurwesen von Bahia (Clube de Engenharia da Bahia) dem neuen Präfekten Hage seine Vorschläge zur Amtsführung:

---

(58) Clube de Engenharia, 1975. Uma Abordagem de Problemas Urbanos da Cidade do Salvador. Vereinsbulletin.

Um eine bestimmte Stadt zu analysieren, müsse sie zunächst in den regionalen und nationalen Kontext gestellt werden. Eine isolierte Betrachtung mache jeden Interventionsversuch wertlos.
Es müssten also vielmehr alle sozialen, physischen und institutionellen Interaktionen und Interrelationen berücksichtigt werden, welche die Stadt mit der ländlichen Umwelt und dem übrigen brasilianischen Stadtsystem unterhalte.
Wegen der ungleichen räumlichen Verteilung der Produktionsmittel auf Stadt und Land verstärkten sich die Migrationsbewegungen in die Metropolen und führten zu einer Verschlechterung der Lebensqualität in den Städten.
Ein weiterer Faktor der Verschlechterung sei die wachsende Konzentration der Einkommen. Sowohl regional verstärke sich der Graben zwischen arm und reich als auch lokal: es gebe eine arme und eine reiche städtische Bevölkerung.
Die erstere suche Wohnungen in der Nähe derjenigen Bereiche, die Überlebenschancen bieten; das führe dann zu den bekannten "Invasionen" mit den unternormalen Wohnverhältnissen. Die topographischen und klimatischen Verhältnisse in Salvador verschlechterten die Lage noch mehr. Denn die Besiedlung der Abhänge und öffentliche Arbeiten an den Hängen und in den Tälern bedrohten das natürliche Gleichgewicht.
Solche Arbeiten berücksichtigten nicht die topographischen und klimatischen Bedingungen, weswegen jedes Jahr (im Herbst: April, Mai; P.S.) die schweren Regenfälle Tod, Verzweiflung, Obdachlosigkeit und andere materielle und ökonomische Schäden hervorriefen.

Der "Club" habe sich immer gegen die "politischen Fristen" bei der Ausführung von Arbeiten gewandt (59). Es müsse festgehalten werden, daß eine Stadtverwaltung nur Flickwerk mit bloß momentanem Erfolg leisten könne, wenn sie nicht mit einem kohärenten nationalen Stadtplanungssystem verbunden sei, das die Verbesserung des städtischen Lebensniveaus zum Ziele habe. Wenngleich sich der Clube de Engenharia bewußt sei, daß der Angriff auf die Ursachen der Stadtprobleme über den Bereich der kommunalen Entscheidungen hinausgehe, schreibe er der

---

(59) Gemeint ist damit, daß sich ein Präfekt hoch verschuldet, um pompöse Bauwerke zu errichten, aber den Schuldendienst seinem Nachfolger überläßt. Diese Gepflogenheit wird auch von Gouverneur zu Gouverneur weitergegeben.

Stadtverwaltung doch eine entscheidende Rolle bei der Lösung von spezifischen Problemen zu.

Folgende Probleme müßten kurz-, mittel- und langfristig gelöst werden:
- Stabilisierung der Abhänge von Salvador;
- öffentliche Hygiene: Kanalisation, Straßenreinigung, Abfallbeseitigung;
- öffentliches Transportsystem;
- Begrenzung der Gebäudehöhen;
- Kontrolle der Bodennutzung. Die Zerstörung der Landschaft müsse aufgehalten werden.

Für mittelfristige Maßnahmen benötige die Stadt einen Bauleitplan (plano diretor), der von drei schon gefällten Entscheidungen ausgehe: dem Industriezentrum, dem petrochemischen Komplex und dem Verwaltungszentrum von Bahia (CAB).
Der beste Plan könne nicht durchgeführt werden,wenn er nicht die weitestgehende Unterstützung der Bevölkerung habe.
Deshalb sei als langfristige Maßnahme die Bewußtmachung und die folgende Mobilisierung der Bevölkerung eine unabdingbare Voraussetzung für jede Planung, die wirklich das öffentliche Interesse im Auge habe.

1.3. "Offener Brief an den Präfekten der Stadt Salvador"

Am 26.7.1975 wurde ein gemeinsamer Brief derjenigen Standesorganisationen der "Freiberuflichen" veröffentlicht (60), die sich seit Jahresbeginn in einem "kulturellen Konvent" (Convento Cultural) zusammengetan hatten.
Der Brief hatte zusammenfassend folgenden Inhalt:

> Die "Freiberuflichen" (profissionais liberais) bilden ein gesellschaftliches Segment von großer Relevanz, denn sie formen die beruflich und intellektuell qualifizierteste Gesellschaftsschicht.
> Nicht nur diese Eigenschaft überträgt ihnen Verantwortung gegenüber der Gemeinschaft, sondern auch der Sachverhalt, daß sie in erster Linie Bürger sind; das verleiht ihnen das Recht und die Verpflichtung, innerhalb und gegenüber der Gemein-

---

(60) In der Tageszeitung TRIBUNA DA BAHIA vom 26.07.1975.

schaft Stellung hinsichtlich ihrer Probleme zu beziehen. Salvador darf als städtischer und ~esellschaftlicher Raum nicht isoliert betrachtet werden; vielmehr wirken Faktoren aus dem historischen und nationalen Kontext auf die Stadt ein. Folglich muß die Prüfung der Ursachen für die Probleme der Bürger von Salvador weit ausgreifen, was nicht heißt, daß die Lösungen nur bei entfernten Instanzen gesucht werden müssen. Im Gegenteil gehen wir davon aus, daß die Suche nach Lösungen Aufgabe der Gemeinschaft ist, die im Hinblick auf die alltäglichen Probleme der Bürger in Angriff genommen werden muß.

Die strukturellen Probleme Salvadors lassen sich kurz folgendermaßen skizzieren:
Salvador ist der Kernbereich einer metropolitanen Konzentration, die sich auf den angrenzenden ländlichen Raum ausdehnt und sich damit eine Reihe von Problemen einhandelt, für deren Bewältigung die Region nicht vorbereitet ist.
Die Land-Stadt-Wanderung bildet das bedeutendste Phänomen in diesem Zusammenhang. Damit erklärt sich auch die Einheit der Gründe für die Zermürbung der Stadtbewohner von Salvador im Alltag:
für die Wohnungs-, Gesundheits- und Schulprobleme, für die Umweltverschmutzung, für das Problem der Abhänge und der Obdachlosen (gemeint sind diejenigen, deren Hütten an den Abhängen bei schweren Regenfällen durch Erdrutsche zerstört worden sind; P.S.), die Probleme des Verkehrs, des öffentlichen Transports, der Abwässerbeseitigung, der Naherholung (lazer), der Lebensmittelversorgung und vieles mehr.
Salvador besitzt keinen Stadtentwicklungsplan, wodurch diese städtische Unordnung völlig freien Lauf erhält. Es ist offensichtlich, daß ein Stadtentwicklungsplan nicht ohne die aktive Beteiligung der Gemeinschaft durchgeführt werden kann, da er nur dann sozial wirksam wird, wenn er von ihr und für sie gestaltet wird.
Die Probleme der Metropolitanen Region von Salvador (RMS) haben ihre Ursache in der Art der Einkommensverteilung, die ein Grundmerkmal der gegenwärtigen brasilianischen Wirtschaftspolitik ist.
Die Ungleichheit in der Einkommensverteilung hat sich in der RMS durch die Bildung einer neuen industriellen Struktur zwischen 1962 und 1971 verschärft: der Anteil der Familien, die nur bis zu 1,5 Mindestlöhne verdienen, hat sich von 16,5% auf 29,5% erhöht, während die Gruppe derjenigen, die mehr als 20 Mindestlöhne erhalten, von 0,7% auf 3,8% gewachsen ist.

Gleichzeitig verringerte sich die Gruppe der mittleren Familieneinkommen.

Bei der Betrachtung der grundlegenden Merkmale des Industrieparks in der RMS stellt man eine Tendenz zur Senkung der Entlohnung für unqualifizierte Arbeitskräfte und höhere Löhne für besser qualifizierte fest. Eine solche Einkommensverteilung erschwert die Lebensbedingungen der unterbeschäftigten Bevölkerung.
Eines der sichtbarsten und gravierendsten Probleme ist zweifellos das Wohnungsproblem, das unter verschiedenen Aspekten betrachtet werden kann:
Da ist z.B. der lawinenartige Bau von Wohnblöcken (conjuntos habitacionais), die entsprechend der vorherrschenden Manier ohne jegliche Rücksicht auf Prinzipien der Stadtplanung oder des Allgemeinwohls errichtet werden. Die ihm zugrundeliegende zügellose Spekulation respektiert weder gesetzliche Vorschriften noch die Erhaltung des Allgemeinwohls der städtischen Gemeinschaft, weder in Bezug auf die interne Struktur der Wohnblöcke noch hinsichtlich ihres öffentlichen und gesellschaftlichen Raumes.
Die Wohnblöcke werden ohne die geringste Rücksicht auf Prinzipien der Ästhetik, der Ethik, der Verkehrsverhältnisse, der Erholung, der Wasserversorgung und der Abwasserbeseitigung erstellt (61).

Aber daneben gibt es auch das Problem der Alagados (Pfahlbausiedlungen an den seichten Stellen der Allerheiligenbucht; P.S.), in denen ca. 10% der gesamten Stadtbevölkerung unter den prekärsten Bedingungen leben.
Ein weiteres Problem bilden die Obdachlosen; es ist bekannt, welche Folgen die Bevölkerung mit niedrigem Einkommen erleidet, deren Hütten durch die jährlichen Regenfälle zerstört werden. Es gibt kein deutlicheres Beispiel für die unterlassenen Hilfeleistungen der Stadtverwaltung als die Obdachlosen des Stadtbezirks Fazenda Grande, um nur einen Fall zu nennen. Diese Leute müssen aus purer Not öffentliche Grundflächen besetzen, von denen sie mit Gewalt wieder vertrieben werden oder wo sie in einem Zustand dauernder Ungewißheit leben.

---

(61) Siehe dazu auch Augel, 1980:33

Auch die Zerstörung der Umwelt in unserer Stadt hat einen bedrohlichen Grad erreicht, ohne daß irgendwelche Maßnahmen zu einer Korrektur ergriffen werden:
Einerseits beobachten wir die zunehmende Zerstörung der Grünflächen der Stadt, die dadurch andererseits völlig den Wirkungen der Umweltverschmutzung ausgeliefert ist. Das Thema der Umweltverschmutzung wird schon von der Presse in Bahia aufgegriffen. Doch kann diese Art der Zerstörung von Lebensqualität nie genug denunziert werden:
Die chemische Industrie, die nicht nur schädliche Stoffe ungefiltert an die Atemluft abgibt, sondern auch in die Flüsse und das Meer leitet, aus dem ein großer Teil der armen Bevölkerung seinen Lebensunterhalt bezieht (tatsächlich mußte die Muschelfischerei in der Bucht wegen Verseuchung mit Quecksilber und Chlor etc. vorübergehend verboten werden; P.S.).
Ebenso ist das vorhandene Transport- und Verkehrssystem eine Quelle vieler Schadstoffe, welche die Gesundheit der Städter angreifen.
Es muß betont werden, daß trotz der Klagen der Gemeinschaft und der Presse eine Lösung der erwähnten Probleme praktisch noch am Nullpunkt steht.

Ein anderer Problembereich ist die öffentliche Hygiene und das Gesundheitswesen. So gibt es in Salvador keine Vorsorgemaßnahmen zur Gesundheitspflege. Probleme mit der Müllbeseitigung, der Trinkwasserversorgung und der Abwasserbeseitigung sind schon notorisch und führen zu einem hohen Anteil an Massenerkrankungen, bei einem hohen Defizit an Krankenhausbetten für die arme Bevölkerung.

Lebensmittelversorgung und -handel sind nicht voneinander zu trennen und müssen eine enge Beziehung zur Produktion in den Erzeugergebieten herstellen. In Salvador hat man stattdessen Supermärkte mit modernen und kostspieligen Strukturen errichtet und dabei die landwirtschaftliche Produktion in technologischer und gesellschaftlicher Rückständigkeit belassen.
Die Mehrheit der armen Bevölkerung wurde nicht in Betracht gezogen: sie muß sich auf den freien Märkten, v.a. São Joaquim und Sete Portas, versorgen, wo sie das findet, was sie von der Modernisierung eigentlich erwartet hätte: nämlich niedrige Preise und Quantitäten, die den jeweiligen Bedürfnissen und finanziellen Möglichkeiten angepaßt sind (damit sind geringe Quantitäten gemeint, oft nur soviel, wie zur Zubereitung einer

einzigen Mahlzeit erforderlich sind, also z.B. 100 g Reis oder Bohnen anstatt 1 kg wie im Supermarkt; P.S.).
Die Ernährungsweise der armen Bevölkerung ist durch einen Mangel an Nährstoffen und an Vielfalt gekennzeichnet.
Es fehlen Maßnahmen der öffentlichen Hand, welche eine Versorgung mit den wichtigsten Nahrungsmitteln - schwarze Bohnen, Reis, Maniokmehl, Rindfleisch, Eier und Milch - zu niedrigen Preisen sicherstellen würden.
Wir alle wissen, daß eine schlecht ernährte Bevölkerung sich allmählich zu einem massiven Hindernis für die Programme der Basiserziehung, der Ausbildung zu Arbeitskräften, der Gesundheitspflege entwickelt, kurz, für die Suche nach einem Ausweg aus der Unterentwicklung.

Die Situation im Erziehungssektor ist äußerst prekär; es fehlt ein Plan, der das Angebot an Schulen und Lehrern der immer größer werdenden Nachfrage anpaßt. Die meisten vorhandenen Schulen befinden sich zudem in einem beklagenswerten Zustand, da sie keinerlei Bedingungen für eine befriedigende Erziehungsarbeit aufweisen. Die Erweiterung des öffentlichen Schulwesens rechtfertigt sich in dem Maße, wie der Zugang zum privaten Schulwesen aufgrund der Einkommenskonzentration erschwert wird.
Ein weiterer zunehmender Problembereich ist derjenige der verlassenen Kinder und Jugendlichen (menor abandonado), die in die Marginalität abgleiten und sich notgedrungen der Kriminalität zuwenden. Auch hier ist die Defizienz der entsprechenden Institutionen offensichtlich. Sie tragen nicht zur Lösung, sondern zur Verschlimmerung des Problems bei.
Es ist unverständlich, wie sich Salvador die Akkumulierung eines solchen Problems erlaubt und warum mit repressiven Mitteln gegen die Jugendkriminalität vorgegangen wird, wo sie doch vor allem ein soziales Problem ist.

Hinsichtlich der Massenverkehrsmittel ist die Lage nicht weniger problematisch, v.a. für die unteren Einkommensschichten, die keine eigenen Pkw besitzen. Es ist von höchsten Bedeutung, daß dieses Problem in den Diskussionen im Rahmen einer globalen Entwicklungsstrategie für diese Region behandelt wird. Eine Massenverkehrspolitik für Salvador ist von höchster Dringlichkeit.

Die Freiberuflichen von Bahia stellen sich der öffentlichen Diskussion über die angeführten Probleme, die in weiteren

Debatten mit Beteiligung der Gemeinschaft analysiert werden sollten.
Darüber hinaus aber wünschen die Freiberuflichen, daß diese Probleme gelöst werden, d.h., daß eine Verbesserung des Lebensstandards der Gemeinschaft unter der Beteiligung ihrer Standesorganisationen (órgãos de classe) und im Rahmen von institutionellen Kanälen gesichert werde, welche die aktive Beteiligung der Menschen und der Gemeinschaft im allgemeinen gestatten.
Der vorliegende Brief wird von denjenigen Berufsgenossenschaften unterschrieben, die am Kulturellen Konvent der Körperschaften der Freiberuflichen von Bahia beteiligt sind:

- Institut der Architekten Brasiliens - Untergruppe Bahia (IAB - BA)
- Berufsvereinigung der Sozialarbeiter (APAS)
- Bahianische Vereinigung für Biologie
- Institut der Volkswirte von Bahia (IEBA)
- Bahianisches Institut der Verwaltungsfachleute (IBA)
- Vereinigung der Agraringenieure von Bahia (AEABA)
- Vereinigung der Soziologen des Bundesstaates Bahia (ASEB)
- Brasilianische Vereinigung der Zahnärzte - Untergruppe Bahia (ABO)
- Gesellschaft für Veterinärmedizin
- Club der Ingenieure von Bahia (CEB)
- Vereinigung der Bibliotheksfachleute des Bundesstaates Bahia (APBEB)
- Bahianische Vereinigung der Geologen

1.4. <u>Die Position des Verbandes der Immobilienbranche</u>

Schließlich meldete sich auch der kurz zuvor gegründete Verband der Unternehmer aus der Immobilienbranche zu Wort und erläuterte in einem Schreiben an den Präfekten seine Stellung zu den "relevanten Fragen hinsichtlich der Stadtprobleme" (62):

> "In Brasilien beweisen die Formulierungen in zahllosen Dokumenten und die Entscheidungen im Zusammenhang mit praktischen Maßnahmen, daß die Brasilianer bereit sind, sich der Grundthese der Internationalen UN-Konferenz zum Schutz der Umwelt

---

(62) Veröffentlicht im ersten Vereinsbulletin Ofício No.1/1975 vom 21. Juli 1975. 12 Seiten.

anzuschließen, derzufolge die Bewegungskräfte der historischen Entwicklung nicht notwendigerweise Feinde der Natur sind. Unter den produktiven Kräften, die den Fortschritt und die Entwicklung betreiben, hat das Bauwesen mit seinen verschiedenen Sektoren einen relevanten Anteil.
Daten aus dem II.PND beweisen, daß in weniger als 30 Jahren die Stadtbevölkerung des Landes ihren Anteil fast verdoppelt hat und 1979 ca. 63% der Gesamtbevölkerung ausmachen wird. Die brasilianische Bevölkerung nahm 1973-74 um ca. 2,7% zu, wobei sich dieses Bevölkerungswachstum vor allem auf die niedrigsten Schichten bezieht. Da auch mittelfristig keine Reduzierung der Wanderbewegung zu erwarten ist, ist offensichtlich, daß die Städte Überlastungen ausgesetzt sein werden.

In der Metropolitanen Region von Salvador (RMS) werden bis zum Jahre 2000 schätzungsweise ca. 4 Mio. Menschen leben, davon ca. zwei Drittel, also 2,5 Mio., in Salvador. So schrieb kürzlich das Boletim Cambial:

"Man kennt heute den Preis für die beschleunigte Expansion der Städte: die öffentlichen Verkehrsmittel sind immer überbelegt, die Umwelt verschmutzt, die sanitären Bedingungen unbefriedigend, der Wohnraum knapp; das sind einige der Probleme der großen städtischen Agglomerationen, welche die möglichen Vorteile der Zentren neutralisieren. Für diese Probleme gibt es keine einfachen Lösungen, sondern sie erfordern eine Infrastruktur von sehr teuren Dienstleistungen, die weder die Landesregierungen noch die Stadtverwaltungen erstellen können".

In diesem Zusammenhang muß die positive Tätigkeit der Immobilienindustrie gesehen werden, welche die schnellstmögliche und harmonische Integration von Tausenden von Brasilianern in das städtische Leben ermöglicht, die aus dem Landesinneren kommen und eine würdigere und menschlichere Situation suchen, indem sie

- Wohneinheiten baut, die mit den Erfordernissen der demographischen Expansion Schritt halten;
- durch Steuern und Abgaben an die öffentliche Hand die unabdingbaren Ressourcen für die Realisierung der Infrasstrukturaufgaben erzeugt;
- die konstante Erneuerung der städtischen Struktur fördert, und zwar durch die Substitution von alten Gebäuden durch neue Wohnungen, die edleren Standards genügen.

Der Immobiliensektor tut dies mit know-how und vollständig mit privatem und brasilianischem Kapital, in einem Augenblick, in dem so viel von Verstaatlichung und Denationalisierung der Wirtschaft die Rede ist.

Eine Überprüfung einerseits der sozio-ökonomischen Notwendigkeiten des Landes und andererseits der Kapazitäten der Immobilien- und Bauindustrie zeigt, daß ein Ungleichgewicht zwischen der Strategie des beschleunigten Wachstums des Bruttosozialproduktes, wie sie im II.PND vorgeschlagen wird, und der mangelnden Flexibilität der öffentlichen Hand hinsichtlich der Stadtentwicklungspolitik besteht. So wurden zwar schon 1973 die Metropolitanen Regionen gebildet, aber heute, nach zwei Jahren, gibt es noch immer keine Regulierung der Tätigkeit der Nationalen Kommission für die Metropolitanen Regionen (CNPU).
Es muß allerdings erwähnt werden, daß in Bahia durch die Bildung von Entscheidungs- und Beratungsgremien der RMS und des Spezialfonds für (Infrastruktur-)Ausrüstungen (FEREM) im November 1973 und durch die CONDER die effektive Strukturierung der RMS weiter als anderswo fortgeschritten ist.

Die erwähnte Unentschlossenheit der CNPU verhindert Initiativen der Privatunternehmen, da ihre Regulierung entscheidende Punkte der Stadtpolitik betreffen würde. Diese Unternehmen sind lebhaft an einer Investition in periphere Städte interessiert, damit sie den Druck vermindern können, dem sie wegen des steigenden Defizits an Wohnungen ausgesetzt sind.
Es ist auch die Diskrepanz zu erwähnen, die zwischen der Strategie einer rationalen Stadtpolitik besteht, wie sie in dem II.PND ausgeführt ist, und dem finanziellen und fiskalischen Verhalten der Verwaltungen.
Im Bereich der Fiskalpolitik ist es notwendig, daß auf Bundes-, Landes- und Munizipalebene die Instrumente der öffentlichen Hand so eingesetzt werden, daß sie Stadtstrukturen garantieren, die der Entwicklung des Landes entsprechen. Unter diesem Aspekt hat die Bau- und Immobilienindustrie zwei verschiedene Fiskalmaßnahmen gefordert:
Die erste betrifft die Notwendigkeit zu höheren Abgaben oder ähnlichen Vorgehensweisen (z.B. "Anliegerbeiträge"), um den Besitz von Boden als bloße Wertreserve reizlos zu machen und das antisoziale Verhalten einzudämmen, das auf mittelfristige und langfristige Steigerungen spekuliert und auf diese Weise neue Immobilienprojekte behindert und damit zudem den öffentlichen Haushalt belastet.

Salvador ist ohne Zweifel eine der brasilianischen Landeshauptstädte, die am meisten unter diesem Typ von Spekulation leiden. Ein wesentlicher Rohstoff, der Boden, wird aus Gewinnstreben zurückgehalten; der Mißbrauch von einigen wenigen steht dem Interesse von großen Mehrheiten gegenüber.
Die zweite fiskalpolitische Forderung erstrebt die Bereitstellung von fiskalischen Anreizen, wie sie z.B. in anderen produktiven Sektoren angeboten werden, um die Privatinitiative zu motivieren, damit sie zu einer intensiven Urbanisierung beitragen kann" (gekürzte Übersetzung; P.S.).

2. Das Regierungsprogramm der Administration Jorge Hage

Schon einen Monat nach Amtsantritt legte der neuernannte Präfekt Jorge Hage ein Arbeitsprogramm vor, in dem "eilige und unaufschiebbare Aufgaben" für die restliche Zeit des Jahres 1975 festgelegt werden sollten, ohne einen tiefergreifenden Plan für die gesamte Amtszeit zu behindern.
Jener umfassendere Plan solle die Entwicklung der Stadt mit Hilfe kohärenter Maßnahmen und in Übereinstimmung mit den weiteren Richtlinien, die für die Metropolitane Region von Salvador ausgearbeitet worden sind, lenken.
Die Entwicklung und der Fortschritt habe nicht immer zu einer Verbesserung der Lebensqualität in den Städten geführt.

> "Im Gegenteil, das schnelle und ungeordnete Wachstum, die inadäquate Nutzung des Bodens, die Immobilienspekulation, die Unfähigkeit der öffentlichen Dienste, mit dem Bevölkerungswachstum Schritt zu halten, (...) entzieht Salvador allmählich seinen alten Charakter als humane und angenehme Stadt" (Prefeitura, 1975b:2).

Genannt werden die bis zu 20-stöckigen Wohnhochhäuser, die das Stadtbild zerstören, und die Ausbreitung der PKW, die den Fußgängern alle städtischen Räume (auch Bürgersteige und Plätze) wegnehmen.
Andererseits müsse in Anbetracht dessen, daß die Mehrzahl der Bevölkerung in den Armenvierteln (63) wohnt, ein größerer Teil der öffentlichen Ressourcen dorthin geleitet werden. Deshalb verfolge

---

(63) Euphemistisch "bairros populares" = "Volksviertel" genannt.

das Prioritätenprogramm für das Haushaltsbudget drei grundlegende Ziele:

- die Wiederherstellung einiger humaner Ziele der Stadt, die sich in der Sorge um die städtischen Bedingungen in den Vierteln der Bevölkerungsmehrheit ausdrückt;
- die Sorge um die physische Wiederherstellung und Sicherung der Stadt (Abstützung der Hänge, die bei den schweren tropischen Regenfällen stets eine große Gefahr bilden);
- Fortsetzung von Straßenbauarbeiten, sofern diese nicht die zukünftige umfassendere Planung kompromittierten.

Für das städtische Budget 1975 wurden folgende Beträge vorgesehen (in 1000 Cr$):

I.	URBANISMUS		
1.	Humanisierung der städtischen Umwelt	32.000	31,6%
2.	Arbeiten zur Stützung der Abhänge	14.000	13,8%
3.	Erweiterung und Ausbesserung der Straßen	24.900	24,6%
II.	STÄDTISCHE DIENSTLEISTUNGEN		
4.	Straßenreinigung	6.000	5,9%
5.	Öffentlicher Transport	6.820	6,7%
6.	Kontrolle der Nutzung von öffentlichen Plätzen	600	0,6%
7.	Unfallverhütung	1.000	1,0%
III.	ERZIEHUNGSSEKTOR		
8.	Erweiterung des städtischen Erziehungswesens	3.880	3,8%
9.	Planung und Organisation des Sekretariats für Erziehung	1.100	1,0%
IV.	KULTURSEKTOR		
10.	Aktivierung des Kulturlebens	1.000	1,0%

V. GESUNDHEITSWESEN UND WOHLFAHRT

11.	Erneuerung der Sozialstationen....	1.225	1,2%
12.	Hygiene-Maßnahmen.................	505	0,5%
23.	Erstellung eines Planes für das Sekretariat für Gesundheit....	350	0,3%

VI. PLANUNGSWESEN

14.	Ausarbeitung einer Planungsstruktur..................	6.350	6,2%

VII. SONDERPROGRAMM

Bereitstellung von Wohnungen für die Obdachlosen aus der Regenkatastrophe von 1974.........	1.500	1,5%
SUMME	101.230	100,0%

In einem späteren Erfahrungsbericht, den Hage n a c h dem Scheitern des eigenen Regierungsprogramms durch seine Absetzung abgefaßt hatte, stellte er sein "Modell", seine Konzeption einer Problemlösungsstrategie, sarkastisch dem vorgefundenen "alten Modell" gegenüber (Hage, 1979:13-63).

Die bis zu seinem Amtsantritt geltende Konzeption einer "guten Stadtverwaltung" habe folgende Aufgaben und Merkmale für wesentlich gehalten:

1. Über ein Dezernat (Secretaria) für Straßenbau und öffentliche Arbeiten mit einem tüchtigen Ingenieur als Dezernenten zu verfügen, der ideenreiche Eingriffe in das Straßensystem vornehmen könne;
2. zur Sicherung der dazu erforderlichen Ressourcen alle übrigen Ausgaben so weit wie möglich einzuschränken, also auch die Personalausgaben;
3. das Erscheinungsbild der Stadt für den Tourismus makellos zu halten oder zu machen, weswegen weder Favelas mitten in der Stadt in der Nähe der besten Wohnviertel, noch Straßenhändler und Bettler, noch defekte Bürgersteige und Straßenbeläge in den besten Vierteln geduldet werden könnten;
4. den Raum für den Autoverkehr so weit wie möglich auszudehnen; dazu müssten auch Bürgersteige geschmälert oder alte Gebäude abgerissen werden;

5. die Stadtflächen durch die Errichtung von neuen Handels- und Verwaltungszentren weit außerhalb der Stadt auszudehnen, was wiederum den Bau von großen Ausfallstraßen erfordere;
6. die damit einhergehenden Parzellierungen von Land schnell zu genehmigen, ohne ihnen die Hemmnisse des bürokratischen Apparates in den Weg zu legen;
7. das Baugewerbe zu kontrollieren, aber nicht zu "opfern", um den Fortschritt der Stadt nicht aufzuhalten und die Privatinitiative nicht zu hemmen;
8. das historische Stadtbild zwar zu erhalten, was aber nicht heißen dürfe, den Bau eines Hochhauses neben einer alten Kirche oder den Bau einer Autobahnbrücke in einem alten Stadtviertel zu verbieten;
9. Probleme, die nicht unter die Kompetenz der Präfektur fallen, wie z.B. Schul- und Gesundheitswesen, Wohnungsbau und Arbeitsmarkt, dem Land oder dem Bund zu überlassen.
   Der Präfektur obliege es - nach der bisher geltenden Praxis - Straßen zu asphaltieren und sie sauber zu halten, Buslinien zu genehmigen, für öffentliche Beleuchtung und Parkanlagen zu sorgen, die Feuerwehr zu finanzieren und eine scheinbare Kontrolle des Bauwesens auszuüben.
10. Schließlich müsse eine "gute Stadtverwaltung" ihre unbequeme Funktion der Eintreibung von Steuern und Gebühren so nachlässig wie möglich betreiben, da sie schließlich nur ein "notwendiges Übel" sei.
   Das Beste sei es, die notwendigen Finanzen bei den Bundesbehörden in Form von verlorenen Zuschüssen oder wenigstens in Form von Krediten mit Karenzzeiten zu erhalten, die so lange währen wie die restliche Amtszeit des verantwortlichen Bürgermeisters.

Diesem Regierungsstil stellte Hage sein eigenes Programm gegenüber:

> "Ihn umzukehren, ihn zu entlarven, die Stadtverwaltung auf eine Weise tätig werden zu lassen, die jedem einzelnen und allen zehn Geboten gemeinsam genau entgegengesetzt war, sollte die erste und grundlegende Richtlinie sein, um das neue Modell einer Verwaltung der Stadt zu beginnen und zu errichten" (Hage, 1979:15).

Das sollte im einzelnen bedeuten:

1. Die Prioritätenliste hinsichtlich der mit Investitionen zu bedenkenden Stadtviertel und hinsichtlich der städtischen Aufgaben umzustellen.
   Das heißt, anstatt wie sonst üblich die zentralen und "besseren" Wohnviertel mit weiteren Infrastrukturen zu beschenken, sollten nun die vollständig unversorgten peripheren Wohnviertel mit den nötigsten Infrastrukturen versehen werden.
   Gleichzeitig aber sollte die A r t der Infrastrukturen verändert werden; in einer Stadt, in der nur 20% der Ortsveränderungen mit Hilfe des eigenen PKW erfolgten, dürfe dem Straßenbau keine Priorität eingeräumt werden. Folglich sollten die Investitionen in den Ausbau des Straßennetzes reduziert und der Individualverkehr dem öffentlichen Verkehr (46% der Ortsveränderungen erfolgten mit Hilfe von Bussen) untergeordnet werden, gleichzeitig aber auch der Verkehr zu Fuß gefördert oder erleichtert werden.
   Darüber hinaus sollte - nach der neuen Konzeption von Hage - überhaupt das Verkehrswesen seine exklusive Stellung im Aufmerksamkeitsspektrum der Stadtpolitik verlieren und bloß als e i n e Aufgabe unter anderen, nämlich beispielsweise neben dem Wohnungswesen, dem Arbeitsmarkt und dem Dienstleistungssektor betrachtet werden.
   Die letzten drei genannten Sektoren seien vielmehr die eigentlichen und größeren Probleme der Stadt.

   Die W o h n u n g s v e r s o r g u n g durch die Kommune sollte nicht in den üblichen Formen des Wohnungsbaues erfolgen - nämlich die Erstellung von Sozialwohnungen -, sondern durch die Bereitstellung von Flächen und Parzellen mit der nötigsten Infrastruktur (Site and Service).
   Diese Orientierung habe genau dem Programm zur Finanzierung von urbanisierten Parzellen (PROFILURB) entsprochen, das 1975 von der Brasilianischen Wohnungsbaubank (BNH) ins Leben gerufen und für das Finanzmittel bereitgestellt worden waren. Das sei das einzige offizielle Wohnungsbauprogramm, das für die 60 bis 70% der bedürftigsten Bevölkerung von Salvador zugänglich sei.
   Im übrigen sei "der größte Mangel an den Lösungen der Wohnungsprobleme, die von der armen Bevölkerung spontan gefunden werden, genaugenommen nicht die "Wohnung", sondern die Infrastruktur" (Hage, 1979:26).

Folglich sei es besser, die armen Wohnviertel oder Siedlungen zu urbanisieren, in denen diese Leute schon leben, anstatt sie umzusiedeln.

Hinsichtlich des Arbeitsmarktes sei die Kommune "mitverantwortlich für die Schaffung von Bedingungen zur Beschäftigung der arbeitslosen oder unterbeschäftigten Arbeitskraft, die eine wesentliche, wenn nicht gar mehrheitliche Fraktion der Bevölkerung bildet - ein Umstand, in dem alle grundlegenden und scheinbar unüberwindlichen Probleme ihren Ursprung haben" (Hage, 1979:28).
So könne die Kommune durch die Lokalisierung von Arbeits- und Wohnstätten oder durch die Erlaubnis zur Ausübung von Arbeiten auf öffentlichen Plätzen (Straßenhändler, Dienstleistungen etc.) günstigere Voraussetzungen für die Arbeitsbeschaffung herstellen.

Aufgrund der Topographie der Stadt (steile bebaute Hänge, enge Gassen) sei der Zugang von Müllwagen erschwert oder vielfach sogar unmöglich - gerade dort, wo die meisten Menschen eng zusammenwohnten, wie z.B. in den Stadtdistrikten Liberdade (300.000 Ew.), São Caetano (130.000 Ew.) oder Nordeste de Amaralina (70.000 Ew.). Es sei also ein Leitplan für die städtische Reinigung nötig, der stärkeres Gewicht auf die manuelle Tätigkeit und auf einfache Arbeitsgeräte legt.

Auch die Beleuchtung der Stadt sollte stärker berücksichtigt werden; "sie erhielt eine höhere Priorität, als anfangs im Modell vorgesehen, und zwar in dem Maße, wie erkannt wurde, welche Wichtigkeit ihr gerade von der ärmsten Wohnbevölkerung als Faktor der physischen Sicherheit beigemessen wird, besonders von solchen Familien, in denen Mitglieder spät abends von der Arbeit zurückkehren oder die Abendschule besuchen" (Hage, 1979:32).
An weiteren städtischen Dienstleistungen sollte die Versorgung mit preiswerten Nahrungsmitteln durch die Erleichterung oder Verbesserung von öffentlichen Märkten, die Verbesserung des Grundschulwesens und schließlich des Gesundheitswesens in den Vordergrund gerückt werden.

2. Zweiter wesentlicher Punkt des Regierungsprogramms sei es gewesen, nicht mehr zuzulassen, daß sich die Stadt "spontan" oder "zufällig", das heißt, aufgrund bestimmter spezifischer Interessen entwickele, sondern der Kommune wieder eine globale

Planungs- und Kontrollfunktion zunächst über das physische Wachstum der Stadt zu verleihen.
Gegen das bisher gehandhabte "laissez faire" bei der Kontrolle von Parzellierungs- und Urbanisierungsvorhaben von Privatpersonen oder Immobilienunternehmen, aufgrund dessen zunächst die vom Stadtzentrum weit entfernten Bauvorhaben realisiert würden, um später die dazwischenliegenden Grundstücke zu verwerten, müsse eine Politik der Verdichtung des Stadtzentrums betrieben werden. Das bedeute aber nicht - wie von Bauunternehmern gefordert wurde - die Begrenzung der Gebäudehöhe aufzuheben, sondern die in der Stadt selbst vorhandenen Baulücken zu schließen, die, wie eine Untersuchung gezeigt habe, so enorm seien, daß in ihnen fast noch einmal eine Stadt von der Größe Salvadors untergebracht werden könne.

3. Wenngleich das Baugewerbe sich am Ziel des Profits orientiere, wogegen auch nichts einzuwenden sei, dürfe doch die Kommune nicht passiv alle Entwicklungen dulden, die aus dieser Orientierung resultierten, denn die Maximierung des Profits im Baugewerbe erfolge auf Kosten der Stadt, das heißt, seiner Bevölkerung.
Eine Intervention in das "freie Spiel" des Marktes im Immobiliensektor könne durch eine allgemeine Stadtentwicklungsplanung und/oder Baukontrolle und Regulierung durch Flächennutzungspläne, Bau- und Parzellierungsnormen erfolgen. Keine dieser Formen sei in Salvador bisher angewendet worden.

4. Selbst wenn die begüterten Klassen einen gleichen Anteil an Steuern bezahlt hätten wie die armen Klassen, seien sie nach dem bisherigen Modell privilegiert worden, weil ihnen die Investitionen geographisch oder funktional zugutekamen.
Aber darüber hinaus waren sie privilegiert, weil die Erhöhung der Gebäudesteuer auf der Grundlage der Einheitswerte (Valores Únicos Padrão - VUP),für alle Stadtteile stets durch einen einheitlichen Hebesatz (alíquota) erfolgt war, ohne Rücksicht darauf, daß in den "besseren" Wohnvierteln die Marktpreise für den Boden seit der letzten Festsetzung der Einheitswerte einen zehnfach höheren Wert erreicht hatten als in den armen Wohnvierteln (vgl. Annex, Bodenpreise).
Das heißt, die armen Bewohner hatten im Laufe der Zeit einen im Verhältnis zum Grundstückswert steigenden Anteil an Steuern gezahlt, während durch denselben Mechanismus die Grundstückssteuer für die reichen Klassen gesunken war.

In einem Interview mit dem Verfasser betonte Jorge Hage später (1980), daß es das Hauptprojekt seiner Regierung gewesen sei, die Verwaltungsstruktur zu ändern.
Während sich das alte Modell der Stadtverwaltung damit zufrieden gegeben habe,

a) die Haltung eines Straßenpflasterers einzunehmen, also vor allem Straßenbauprogramme durchzuführen,
b) nichts an dem Steuersystem (d.h., den geringen Steuern auf städtisches Gebäude- und Bodeneigentum, die in der Kompetenz der Stadtregierung lagen) zu ändern, und schließlich
c) nicht mit den Immobilienfirmen und Grundstückseigentümern zu kollidieren,

habe das neue Modell vorgesehen,

a) die Richtung der Investitionen geographisch und qualitativ zu ändern,
b) in das Wachstum der Stadt einzugreifen,
c) die Verteilung der Pflichten und Rechte der Stadtbürger zu ändern.
(Interview des Verf. mit Hage am 9.06.1980)

Es muß im Auge behalten werden, daß die hier referierte Darstellung des Regierungsprogramms von Hage n a c h seiner Absetzung als Präfekt erfolgt ist, nachdem sich Hage der Oppositionspartei PMDB angeschlossen hatte (64).

Die sozialen Aspekte, die nun in den Vordergrund gestellt werden, waren zumindest in diesem Ausmaß nicht in die ursprüngliche Begründung und Legitimierung seines Regierungsprogrammes eingegangen (65).

Wenn trotzdem diese Darstellung des "neuen Modells" als erste referiert wird, dann deshalb, weil sie den umfassendsten Überblick über das neue Regierungsprogramm gibt.

Nach Ablauf des ersten Amtsjahres entwickelte Hage in dem traditionellen Rechenschaftsbericht an die Stadtverordneten noch einmal detailliert sein Stadtentwicklungskonzept:

---

(64) Nach seiner Ernennung zum Präfekten war er in die Regierungspartei ARENA eingetreten (VEJA,30.3.1977,p.62).

(65) Dazu vergleiche man die Mensagem 1976 und die Begründung des PLANDURB durch Ornélas/Sampaio, 1975.

Zentrales Ziel der neuen Stadtregierung sei die Humanisierung der städtischen Umwelt (humanização do meio urbano). Zu diesem Zweck seien 12 Mio. Cr$ (= 1,8 Mio. DM) für die Urbanisierung von "Volksvierteln" (bairros populares) vorgesehen gewesen, aber im Laufe des ersten Regierungsjahres Cr$ 22 Mio. aufgewendet worden.
Unter Urbanisierung (obras de urbanização) wird verstanden: Pflasterung oder Asphaltierung von Straßen, Anlegen von Bürgersteigen und Treppen (viele Elendsviertel sind an Abhängen errichtet!), Dränage des Regenwassers, Stützmauern, öffentliche Beleuchtung, Baumbepflanzung u.ä. (Mensagem 1976:vi). Ein weiterer Programmpunkt der "Humanisierung" der Stadt sei die Befreiung der Innenstadt vom Autoverkehr, die finanziell wenig Aufwand erfordere.

Unter "besonderen Arbeiten" werden diejenigen Arbeiten aufgeführt, welche die topographische Umwelt stabilisieren sollten, also v.a. Stützmauern und Dränagesysteme. Die Ausgaben für diese Arbeiten würden insgesamt ca. CrS$ 100 Mio. erfordern. Auch die Straßenreinigung und Müllabfuhr bildeten weiterhin ein Problem. Der Fuhrpark sei im ersten Jahr erweitert worden, und es seien Verhandlungen mit dem Banco do Nordeste do Brasil imgange, um die Finanzierung für eine beträchtliche Verbesserung zu erhalten.

Der Bau bzw. die Erneuerung von Straßen sei nach wie vor einer der wichtigsten Programmpunkte. Er werde jedoch durch das Konzept erweitert, das Zentrum der Stadt für den Autoverkehr zu schließen. Zu diesem Zweck sei begonnen worden, Parkflächen für das System "park and ride" am Rande des Stadtkerns herzurichten.

Ein weiteres Ziel der Verwaltung im ersten Amtsjahr sei es gewesen, die Erneuerung des Wagenparks der öffentlichen Verkehrsmittel durchzusetzen. Denn das öffentliche Transportwesen werde zum überwiegenden Teil durch konzessionierte Privatunternehmen betrieben, die bestrebt seien, die eingesetzten Busse so lange wie möglich laufen zu lassen, was den außerordentlich schlechten Zustand der Busse in Salvador erkläre. Eine andere Taktik sei es, die Buslinien nicht regelmäßig zu befahren, sondern, wenn irgend möglich, einen Turnus zu überspringen. Deshalb seien von der Stadtverwaltung an den Endstationen der Busse Kontrolleure eingesetzt worden.

Wie aus der Übersicht auf Seite 122/23 hervorgeht, waren die beiden Hauptprogramme "Urbanismus" und "städtische Dienstleistungen" die bei weitem wichtigsten Posten des Regierungsprogramms von Jorge Hage. Das berechtigt uns, nicht weiter auf die übrigen Programme "Erziehungsbereich", "Kulturbereich" und "Gesundheitswesen und Wohlfahrt" einzugehen, die mit 7,93% Anteil insgesamt kaum mehr an Haushaltsgeldern erhalten sollten als der Programmpunkt "Planungswesen" für sich allein (6,27%).

Durchaus im Sinne einer lehrbuchhaften Planungstheorie war nicht übersehen worden, daß die angestrebten Reformen auch Veränderungen im Verwaltungs- und Planungsbereich erforderten. Dieser Sachverhalt ist ein wichtiger Hinweis darauf, daß im vorliegenden Fall die Hypothese des fehlenden Planungs-know-hows als Ursache für das Scheitern des Stadtentwicklungsplanes n i c h t zutrifft.
Aus der Erläuterung des Programmpunktes 14 - "die Erstellung einer Planungsstruktur und Implementierung des Planungsprozesses in der Stadtverwaltung von Salvador" - geht deutlich die Planungskonzeption hervor:

> "Der Prozeß der ungeordneten Urbanisierung auf der Basis der alten Strukturen der Stadt Salvador hat sich nicht immer als tatsächliche Verbesserung der Lebensqualität seiner Bewohner oder der grundlegenden Dienstleistungen ausgewirkt. Auch hat er nicht das Niveau der allgemeinen Bedingungen von Wohnung, Arbeit, öffentlichem Transport und Erholung der hier wohnenden Menschen erhöht.
> Darüber hinaus erschwerte und erschwert das Fehlen eines festgelegten Planes Investitionen der Privatinitiative, die sich ohne Orientierung sieht. Andererseits ist es auch geschehen, daß diejenigen Behörden, die für Entscheidungen in der Stadtverwaltung zuständig waren, manchmal aufgrund subjektiver Eindrücke entscheiden mußten, weil ihnen keine technisch ausgestatteten Hilfsorgane zur Verfügung standen, und sie selbst die Errichtung von Großprojekten nicht begutachten konnten, die ihnen die Unternehmersektoren vorschlugen oder vorlegten. Die Aufgabe, diese Bedingungen zu schaffen, war zweifellos etwas mühevoll, denn selbst die Zusammenstellung der notwendigen interdisziplinären Arbeitsgruppe ist in unserem Metier außerordentlich schwierig. Andererseits bedeutet die Implementierung einer neuen Verhaltensweise angesichts dieser Problematik eine Veränderung der unterschiedlichsten Gewohnheiten in der Verwaltung, die sich im Laufe vieler Jahrzehnte herausgebildet haben.

Die gegenwärtige Stadtregierung war entschlossen, dieser Herausforderung entgegenzutreten, in dem Bewußtsein, daß ohne eine Planungsstruktur, ohne einen koordinierten Entscheidungsprozeß und ohne einen Stadtentwicklungsplan die öffentliche Verwaltung stets hinter den Ereignissen und den schon manifesten und nicht selten schon verschärften Bedürfnissen des städtischen Lebens hinterherhinkt.
Nachdem ein echtes Planungsdezernat geschaffen worden ist, wurde die Ausarbeitung eines städtischen Entwicklungsplanes (PLANDURB) in Angriff genommen, in einer umfassenden Arbeit, die vollständig mit den Normen übereinstimmt, die (von der CONDER; P.S.) für Groß-Salvador aufgestellt wurden.

Der PLANDURB ist dynamisch konzipiert, und deshalb kann er kontinuierlich die ausgearbeiteten Programme evaluieren und reformulieren und sie den neuen Realitäten anpassen, die sich möglicherweise einstellen. Zu seiner Durchführung wurden auch anerkannte Fachleute und Berater engagiert, neben den unterzeichneten Vereinbarungen mit der Bundesuniversität Bahia (UFBa) und der Metropolitanen Planungsgesellschaft von São Paulo AG (EMPLASA).
Neben den Eigenmitteln der Präfektur kann der PLANDURB mit einer Finanzierung von Cr$ 20 Mio. rechnen, die bei der FINEP (66) angefordert worden sind. (...)
Die Implementierung der Systeme für Planung und Kontrolle der Stadtverwaltung, die dazu bestimmt sind, den Fluß der notwendigen Informationen für die Ausarbeitung, Genehmigung, Begleitung und Evaluierung von Tätigkeiten und Projekten aus dem Bereich der Präfektur zu normalisieren, erforderte die Verlagerung von Budgetfunktionen (transfêrencia de funções de orçamento) aus dem Bereich des Sekretariats für Finanzen in denjenigen für Planung, wo sie besser aufgehoben sind.
Für das städtische Planungssystem ist neben dem PLANDURB die Durchführung einer grundlegenden Kartographie der Region unerläßlich, die in Übereinstimmung mit den übrigen Munizipien der Metropolitanen Region von Salvador erfolgt. Auf der Grundlage dieser Arbeit wird die Präfektur in Zusammenarbeit mit der

(66) FINEP = Financiadora de Infraestructura Pública (Finanzgesellschaft für öffentliche Infrastruktur)

TELEBAHIA und der EMBASA (67) das vereinheitlichte allgemeine Kataster von Salvador schaffen, das für die allgemeine Planung unentbehrlich ist, die von der Stadtverwaltung entwickelt werden soll" (Mensagem 1976:xxv-xxvi).

Nach eigenen Angaben (Hage, 1978) habe Hage bei seinem Amtsantritt eine Stadtverwaltung mit 10 - 12.000 Angestellten und Beamten vorgefunden, die folgende Struktur aufwies:

- Casa Civil do Prefeito mit dem Zentralen Amt für Planung (OCP)
- Rechtsamt (Procuradoria Geral)
- Fünf Dezernate (secretarias) für
  - a) Urbanismus und öffentliche Arbeiten
  - b) Finanzen
  - c) Verwaltung und öffentliche Dienstleistungen
  - d) Erziehung und Kultur
  - e) Gesundheit und Soziales
- Zentrales Planungsamt (OCEPLA)
- Feuerwehr

Die gesamte Struktur sei "ungeheuer resistent gegen Wandel" gewesen. Darüber hinaus habe eine sehr geringe Bezahlung des Personals einschließlich der Direktoren bestanden, die aber insgesamt mit einer "außerordentlich niedrigen Qualifikation" einhergegangen sei. Ein Ingenieur oder Architekt habe z.B. in der Präfektur nur Cr$ 2000 - 3000 verdient und folglich eine Teilzeitarbeit v.a. bei Immobilien- und Bauunternehmen aufgenommen, was leicht absehbare Folgen gehabt habe:

> "...um es deutlicher zu sagen: die Korruption in der Verwaltung. Besonders in den Bereichen, die mit Baugenehmigungen und Parzellierungen zu tun hatten, und in einem anderen Bereich der öffentlichen Dienstleistungen, z.B. Kontrolle der öffentlichen Verkehrsmittel, waren die ethischen Bedingungen (...) keineswegs die besten" (Hage, 1978:263).

Das Zentrale Planungsamt (OCEPLA) war im Rahmen der Verwaltungsreform unter dem Präfekten Antônio Carlos Magalhães durch das Gesetz 2.130 vom 11.10.1968 und das Dekret Nr. 3.885 vom 1.4.1970 geschaffen und dem Kabinett des Präfekten zugeordnet worden, wo es allerdings ein Alibi-Dasein fristete.

---

(67) TELEBAHIA = Private Telefongesellschaft
EMBASA = Privates Wasserwerk

Nach seinen eigenen Worten beließ Hage dieses Planungsorgan f o r m a l in der vorgefundenen Struktur, unterstellte es aber p r a k t i s c h unmittelbar dem Präfekten (Hage, 1979:78). Darüber hinaus erhielt der Direktor der nun OCEPLAN genannten Behörde mit Ausnahme der Gehaltsgruppe in jeder Hinsicht denselben Status wie ein Dezernent (Secretário).

Die ursprüngliche OCEPLA war ein Organ zur Planung von Bauvorhaben der Präfektur (v.a. der Schnellstraßen) und bestand folglich ausschließlich aus Architekten.
Bei der Umstrukturierung wurden von den 15 beschäftigten Architekten fünf entlassen und stattdessen Vertreter anderer Berufsgruppen, nämlich Ökonomen, Soziologen, Verwaltungsfachleute, eingestellt. Insgesamt hatte dieses Planungsamt nun 20 festangestellte Mitarbeiter.
Gemäß der neuartigen Programmatik, einen g l o b a l e n Stadtentwicklungsplan auszuarbeiten, wurden mehrere "Koordinationsgruppen" eingerichtet für:

- Infrastruktur
- Grünflächen
- menschliche Ressourcen
- Programmierung des Budgets
- Städtische Erneuerung
- Orla Marítima (Flächennutzungsplan des Küstenstreifens)

und, als einzige Gruppe mit exekutiven Kompetenzen, die Arbeitsgruppe für die Durchführung des Programms für soziale Entwicklung in den Elendsvierteln (PRODESO).

Daneben arbeiteten drei Assistenzgruppen zur

- Dokumentierung
- Verwaltungshilfe
- Erschließung von Ressourcen (Krediten etc.).

Die OCEPLAN zog die Planung der schon vorhandenen städtischen Abteilungen

- SUOP (Dezernat für Urbanismus und öffentliche Arbeiten, darin die Zentrale Abteilung für Planung - OCP)
- DMER (Städtisches Straßenamt)
- SURCAP (Superintendanz für die Urbanisierung der Hauptstadt)
- DPJ (Amt für Gärten und Parkanlagen)

an sich.

3. Die zentrale Planungsabteilung OCEPLAN und ihre Planungskonzeption

Vom technischen Koordinator der OCEPLAN, Waldeck Vieira Ornélas, wurde in Zusammenarbeit mit Heliodoro Sampaio im September 1975 der erste Arbeitsentwurf zum Stadtentwicklungsplan vorgelegt.
In der Begründung zu einem eigenständigen Stadtentwicklungsplan wiesen die Autoren darauf hin, daß die Kommune im Zuge des Entwicklungsprozesses der Region des Recôncavo eine Reihe von Eingriffen aufgrund öffentlicher oder privater Investitionen erleiden mußte, ohne im geringsten an der entsprechenden Planung beteiligt worden zu sein, oder gar g e g e n eigene Planungsvorhaben.
So seien allein im öffentlichen Sektor, das heißt, durch Landes- oder Bundesämter, folgende Vorhaben und Pläne realisiert worden:
- Tourismusplan für den Recôncavo
- Leitplan für die Küstenzone (v.a. der Stadt Salvador - die "Orla Marítima")
- Leitplan für das Industriezentrum von Aratú - CIA
- Leitplan für den petrochemischen Komplex von Camaçari - Land- und Viehwirtschaftsprojekt für den Recôncavo und Studie über die Nahrungsmittelversorgung in der Metropolitanen Region von Salvador
- Nördlicher Schnellstraßenzubringer (Verbindung der Straße BR 324 - nach Rio de Janeiro - mit dem städtischen Schnellstraßensystem)
- Schnellstraße für die Unterstadt
- Leitplan für die Wasserversorgung und Kontrolle der Verschmutzung in der Metropolitanen Region von Salvador - Projekt für ein Kanalisationssystem in Salvador
- Programm zur Ausweitung des Telefonnetzes
- Bestandsaufnahme des zu schützenden kulturellen Erbes von Salvador
- Schnellprogramm für den Verkehr
- Studie über die Bauindustrie in der RMS
- Unterirdisches Stromnetz (ein Großteil der elektrischen Zufuhr in Salvador erfolgt noch immer über freihängende Leitungen; P.S.)
- Integrierte Untersuchung über Transporte und Bodennutzung in der RMS (noch in Bearbeitung)
- Fährverbindung von Salvador nach Itaparica und Nazaré - Integriertes Entwicklungsprogramm für den Recôncavo - Vorläufige Untersuchung zum integrierten Entwicklungsplan für den metropolitanen Bereich von Salvador

- Untersuchung zur Wiedereingliederung des historischen Zentrums von Salvador
- Plan zur Sanierung der Alagados
- Nordeste de Amaralina - Untersuchung der physischen Aspekte
- Entwicklungsplan für die Wohnbevölkerung des Maciel (Slum im historischen Zentrum der Stadt; P.S.)
- Diagnose der städtischen Aspekte der RMS
- Planung des Verwaltungszentrums von Bahia (im Munizip Salvador gelegen; P.S.)
- Zentrale Busstation (für Überlandbusse; in Europa in der Funktion und Bedeutung den Bahnhöfen vergleichbar; P.S.)
- Zentraler Großmarkt von Bahia
- Universitätscampus (für UFBa)
- Erweiterung des Hafens von Salvador
- Programm zur Modernisierung des Flughafens "2.Juli"
- Erweiterung des Fußballstadions "Otávio Mangabeira"

Unter dieser Liste von Projekten habe eine Beteiligung der Präfektur von Salvador an der Planung nur in einigen Fällen bestanden, wogegen bei der Durchführung der Projekte stets die finanzielle Beteiligung der Kommune gefordert worden sei (Ornélas/Sampaio, 1975:4-5).
Andererseits habe sich gezeigt, daß die Stadtverwaltung bei bestimmten Großprojekten, die in ihre strikte Kompetenz fallen, keine Kapazitäten besaß, um sie vorteilhaft und angemessen durchzuführen, sei es, weil sie kein normatives Modell für die Stadtentwicklung gehabt habe, sei es, weil ihre Planungstätigkeit verwaltungsmäßig in viele Abteilungen fraktioniert gewesen sei.

Die Stadt müsse verstanden werden "als ein komplexes System von Wechselbeziehungen zwischen sozialen, ökonomischen, physischen, politischen, kulturellen und anderen Variablen, deren Ursprünge und Auswirkungen die physisch-institutionellen Grenzen (der Stadt; P.S.) überschreitet und weitergreifende Beziehungen auf der Ebene der Region, des Landes und des Bundes umfaßt" (Ornélas/Sampaio, 1975:10).

Planung, als die "Notwendigkeit rationaler Interventionen auf der Grundlage der schon erwähnten Variablen" (ibid.), müsse, um bedeutsame Änderungen im gesellschaftlichen Bereich vorzunehmen, konzipiert werden als

"kontinuierlich	-	in der Zeit
lokalisierbar	-	im Raum
anpassungsfähig	-	an Veränderungen
korrespondierend	-	mit den festgelegten Zielen".

Somit müsse Planung als ein Prozeß verstanden werden, der

umfassend ist und mit Maßnahmen außerhalb des Kompetenzbereiches der Präfektur abgestimmt wird;

produktiv in dem Sinne, daß schon vor der kompletten Realisierung eines Entwicklungsprogrammes unmittelbare Maßnahmen getroffen werden können;

offen, indem er bei der Auswahl der Alternativen nicht nur die Meinung der involvierten Sachverständigen berücksichtigt, sondern auch die der Öffentlichkeit, "in der Weise, daß der Test der Annehmbarkeit schon an der Konzeption des Vorschlags ansetzt und nicht nur a posteriori, erst in der Phase der Implementierung, wenn das Risiko der Ablehnung die schon getätigten Investitionen zu hohen sozialen Kosten in Gefahr bringt" (ibidem, p.12);

dynamisch, indem er feed-back-Mechanismen enthält, durch die Aktualisierung von Daten und Untersuchungen und die Reformulierung von Zielen etc.

Jedoch habe die Praxis gezeigt, "daß die Vorgehensweise, Pläne auszuarbeiten, auch bei den umfassendsten Studien und Analysen wenig Nutzen für die Bevölkerung hatte, für die sie konzipiert war, wenn sie

- nicht auch von der verantwortlichen Verwaltung internalisiert wird;
- während der Plandurchführung keine Ergebnisse für das Handeln bietet, um die praktische Durchführbarkeit und politische und öffentliche Billigung noch während der Durchführung zu testen;
- die Etappen der Implementierung eines Projektes nicht so hinreichend detailliert, daß sie der Effizienz und Effektivität in dem Niveau und Grad entsprechen, der in den üblichen "allgemeinen Empfehlungen" suggeriert wird" (Ornélas/ Sampaio, 1975:16-17).

Planung auf der lokalen Ebene werde durch eine Reihe von Restriktionen eingeschränkt; es sei angebracht, dabei strukturelle und normative Bedingungen zu unterscheiden:

1. Strukturelle Bedingungen:
   - Das politisch-administrative System, nämlich die institutionelle Makrostruktur einer Nation, "gibt uns
     a) den spezifischen Bereich der Art und Weise der möglichen Interventionen an,
     b) die grundlegenden gesetzlichen Prinzipien, an die sich die Planung halten muß,
     c) die Verfahrens- und Vorgehensweisen (institutos e procedimentos), die sie berücksichtigen muß, und schließlich auch die eigene Reichweite des Plans" (ibd.,p.29);
   - der sozio-ökonomische Entwicklungsprozeß; er bedingt eine bestimmte Produktionsstruktur und folglich eine spezifische Form des Arbeitsmarktes und der sozialen Schichtung, die sich kurzfristig nicht ändern läßt und deshalb Einfluß auf einen Plan hat;
   - der sozio-kulturelle Entwicklungsprozeß ändert sich ebenfalls nur in größeren Zeiträumen. Die vorhandenen Werte und Verhaltensweisen beeinflussen das Spektrum der empfundenen Bedürfnisse und Bestrebungen der Bevölkerung;
   - die demographische Entwicklung und Binnenwanderung; wenngleich ihre Kontrolle nicht in den Händen der Kommunalbehörden liegt, ist ihre Berücksichtigung von strategischer Bedeutung, weil sie einen Engpaß für die Entwicklung der Region bilden kann.

2. Normative Bedingungen:
   - Die nationalen Richtlinien der Stadtpolitik;
   - die nationalen, regionalen und metropolitanen Strategien, Programme und politischen Maßnahmen (políticas).

In diesen insgesamt vagen Äußerungen zur Planung wird nur ihr *instrumenteller* Charakter betrachtet: es wird dargestellt, wie Planung zu sein habe, wenn sie bedeutsame Änderungen im gesellschaftlichen Bereich vornehmen wolle. Daß die aufgezählten "strukturellen Bedingungen" oder Einschränkungen eine Planung im definierten Sinne, also mit dem Ziel bedeutsamer gesellschaftlicher Änderungen, gar nicht zulassen, darauf wird nicht eingegangen; auch nicht darauf, daß das genannte Ziel nicht unangefochten ist, sondern nur *eine* Option unter anderen und keineswegs diejenige mit der größten Realisierungsmöglichkeit.
Die "strukturellen Bedingungen" sind ja zum Teil gerade das Ergebnis von Auseinandersetzungen verschiedener gesellschaftlicher Interessengruppen um unterschiedliche und divergierende Zielvorstellungen.

Gerade dort aber, wo Planung als Instrument zum - heftig angefochtenen - Ziel bedeutsamer gesellschaftlicher Veränderungen betrachtet wird, müßte die Strategie, w i e die strukturellen Barrieren überwunden werden können, in den Planungsentwurf als wesentlicher Bestandteil mit einbezogen werden.
Daß das nicht geschehen ist, zeigt die Befangenheit der Autoren in die herrschende Planungskonzeption, wie sie zu Beginn der vorliegenden Arbeit skizziert worden ist, die sicher dazu beigetragen hat, daß der projektierte Stadtentwicklungsplan für Salvador schon nach kurzen Angriffen opponierender Interessengruppen aufgegeben werden mußte.

4. Die Politik der Administration Hage

4.1. Der "Rat für Stadtentwicklung"

In seinem ersten Rechenschaftsbericht an die Stadtverordneten stellte Hage die Erfüllung seines Prioritätenprogrammes vom 9. Mai 1975 dar:

> "Was die Tätigkeiten meiner Administration betrifft, so haben sie sich in der striktesten Anlehnung an das Aktionsprogramm für den entsprechenden Zeitraum entwickelt, das ich diesem Hohen Hause am 9. Mai des vergangenen Jahres vorgelegt hatte" (Mensagem 1976:ii).

Bei einigen der 14 Programmpunkte seien die Investitionen sogar über die geplanten Summen hinaus erweitert worden, z.B. bei der Urbanisierung verschiedener Wohngebiete (bairros populares), die aus Landbesetzungen (invasões) hervorgegangen waren und sich konsolidiert hatten, aber immer noch keine befestigten Straßen und keinen Anschluß an Kanalisation und Wasserleitungsnetz hatten.
Die öffentlichen Arbeiten der neuen Präfektur unterschieden sich bei einer oberflächlichen Betrachtung nicht wesentlich von denjenigen früherer Administrationen:
Die Urbanisierung von Wohnvierteln, die Sicherung von Abhängen durch Betonverschalung (cortinas), die Asphaltierung und Beleuchtung von Straßen, die Erweiterung des Fuhrparks, Neuanschaffungen für die städtische Feuerwehr, die Erweiterung des kommunalen Busparks, die Renovierung und der Ausbau von Grundschulen - all das waren Programmpunkte, die schon in den Rechenschaftsberichten früherer Präfekten ausgewiesen worden waren.

Auch die Notwendigkeit von Planung schlechthin bzw. die eines Regierungsplanes für die Kommune (Plano Geral do Governo Municipal) und eines Stadtentwicklungsplanes für Salvador (Plano da Cidade de Salvador) war von dem vorangegangenen Präfekten Cleriston Andrade unterstrichen worden (Mensagem 1974:v).
Schließlich hatte auch jener Präfekt schon von der "Humanisierung der Stadt" gesprochen!

Doch bei der Definition und der unterschiedlichen Gewichtung der Investitionen treten die inhaltlichen Differenzen zwischen beiden Regierungsprogrammen zutage.
So scheint C. Andrade unter "Humanisierung der Stadt" vor allem die Verschönerung mit Grünanlagen und die Anlage von zwei städtischen Parks zu verstehen:

> "Von gleicher Wichtigkeit wurde die Notwendigkeit einer stärkeren Humanisierung der städtischen Umwelt erachtet, durch die Erhaltung von Grünflächen, Errichtung von Gartenanlagen und die Entwicklung von Zonen für Erholung und Spiel. Und ebenso durch den Stop, die Sanierung und Urbanisierung von Problemgebieten, in denen sich sub-normale Wohnungen konzentrieren" (Mensagem 1974:xiii).

Die letzte Aussage bezog sich allerdings auf eine relativ geringe Beteiligung an einer Aktiengesellschaft (AMESA), welche die Urbanisierung des Stadtviertels Alagados betreiben sollte, einem Wohngebiet mit ca. 86.000 Einwohnern (bezogen auf 1973; OCEPLAN, 1976a:41), das durch die Besetzung des Randes einer seichten Bucht (Enseada dos Tainheiros) entstanden war. Ca. 6000 Wohnungen waren dabei auf Pfählen im Wasser errichtet worden.

Bei den erwähnten Grünflächen handelte es sich zum großen Teil um die Begrünung der künstlichen Einschnitte, die beim Bau des Schnellstraßensystems vorgenommen worden waren, und um die zwischen den beiden Doppelfahrspuren liegenden Flächen (Mensagem 1974, Relatório da DPJ).
Sie waren also nicht eigentlich geeignet, die Lebensbedingungen in der Stadt zu erleichtern. Ebensowenig kamen die "Zonen für Erholung und Spiel" - womit vor allem mehrere Stadtparks und -gärten verstanden wurden - schon aufgrund ihrer Lage in der Nähe der

"besseren" Wohnviertel für die arme Bevölkerungsmehrheit der Stadt nicht in Frage (68).

Die Ankündigung des neuen Regierungsprogramms wurde also möglicherweise zunächst in derselben Weise aufgenommen wie Programme früherer Präfekte - für die einen in der Erwartung, daß trotz gewisser Äußerungen alles beim Alten bleibe, für die anderen in der Befürchtung, daß trotz eben derselben Äußerungen alles beim Alten bleibe!

Die Verschiebung der Investitionen hielt sich zudem offensichtlich im Rahmen dessen, was unter dem Druck der damaligen öffentlichen Diskussion über die Wohnungsmisere des "Volkes" (69) als kurzfristige Pazifizierungsstrategie vom Präfekten nach außen hin, das heißt, gegenüber den herrschenden Interessengruppen, "vertretbar" war, was auch in der Einordnung der Investitionen innerhalb des Haushaltsplanes unter der Kategorie "Contribuições Diversas" (Budget-Posten 4.370.000) zum Ausdruck kam.
Jedenfalls wurde zunächst keine Kritik an der Politik des Präfekten laut.

Tiefergreifende Veränderungen, die potentiell das bestehende "städtische Akkumulationsmodell" in Frage stellen konnten, wurden zunächst eher "hinter den Kulissen", von der Öffentlichkeit nicht sonderlich beachtet, vorgenommen, nämlich durch gewisse Gesetzesänderungen.

Präfekt Cleriston Andrade (1971-1975) hatte den "Rat für Stadtentwicklung" (Conselho de Desenvolvimento Urbano - CONDU) durch Gesetz 2.681 vom 28.1.1975 ins Leben gerufen; allerdings wurde die

---

(68) Insofern trug das Humanisierungsprogramm von Hage mit der Urbanisierung von einigen Wohnvierteln der armen Bevölkerung - Pernambués, São Caetano, Cosme de Farias, Pau de Lima, Marechal Rondon, Mandchúria, Alto do Saldanha (Mensagem 1975:v) tatsächlich mehr zur Erleichterung der Reproduktion ihrer Einwohner bei.

(69) "População"; gemeint sind in der Regel die niederen Schichten. Die oberen Schichten beziehen sich nur dann in diese Kategorie ein, wenn es darum geht, eigenen Forderungen eine breitere Basis zu verleihen.

entsprechende Durchführungsverordnung (decreto) nicht mehr erlassen.
Wie bei allen übrigen Gesetzen kann leider nicht festgestellt werden, aufgrund welcher Überlegungen und/oder Pressionen dieses Gesetz zustandegekommen war.

Der eingerichtete Rat sollte:
- Richtlinien und Normen für Stadtplanung ausarbeiten und die Anfertigung von globalen und sektoralen Stadtplänen für die Stadt Salvador koordinieren und überwachen;
- Verordnungen und Gesetzesänderungen hinsichtlich der Bodennutzung und der Stadtentwicklung ausarbeiten und dem Präfekten zur Entscheidung vorlegen;
- durch Gutachten über Baugenehmigungen für Neubauten im historischen Stadtkern, in der Nähe von Monumenten und architektonischen Häusergruppen unter Denkmalschutz und an der Küste entscheiden und, wo angebracht, spezielle Erfordernisse hinsichtlich der Gebäudehöhe, Bebauungsdichte etc. aufstellen.

Der Rat sollte aus 13 Mitgliedern bestehen und unter dem Vorsitz des Direktors des Zentralen Planungsorgans der Präfektur zusammentreten.
Neben dem Vorsitzenden sollten vertreten sein:
- der Dezernent des Dezernats für Urbanismus und öffentliche Arbeiten (SUOP)
- der Direktor der kommunalen Behörde für Straßen und Wege (DMER)
- der Superintendent des Amtes für die Urbanisierung der Hauptstadt (SURCAP)
- der Superintendent der Superintendanz für Park- und Grünanlagen (SPJ)
- drei Personen von anerkannter Berufserfahrung im Bereich der Architektur und der Stadtplanung, die vom Präfekten ausgewählt und ernannt werden,

und je ein Repräsentant
- des Landesplanungsamtes von Bahia (SEPLANTEC)
- der bahianischen Ortsgruppe des Instituts der Architekten von Brasilien (IAB-BA)
- des Syndikats der Ingenieure von Bahia
- des Vereins der Freunde der Stadt Salvador
- der bahianischen Abteilung des nationalen Instituts für nationale Kunstschätze und geschichtliches Erbe (IPHAN).

Diesen Rat stellte Jorge Hage durch das Gesetz 2.739 vom 20.10.75 neu zusammen.

Zunächst fällt die Erweiterung auf 20 Mitglieder auf und die Verlagerung weg von einem in engerem Sinne städtebaulichen Gremium. So fehlen nun die Repräsentanten der SUOP, des DMER, der SURCAP, der SPJ und der SEPLANTEC.
Stattdessen versammeln sich unter dem Vorsitz des Präfekten selber (wodurch der Rat eine Aufwertung erfährt):
- der Direktor der OCEPLAN als Exekutivsekretär;
- der Präsident der Gesellschaft für die Entwicklung der Metropolitanen Region von Salvador (CONDER)
- der Erzbischof von Bahia (als Repräsentant der Katholischen Kirche, die Eigentümerin eines beträchtlichen Anteils an der Stadtfläche Salvadors ist)
- zwei anerkannte Spezialisten, die vom Präfekten ausgewählt und ernannt werden,

und je ein Repräsentant
- des Stadtrates
- des IPHAN
- der Universität von Bahia
- des Vereins der Freunde der Stadt Salvador
- des Handelsvereins von Bahia (Associação Comercial da Bahia)
- des Vereins der bahianischen Presse (ABI)
- des Clubs der Geschäftsleute der Stadt Salvador
- des Verbands der Geschäftsführer (Dirigentes) der Immobilienunternehmen von Bahia (ADEMI-BA)
- der bahianischen Ortsgruppe des Instituts der Architekten von Brasilien (IAB-BA)
- des Geographischen und Historischen Instituts von Bahia (IGHB)
- des Vereins der bildenden Künstler von Bahia (ARPLAMB)
- des Rotary-Clubs von Salvador
- des Lions-Clubs von Salvador.

Während das Gremium gemäß der ersten Gesetzesfassung (Nr. 2.681/75) einige exekutive Kompetenzen besaß, wird es nun auf beratende Funktionen eingeschränkt: "vorschlagen, empfehlen, begutachten, beraten" (Gesetz 2.739/75).

Aus der Zusammensetzung der Repräsentanten und aufgrund der Bestimmung, daß dieser Rat ein Organ sei, um die Verbindung zwischen dem Präfekten und der Gemeinschaft herzustellen (Art.3), geht hervor, daß die Mehrheit der Stadtbevölkerung, die an anderer Stelle so oft beschworen wird, nicht eigentlich zu dieser "Gemein-

schaft" gezählt wird. Jedenfalls sind in dem Rat für Stadtentwicklung nur sogenannte "Standesorganisationen" vertreten (70).
Doch ist die Einrichtung dieses Rates ein deutlicher Hinweis auf den Versuch des Präfekten, die wichtigsten gesellschaftlichen Einflußgruppen an sein Programm zu binden (71).

4.2. Modifikationen im Verwaltungsapparat

Die notwendige Reformstrategie sei "nicht in einer bestimmten Zeit methodisch und seelenlos in einem Planungsbüro konzipiert worden, um dann ab einem bestimmten Termin ausgeführt zu ..erden, sobald die Stadtverwaltung ihre Arbeit aufgenommen" habe, sondern vielmehr sei die Strategie zur Umsetzung des neuen Modells der Verwaltungsführung und der Lösung von Stadtproblemen "im Laufe des Prozesses der Auseinandersetzung (vivência) und der Erfahrung mit der Verwaltung" herangereift (Hage, 1979:64).
Diese vorsichtigen Worte deuten darauf hin, daß eine Verwaltungsreform im engeren Sinne, also strukturelle Änderungen im Verwaltungsapparat, nicht durchgeführt werden konnten.

So mußte sich Hage damit begnügen,

a) zu versuchen, "Planungsattitüden" in den normalen Entscheidungsprozeß einzuführen, das heißt, vage formuliert, den Verwaltungsentscheidungen sachliche Informationen zugrundezulegen und sie rational nach der Maßgabe eines bestimmten Entwicklungsprogramms zu fällen:

> "Wesentlich war (...) die Implementierung der Angewohnheit, alle Dinge, so gering sie auch zu sein scheinen, auf der Grundlage von Informationen, Rationalität und einer Konzeption zu entscheiden" (Hage, 1979:75);

---

(70) Das monierte auch A TARDE am 9.1.1976 in ihrer Kampagne gegen den Präfekten.

(71) Vgl. Dahls Darstellung der Citizens Action Comission in New Haven, die offensichtlich dieselbe Funktion aufwies: "The actual effects of membership on the CAC or on action committees is unknown, but it seems reasonable to conclude that many people who might otherwise have been apathetic or even opposed to the program were provided with at least a weak tie of loyalty" (Dahl, 1966:134).

b) andere, vom korrupten Verwaltungsstil "nicht kontaminierte und unverdorbene Personen" (ibidem, p.80) in Schlüsselpositionen einzusetzen und den "Empreguismo" (Vetternwirtschaft) einzudämmen;

c) einige "mafiaartige" Cliquen innerhalb der Verwaltung zu desartikulieren, besonders innerhalb der Secretaria de Finanças und vor allem auch im Dezernat für Urbanismus und öffentliche Arbeiten (SUOP), "wo eine unmittelbare und einlinige Korruption" ("corupção direta e linear") herrschte, und zwar gerade in der wichtigsten Abteilung, nämlich in derjenigen, welche die Kontrolle über die Bodennutzung, über Parzellierungsprojekte und bei der Bauabnahme von Gebäuden ausübt.

Während der Amtszeit des Präfekten Cleriston Andrade waren der Secretaria de Urbanismo e Obras Públicas (SUOP) neben der eigenen Abteilung für Instandhaltung und öffentliche Arbeiten (DCOP) die beiden "autarquias" DMER und SURCAP unterstellt.
Die DCOP hatte entsprechend dem Dekret der Verwaltungsreform (D. 3.850/1.4.1970, Art.57) die Aufgabe, "öffentliche Bauten zu errichten, zu erhalten und zu verbessern".
Die DMER sollte (nach Dekret 3.882/1.4.1970) "alle technischen und verwaltungsmäßigen Dienste für die Durchführung des "Kommunalen Straßenplanes" verrichten und überwachen".
Die SURCAP schließlich, die durch Gesetz 900 vom 25.3.1959 nach dem Vorbild der SURSAN aus Rio de Janeiro gegründet worden war, um die 13 Schnellstraßen (Avenidas do Vale) zu bauen, sollte nach Art.60 des Dekrets 3.850

" I - Untersuchungen und Projekte erarbeiten, die im Bereich der öffentlichen Arbeiten mit dem städtischen Leitplan in Verbindung stehen;

II - öffentliche Arbeiten und Verbesserungen durchführen, wie die Anlage, Erweiterung, Pflasterung, Begrünung und Beleuchtung von öffentlichen Plätzen und Straßen und den Bau von Regenwasserrinnen;

III - Parkanlagen, Gärten, Sportplätze, Brücken, Tunnel und Viadukte errichten oder erweitern;

IV - Verschönerungsarbeiten einschließlich Erdaufschüttungen und die Sicherung von Abhängen durchführen;

V - Verträge mit Privatfirmen zur Durchführung der öffentlichen Arbeiten abschließen und sie kontrollieren;

VI - die "Beiträge zur Verbesserung", die nach der Durchführung von öffentlichen Arbeiten fällig werden, einziehen" (Prefeitura, 1970:67).

Der Rechenschaftsbericht des Präfekten Andrade für das Jahr 1973 (Mensagem 1974) zeigt, daß zwischen der DMER und der SURCAP hinsichtlich der Art der ausgeführten Straßenbauarbeiten keinerlei Unterschied besteht, während die DCOP vor allem Straßen repariert oder neu asphaltiert hat.
Sowohl die SUOP als auch die beiden autarquías DMER und SURCAP besaßen eine Planungsabteilung, eine "Assesoria Setorial de Planejamento".

Um dieser Konkurrenz von Planungen und öffentlichen Arbeiten ein Ende zu machen, unterstellte Hage die beiden autarquias nicht juristisch, aber faktisch der SUOP und versuchte, ihre Aufgaben zu teilen. Ihr Status als autarquia blieb weiterhin erhalten, aber der Dezernent der SUOP führte nun die Oberaufsicht über die SURCAP und die DMER.
Der SURCAP wurden die umfangreicheren Urbanisierungsaufgaben - Sanierungsarbeiten, Brückenbauten -, der DMER die reinen Straßenbauarbeiten zugewiesen; die mittlerweile gegründete Superintendanz für Park- und Grünanlagen (SPJ) sollte die Errichtung und Pflege von Park- und Grünanlagen und die DCOP die Erhaltung und Reparatur der materiellen Infrastruktur durchführen.
Aber wie aus dem Rechenschaftsbericht für 1975 hervorgeht, ist eine strikte Arbeitsteilung faktisch doch nicht vollzogen worden (vgl. Mensagem 1976:3, 13f., 19 und 23f.)

Doch durch die Desartikulierung der SURCAP wurde ihr bisheriger Direktor auf die Position eines einfachen Sachbearbeiters zurückgestuft. Innerhalb des städtischen Verwaltungsapparates war er ein wichtiger Mittelsmann und Vertreter der Großgrundbesitzer gewesen; er war nicht nur ein enger Freund eines Großgrundbesitzers, der neben großen Flächen im Recôncavo auch einen beträchtlichen Teil des Stadtdistrikts "Plataforma" besitzt, sondern auch mit Elmo Serejo Farias, dem derzeitigen Gouverneur des Bundesdistrikts Brasília und vormaligem Superintendenten der SURCAP (1967 - 1971) und des Industriezentrums von Aratú (1971 - ?) befreundet. Aufgrund dieser Verbindungen wurden gegen die Absetzung des Direktors Pressionen von der Zentralregierung auf Hage ausgeübt (Interview mit Paulo Segundo da Costa, dem Dezernenten der SUOP, 1980).

Im Rahmen der internen Umstrukturierung wurden aus der SURCAP auch unqualifizierte Arbeiter, mit deren Hilfe öffentliche Arbeiten in eigener Regie durchgeführt worden waren, entlassen und stattdessen öffentliche Ausschreibungen (licitações) eingeführt, das heißt, Verträge mit privaten Unternehmen geschlossen.

Die Ausgliederung der Planungsabteilung aus der SUOP und ihre Integration in die OCEPLAN erfolgte ebenfalls informell, so daß keine Kompetenzstreitigkeiten auftraten. Die Informalität war möglich, weil sich der Dezernent der SUOP, Paulo S. da Costa, und der Direktor der OCEPLAN, Dr. Sérgio Gaudenzi, gut verstanden (Interview mit Paulo S. da Costa, 1980).

4.3. Änderungen am "Código de Urbanismo"

Von "handfesterer" und publikumswirksamerer Bedeutung waren die Änderungen am "Código de Urbanismo" durch das Gesetz 2.744 vom 20.10.1975. Aber nicht die Neufassung oder Ergänzung einer Reihe von Artikeln und Paragraphen war dabei die wesentlichste Modifikation, sondern die Neufestsetzung der Bußgelder bei Zuwiderhandlungen gegen die im "Código de Urbanismo" fixierten Vorschriften (72).
Mit der Umstellung der Recheneinheiten für städtische Gebühren und Steuern von der Fixierung an den "Mindestlohn" (salário mínimo - SM) zu einer eigenständigen "Steuereinheit" (Unidade Fiscal Padrão - UFP) durch Stadtdekret 4.837/20.10.1975 bzw. Bundesdekret 75.704 vom 8.5.1975 wurden die Bußgelder empfindlich erhöht.

Die folgende Liste verdeutlicht die Änderungen:

BUSSGELD BEI VERSTÖSSEN GEGEN DEN CÓDIGO DE URBANISMO VON SALVADOR VOR UND NACH DEM 20.10.1975

a) Zerstören von Pflanzen und Bäumen auf öffentlichen Flächen

vorher:	0,50 SM =		209,0 Cr$
jetzt:	pro Baum	1960,0 -	3920,0 Cr$

(72) Ursprünglich war geplant, den Nutzungskoeffizienten (taxa de ocupação) von 2 auf 1,8 bzw. 1,5 (je nach Zone) zu senken (siehe Ankündigung in: A Construção Norte Nordeste, Nr.20 (1975):8).
In einem Interview mit der Zeitung TRIBUNA DA BAHIA am 9.7.1976 bestätigte Hage, daß die Senkung nicht durchgeführt wurde, womit "die wichtigste Forderung des Bausektors erfüllt" worden sei.

b) Abladen von Müll auf öffentlichen Flächen

vorher: 0, 16 - 1 SM = 66,8 - 417,6 Cr$
jetzt: 0,50 - 5 UFP = 196,0 - 1960,0 Cr$

c) Unterlassen des Baues oder der Wiederherstellung von Bürgersteigen und von Grundstücksbegrenzungen an öffentlichen Straßen, die gepflastert oder asphaltiert sind

vorher: 0, 16 - 1 SM = 66,8 - 417,6 Cr$
jetzt: 1,00 - 3 UFP = 392,2 - 1176,6 Cr$

d) Unterlassen der Errichtung von Schutzzäunen bei Abrissen, Neu- und Umbauten

vorher: 0,25 - 2 SM = 104,4 - 835,2 Cr$
jetzt: 0,50 - 5 UFP = 196,0 - 1960,0 Cr$

e) Unterlassen von Maßnahmen zur Stabilisierung der Abhänge (Stützmauern etc.)

vorher: 0,50 - 5 SM = 209,0 - 2090,0 Cr$
jetzt: 1,00 - 10 UFP = 392,2 - 3922,0 Cr$

f) Blockierung von Flüssen, Bächen, Kanälen etc. durch Bau- und Erdarbeiten (neue Kategorie; P.S.)

10 - 50 UFP = 3922,0 - 19600,0 Cr$

g) Abtrennen und Verkauf von Parzellen ohne Genehmigung des Parzellierungsprojektes

vorher: 2 - 2 SM = 835,2 - 2088,0 Cr$
jetzt: pro Parzelle 3922,0 - 19600,0 Cr$

h) Bauen an nicht genehmigten Standorten

vorher: 0,5 - 5 SM = 209,0 - 2088,0 Cr$
jetzt: 10,0 - 50 UFP = 3922,0 - 19600,0 Cr$

i) Bauen ohne Baugenehmigung bzw. ohne genehmigte Baupläne

vorher: 0,16 - 1 SM = 66,8 - 417,6 Cr$
jetzt: 10,00 - 50 UFP = 3922,0 - 19600,0 Cr$

k) Bauen nach veränderten Bauplänen, o h n e die Baufläche zu erweitern

vorher: 200% der Gebühr für die Baugenehmigung
jetzt: 100-200% " " " " "

l) Bauen nach veränderten Bauplänen, wobei der genehmigte Nutzungskoeffizient überschritten wird

vorher: 1 - 5 SM = 417,6 - 2088,0 Cr$
jetzt: pro zusätzlich bebautem qm
5 - 10 UFP = 1960,0 - 3922,0 Cr$

m) Bauen nach veränderten Bauplänen, wobei der genehmigte Nutzungskoeffizient (taxa de ocupação) überschritten wird (neue Kategorie; P.S.)

pro zusätzlich bebautem qm: 392,2 - 3922,0 Cr$

Quelle: Für die Angaben in SM (vorher):
Gesetz 2.403/23.08.1972 (Prefeitura, 1976a)
Für die Angaben in UFP (nachher):
Gesetz 2.744/20.10.1975 (Prefeitura, 1976b:104-106).

Anmerkung:
Von den insgesamt 19 Straftatbeständen werden hier nur die wichtigsten 12 aufgeführt, da sie in beiden Quellen als übereinstimmend identifiziert werden konnten. Die Ausdrücke in Cr$ beziehen sich auf den Zeitpunkt unmittelbar vor und nach der Veröffentlichung des Gesetzes 2.744/20.10.1975.

Daß sich an diesen Bußgelderhöhungen keine öffentliche Diskussion entzündet hat, mag am fakultativen Charakter dieser Art von Zahlungen gelegen haben: wer den Verordnungen nicht zuwiderhandelt, wird von diesen Strafen und ihren Erhöhungen nicht getroffen. Gegen eine Bußgelderhöhung auf Strafbestände der vorliegenden Art läßt sich keine Massenmobilisierung organisieren. Aus gutem Grund also wurden bei der etwas später einsetzenden Kampagne der Tageszeitung "A TARDE" (siehe unten) gegen den Präfekten diese Erhöhungen in keinem Fall erwähnt.
Zudem entscheidet sich die Qualität von Gesetzen erst bei ihrer Durchführung. Das Ausbleiben von Reaktionen seitens bestimmter Kreise vor allem des Bau- und Immobiliensektors deutet darauf hin, daß auch im vorliegenden Fall bei der Einschätzung der neuen Sachlage davon ausgegangen wurde, daß "nichts so heiß gegessen wird, wie es gekocht wird", das heißt, daß sich von Fall zu Fall - also bei kalkulierten Verstößen - ein Agreement mit der Präfektur treffen lasse.

4.4. Änderung der Einheitswerte

Am 11.12.1975 wurden durch das Dekret 4.863 neue Einheitswerte für Grundstücke und Gebäude für das Rechnungsjahr 1976 festgelegt. Nach Art. 24 der brasilianischen Verfassung unterliegt die Steuer auf städtische Grundstücke und Gebäude (IPTU) der Finanzhoheit der Munizipien.
Grundlage für die Berechnung der Steuerschuld bildet der "valor venal" (Einheitswert) des Grundstücks bzw. der Einheit von Grundstück und Gebäude; die Steuerschuld ist ein - für verschiedene Grundstücks- und Gebäudearten unterschiedlich hoher - Bruchteil

des "valor venal" (nach geltendem Recht zwischen 0,7% und 4%).
Der "valor venal" entspricht nach Art.145 des Código Tributário:

a) bei unbebauten Grundstücken dem Produkt von Einheitswert des Bodens pro Quadratmeter x Grundfläche;
b) bei Ein- und Zweifamilienhäusern ("prédios") der Summe der Produkte <Einheitswert des Bodens pro Quadratmeter x unbebaute Grundfläche> und <Einheitswert des Gebäudes pro Quadratmeter x bebaute Grundfläche>;
c) bei Gebäuden mit mehr als zwei Stockwerken der Summe aus den Produkten der gesamten umbauten Fläche (área de construção da unidade) und der Nettonutzfläche (área de uso privativo) mit den jeweiligen Einheitswerten.

Der Einheitswert pro Quadratmeter wird für unbebaute Grundstücke einheitlich nach Straßen oder Straßenabschnitten (logradouro ou trecho de logradouro) berechnet, wobei berücksichtigt werden (Art.150):

- die Lage der Straße im Stadtgebiet,
- das Vorhandensein von öffentlichen Dienstleistungen,
- die Beschaffenheit der Straßenpflasterung,
- das Risiko von Überschwemmungen,
- Lärm-, Staub- oder Geruchsbelästigungen.

Für die Bewertung von Gebäuden werden ähnlich wie bei der Festsetzung von Einheitswerten in der Bundesrepublik Deutschland eine Reihe von bautechnischen Merkmalen herangezogen.
Die Festsetzung der Einheitswerte für die verschiedenen Arten von Grundstücken und Gebäuden geschieht durch eine Kommission, deren neun Mitglieder vom Präfekten ernannt werden. Die Bewertung kann, falls notwendig, jährlich neu erfolgen (Art.152 und 153). Doch war die letzte Bewertung der Liegenschaften im Jahre 1968 (aufgrund des Dekrets 3.485/22.10.1968) vorgenommen und seither die jährliche Erhöhung mit Hilfe eines einheitlichen und allgemeinen Vervielfältigers (Koeffizienten oder Hebesatz) durchgeführt worden.

Die Erhöhungen (jährlich 15 - 20% laut "A TARDE" vom 14.1.1976) glichen einerseits die Inflationsrate nicht aus (73) - trotz eines

---

(73) Laut Aussage von Hage in VEJA vom 30.3.1977 seien die Steuern in den vorangegangenen acht Jahren nur um 84% gestiegen, während im gleichen Zeitraum in manchen Stadtteilen die Immobilien Wertsteigerungen von bis zu eintausend Prozent erfahren hätten.

beträchtlichen Baubooms (74) lag das inflationsbereinigte Einkommen aus der Grundstückssteuer im Jahre 1975 unter dem des Jahres 1970 (75), andererseits berücksichtigten sie nicht die u n t e r s c h i e d l i c h e n Wertsteigerungen der Grundstücke und Gebäude in verschiedenen Stadtteilen.
Um diesen beiden Defekten zu begegnen, setzte Jorge Hage am 14.10.1975 per Dekret 4.834 eine Kommission ein (gemäß Art. 152 des Código Tributário), welche innerhalb von 60 Tagen eine Tabelle mit neuen Einheitswerten aufstellte, die durch das schon erwähnte Dekret 4.863 vom 11.12.1975 bekanntgemacht wurden. Die Erhöhungen betrugen im Durchschnitt 100% gegenüber den Vorjahreswerten (A TARDE, 10.1.1976).

12 Tage später, am 23.12.1975, erließ Hage schließlich ein Dekret (4.869/23.12.1975), durch das ein System von Belohnungen bei "Produktivitätssteigerungen" der Steuerbeamten eingeführt wurde. Die Ermittlung von noch nicht besteuerten Grundstücken, von zu niedrig angesetzten Steuern, von Hinterziehungen etc. wurde mit Hilfe eines Punktesystems belohnt, das an die Höhe der eingetriebenen Steuern gekoppelt war.

Durch diesen verwaltungstechnischen Schritt signalisierte Hage, daß er gewillt war, die Bußgelder, die im Rahmen der Änderungen am Código de Urbanismo (Gesetz 2.744; s.o.) erhöht worden waren, sowie die neuen Grundstückssteuern und die übrigen Gebühren und Beiträge auch wirklich einzutreiben.

---

(74) Allein zwischen 1971 und 1974 wurden mindestens 40.000 Wohnungen für die Mittelschicht errichtet (Schmarling, 1979: 34).

(75) 1970: Cr$ 17.422.512 1975: Cr$ 43.709.613
Aber inflationsbereinigt (deflationiert) entsprechend der Liste der UPC-Werte (3. Trimester 1975 vs. 3.Trimester 1970 = Koeffizient: 0,387; siehe Annex) ergibt sich für 1975 der Wert von Cr$ 16.931.198 !

5. Angriffe gegen die Politik der Administration Hage

5.1. Die Kampagne der größten Tageszeitung von Salvadorgegen den Präfekten Hage

Das war Anlaß genug für die Tageszeitung A TARDE, die als Organ der konservativsten Kreise der Stadt Salvador gilt, die erste Kampagne gegen den Präfekten zu beginnen (76). In einer Reihe von Leitartikeln zwischen dem 8. und 23. Januar 1976 polemisierte sie mit fragwürdigen Argumenten und populistischer Gebärde gegen die Erhöhung der Grundstückssteuer.

Unter den Schlagzeilen "Mißbrauch der Steuerhoheit", "Glückwunschkarte zu den Festtagen" (gemeint ist der Steuerbescheid, der gegen Jahresende versandt worden war; P.S.),"Die Ungesetzlichkeit der Wuchersteuern", "Der Steuerwahnsinn", "Armselige Verteidigung", "Hier ist sie am höchsten","Verträge am laufenden Band", "Das Maß verloren", "Die Kriterien der Ausplünderung" wurden soziale, juristische, urbanistische, administrative und ökonomische Argumente zusammengetragen:

> Der Präfekt nehme keine Rücksicht auf die Bevölkerung, die schon Sorgen wegen der Steigerung der Lebenshaltungskosten habe. Am meisten werde die Mittelschicht betroffen. Schon früher habe der Anteil der Steuerverweigerer ca. 30% betragen; dieser Anteil werde jetzt sicher noch weiter anwachsen, weswegen die Erhöhung nicht den gewünschten Effekt haben werde. Steuererhöhungen durchzusetzen sei nicht nur deshalb unnötig, weil schon genug Gebühren erhoben würden, sondern auch, weil die Kommune stets genügend Einnahmen erhalten habe und der vorhergehende Präfekt mit den disponiblen Ressourcen ein großes Volumen an Arbeiten und Dienstleistungen bewältigt habe.
>
> Wozu sollen die verdoppelten Einnahmen verwendet werden? Das sei unbekannt, weil nicht einmal ein Plan über nützliche Arbeiten vorläge. Bisher habe man sich auf die berühmten Bürger-

---

(76) Laut VEJA vom 30.3.1977, p.61 ("Salvador sem folclore") hatte sich auch der Direktor dieser Zeitung die Ernennung zum Präfekten erhofft.

steige (77) an den unmöglichsten Stellen beschränkt, welche die Physiognomie der Stadt zerstörten, Straßen abschnitten, den Verkehr störten und somit das Leben des "Mannes aus dem Volke" (homem do povo) erschwere. Dieser wolle keine höheren oder breiteren Bürgersteige, weil (sic!) er um das Essen auf dem Tisch, um den öffentlichen Transport, um die Schule für seine Kinder kämpfe, um Dinge also, die ihm wegen der Gebühren- und Steuererhöhungen schwerer zugänglich würden.

Durch die Höherbewertung der Grundstücke werde die Spekulation gefördert und das Auftragsvolumen des Baugewerbes eingeschränkt, weil die Bauunternehmen kein Interesse an der Errichtung von Wohnungen entsprechend der geringen Zahlungsfähigkeit der Mittelschicht hätten. Folglich werde die natürliche Sehnsucht jeder Familie nach einer Eigentumswohnung in weite Ferne gerückt.
Die Erhöhung der Grundsteuer treibe die Inflationsspirale an, weil die betroffenen Unternehmer, Handwerker oder Händler ihre Preise erhöhen müßten. Die Steuer werde also zweimal bezahlt: einmal direkt und einmal über die Preiserhöhung der Waren.
Endlich aber sei die Erhöhung auch ungesetzlich. Sie verletze nicht nur ein altes Steuerprinzip, nämlich den Steuerzahler nur im Rahmen seiner Möglichkeiten zu belasten, sondern stehe auch im Widerspruch zum Verbot (ein andermal heißt es "Empfehlung") des brasilianischen Rates für wirtschaftliche Entwicklung (CDE), Beiträge und Gebühren um mehr als 20% zu erhöhen.
Der "Trick", nicht den Hebesatz (alíquota), sondern die Einheitswerte per Dekret zu erhöhen, womit die Zustimmung der Stadtverordneten umgangen werden konnte, sei ein Betrug an der Verfassungsvorschrift, die eine Steuererhöhung ohne gesetzliche Grundlage verbiete (bezieht sich auf Art.19,I der brasilianischen Verfassung).
Im übrigen gebe es auch keine Handhabe für eine Erhöhung nach Art.153,1, da die dort als Voraussetzung festgelegten Bedingungen (Verbesserungen der Infrastruktur) nicht eingetreten seien.

---

(77) Daß in dieser Kampagne aus dem gesamten Arbeitsprogramm des ersten Jahres der Regierung Hage nur die Reparatur von Bürgersteigen und die Einrichtung von Gehflächen immer wieder erwähnt und kritisiert wurde, scheint u.E. daran zu liegen, daß zwei Gehflächen just vor dem Verlagshaus von A TARDE im Zentrum der Stadt errichtet wurden, wodurch einige Parkplätze entfielen (siehe nebenstehende Fotos).

Em São Caetano, as escadarias substitu fram os barrancos e as pirambeiras.

A rua Rapold Filho, em Sao Caetano, depois de pavimentada.

Praca Castro Alves vor und nach der Errichtung der Bürgersteige. Jeweils links im Bild das ehemalige Verlagsgebäude der Tageszeitung A TARDE. Quelle: Mensagem 1976:8

Es ist hier nicht der Ort, die Stichhaltigkeit der Argumente zu prüfen, die illustrativ wiedergegeben wurden - das wäre eher im Rahmen einer Arbeit über Journalismus am Platze.

Wesentlich ist, daß die Kampagne an einem Problembereich ansetzt, der für den Verlauf der nunmehr begonnenen Auseinandersetzung entscheidend ist, nämlich an der Frage der Kapitalverwertung im Boden- und Immobiliensektor. Zunächst hatte diese Kampagne keinen Erfolg. Die Klage einiger Bürger vor Gericht, die von der Zeitung mit beträchtlicher Aufmachung herausgestellt worden war, wurde abgewiesen, die Steuererhöhung war rechtens und das Echo der Bevölkerung auf die Zeitungskampagne mager.
Doch richtete sich die Aufmerksamkeit der Öffentlichkeit nun auf eine andere Auseinandersetzung, gleichsam an der entgegengesetzten Front:
Nun standen nicht konservative Grundbesitzergruppen gegen den Präfekten auf, sondern die ärmste Bevölkerung, die stets auf der Suche nach einem Platz zum Wohnen war und jede Gelegenheit ausnutzen mußte, um leerstehendes Land zu besetzen.

5.2. Der "Fall Marotinho"

Anfang März 1975 hatte die Besetzung eines Stückes Brachland in einer Bachsenke begonnen, die bis dahin von den Bewohnern der Nachbarschaft wegen der äußerst ungünstigen hygienischen Lage gemieden worden war. Denn der Bach führte die Fäkalien höhergelegener Siedlungen mit sich und stank entsprechend. Zudem stieg er bei heftigeren Regenfällen - im Tropengebiet keine Seltenheit - über das Ufer und setzte die Talsohle unter Wasser.
Die ersten 20 Hütten wurden folglich an den Abhängen der Senke errichtet, wobei eine andere Gefahr in Kauf genommen werden mußte, nämlich das Abrutschen des Hanges - was ebenfalls bei stärkeren Regenfällen häufig vorkam.
Allein schon diese Sachverhalte weisen darauf hin, wie verzweifelt die Suche der "Landbesetzer" nach einem Wohnplatz war. Trotz der Zerstörungen einiger halbfertiger Hütten durch Arbeiter der Stadtverwaltung - das Gelände ist Eigentum der Stadt - wuchs die Siedlung rasch an.
Anfang Juli 1975 erschienen drei Angestellte der Stadtverwaltung und sammelten unter dem Vorwand, die Besetzung "legalisieren", d.h., den Besetzern Eigentumstitel verleihen zu wollen, die Namen von mittlerweile 153 Haushaltsvorständen, die jedoch am 25.12.1975 im Diário Oficial, dem Amtsblatt, als die Adressaten für eine Vorladung vor Gericht veröffentlicht wurden, um sich wegen illega-

ler Aneignung eines Grundstückes der Kommune zu verantworten. Deshalb schrieben die Bewohner am 1. Januar 1976 dem Präfekten einen (offenen?) Brief folgenden Inhalts:

> "Wir benötigen dringend das Gelände, das wir besetzt haben. Wir wollen es nicht geschenkt bekommen, sondern sind bereit, es gemäß unseren finanziellen Möglichkeiten zu erwerben. Wir waren gezwungen, es zu besetzen, weil wir nicht in der Lage sind, die Mieten zu zahlen. Was wir verdienen, reicht nicht aus, um uns zu ernähren, geschweige denn, um eine Mietwohnung zu bezahlen. Die Lebenshaltungskosten steigen jeden Tag. Wir erleiden Hunger, um unsere Hütten hier bauen zu können, und nun werden wir davon bedroht, ohne Dach über dem Kopf zu bleiben und mit Frau und Kind auf der Straße zu liegen. Wir wissen, daß das Gesetz dem Munizip Recht gibt, aber wir glauben, daß der Mensch vor das Gesetz geht" (zit. nach CEAS,45(1976): 25).

Der Präfekt Hage beharrte jedoch in seiner Antwort darauf, der Landbesetzung ein Ende zu machen. Daraufhin beauftragten die Bewohner im Rahmen der kostenlosen Rechtshilfe (durch die Anwaltskammer) einen Rechtsanwalt, ihre Angelegenheit zu verteidigen, und trugen gleichzeitig ihr Problem an die Öffentlichkeit.

So nahmen sich im Januar und Februar 1976 die vier städtischen Tageszeitungen A TARDE, JORNAL DA BAHIA, TRIBUNA DA BAHIA und DIÁRIO DE NOTÍCIAS ausführlich des Problems an. Daß auch A TARDE, das Organ der Großgrundbesitzer, zugunsten der Landbesetzer Stellung bezog, kann angesichts der weiter oben dargestellten Auseinandersetzung mit dem Präfekten nicht verwundern. Es kann nicht ausgeschlossen werden, daß die weiter oben dargestellte Kampagne von A TARDE die Landbesetzer bestärkt hat, ihrerseits die öffentlichen Medien in Anspruch zu nehmen.
Anfang Februar erboten sich der Club der Ingenieure und das Institut der Architekten in einem offenen Brief an den Präfekten, an einer menschlichen Lösung dieses Falles mitzuarbeiten. Ebenso wiesen die Jurastudenten der staatlichen Universität (UFBa) darauf hin, daß eine Vertreibung von einem Gelände bloß die Besetzung eines anderen zur Folge haben müßte, solange keine echte Lösung des Problems herbeigeführt werde (TRIBUNA DA BAHIA vom 6.2.1976).

Am 13. Februar hatte der Anwalt der Bewohner in Anwesenheit von Pressevertretern eine Unterredung mit dem Präfekten. Dieser versicherte, sich des Problems der Familien bewußt zu sein, hielt aber weiterhin an seiner Entscheidung fest:

"...aus der Untersuchung (78) geht hervor, daß es sich um Familien handelt, die in gewissem Sinne in die Gesellschaft und das Produktionssystem integriert sind. Deshalb ist unsere Position gerecht/rechtens (justa), die denjenigen keine Vorzugsbehandlung gewährt, die mit Gewalt fremdes Land besetzen, um ihr Wohnungsproblem zu lösen, das, wie allen bekannt ist, nicht nur 200 oder 300, sondern Tausende von Familien betrifft. Wenn wir erlauben würden, daß diese Familien, die das Land besetzt haben, bleiben, würden wir den übrigen Tausenden Unrecht tun, die sich in derselben oder gar in einer schlimmeren wirtschaftlichen Situation befinden!"
(JORNAL DA BAHIA vom 14.2.76; zit.in CEAS,45(1976):27).

Angesichts dieser intransigenten Haltung versuchten die Landbesetzer, weitere Unterstützung zu mobilisieren, indem sie den Gouverneur aufsuchten, der sich jedoch weigerte, sie zu empfangen. Der Kardinal von Bahia - höchster katholischer Würdenträger Brasiliens - versprach wenigstens, sich mit dem Präfekten in Verbindung zu setzen.

Am 4. März erschienen 50 bewaffnete Polizisten und 100 Arbeiter der Stadtverwaltung mit 14 Lkw, um die Habseligkeiten der Bewohner an einen Ort ihrer Wahl zu bringen. Unter den Besetzern befanden sich an jenem Tag

- die katholischen Priester der Pfarrei, in deren Gebiet die Talsenke "Baixa do Marotinho" liegt;
- der Abt von São Bento, dem mächtigen Benediktinerkloster, das Eigentümerin von beträchtlichen Teilen der teuersten Stadtviertel Salvadors ist;
- die Präsidenten des Instituts der Architekten (IAB) und des Vereins der Ingenieure (Clube de Engenharia);
- Reporter der lokalen Rundfunkstationen und der lokalen sowie nationalen Presse;
- einige Stadtverordnete der Oppositionspartei MDB;
- der Anwalt der Besetzer sowie
- viele Bewohner benachbarter Stadtviertel.

---

(78) Für die Bewohner war eine Untersuchung angefertigt worden, welche die Bedürftigkeit der Besetzer nachweisen wollte. Aus der Untersuchung ging hervor, daß 70% der Haushaltsvorstände eine feste Lohnarbeit hatten, aber auch, daß 55% nur bis zu einem Salário Mínimo und weitere 32% zwischen 1 und 2 SM verdienten (zur Zeit der Untersuchung betrug 1 SM = Cr$ 417,00 (Romero, 1977). Vom 21.1. - 10.2. 1976 kostete 1 US$ 9,245 Cr$.

Offensichtlich hatte die Stadtverwaltung nicht mit einer solch breiten Öffentlichkeit gerechnet und deshalb keinen gerichtlichen Räumungsbefehl anfertigen lassen. Daraufhin weigerte sich auch der Polizeimajor, den Befehl zur Zerstörung der Siedlung zu geben, weswegen die geplante Aktion auf den nächsten Tag verlegt wurde. Am Freitag, dem 5. März 1976 wurde die Siedlung schließlich zerstört.

Am folgenden Montag ließ der Gouverneur bekanntgeben, daß er bereit sei, 150 Parzellen für die Obdachlosen zur Verfügung zu stellen, ein Angebot, das unter dem Druck der organisierten Initiative der 300 Familien schließlich auf 256 Parzellen erweitert wurde. Somit wurde der Konflikt beigelegt und hatte zunächst keine weiteren sichtbaren Folgen.

An dem Vorgehen des Gouverneurs aber wurde zweierlei deutlich:

Erstens, daß er es angesichts der entstandenen breiten Öffentlichkeit einerseits und der im November desselben Jahres stattfindenden Landtagswahlen andererseits für ratsam hielt, in letzter Minute den "Allgemeinwohlcharakter" des Staates bzw. den "Volkscharakter" seiner Partei, der ARENA, herauszustellen;

zweitens, daß hinsichtlich der politischen Strategie Differenzen zwischen dem Gouverneur und dem Präfekten aufbrachen.

6. Bodenpolitik als Voraussetzung für Stadtplanung

6.1. Die Empfehlungen der Untersuchungskommission hinsichtlich des Bodenbesitzes der Stadt Salvador

Durch Dekret 4.808 vom 27.8.1975 war eine Kommission gegründet worden, welche spezifische Kriterien für die Kontrolle, Verwaltung und Aufsicht über den Grundbesitz der Stadt entwickeln sollte. Vor allem aber sollte diese Kommission "in Übereinstimmung mit den Richtlinien der städtischen Ausweitung und Erneuerung, die in den technischen Abteilungen der Stadtverwaltung ausgearbeitet werden, solche Flächen auswählen, die geschützt (d.h., von der Stadt nicht verkauft werden dürfen; P.S.) oder enteignet werden müssen" (Art. 2c).

Im Mai 1976 legte diese Kommission ihren Bericht mit Empfehlungen hinsichtlich einer städtischen Bodenpolitik vor.

Aufgegliedert in die drei Abschnitte
a) Revision des Umganges mit Grundstücken der Stadt;
b) Maßnahmen zur Kontrolle, Verwaltung und Aufsicht über die Liegenschaften;
c) Bestimmung und Nutzung der eigenen Grundstücke,

nahm der erste Themenkreis den größten Raum ein.

Zunächst war schon die Auflistung der stadteigenen Grundstücke ein schwieriges Unterfangen, da es in Salvador nur Fragmente von Katasterunterlagen gab. Bei einem großen Brand, der das Liegenschaftsamt vollständig in Asche legte, ging der größte Teil der Unterlagen über die Grundstücksbesitzverhältnisse verloren (79).

Die oben genannte Kommission hatte eine Rekonstruktion der Unterlagen in Angriff genommen, indem sie sich zum einen auf die Gesuche von Interessierten stützte, die städtischen Boden kaufen wollten und zu diesem Zweck ihre Anträge an eine Abteilung des Liegenschaftsamtes gerichtet hatten, die durch den Brand nicht zu Schaden gekommen war; zum anderen mußte die Kommission auf die Erinnerungen von langjährigen Mitarbeitern des Liegenschaftsamtes zurückgreifen!

Die Rekonstruktion ergab, daß am 31. März 1976 nur noch 12,06% der gesamten Stadtfläche, nämlich 3.909,99 ha, Eigentum der Kommune waren, das allerdings zu 83,3% verpachtet, also nicht unmittelbar disponibel war.
In dem Bericht der Kommission wird festgestellt, daß

"a) die Zurückhaltung von städtischen Grundstücken durch die Kommune von größter Wichtigkeit für eine Politik der Stadtausdehnung ist;
b) die Verwaltung (gestão) dieser Flächen durch das Liegenschaftsamt im Laufe der Zeit hinsichtlich der Anzahl und des Umfangs der Grundstücke zu schwerwiegenden Nachteilen verwaltungstechnischer, politischer und sozialer Art geführt hat;
c) die Modernisierung der Stadtverwaltung und die Einrichtung einer nationalen Stadtentwicklungspolitik die Verwendung neuer Instrumente und Handlungsabläufe durch den öffentlichen Sektor erfordert;

---

(79) Im Zusammenhang mit diesem Brand wird das Gerücht kolportiert, daß er von interessierter (Regierungs-)Seite gelegt worden sei.

d) der Umstand, metropolitaner Bereich zu sein, für Salvador ein explosives demographisches Wachstum bedeutet, das städtische Probleme zur Folge hat, die seitens der Stadtverwaltung eine größere Flexibilität und Dynamik bei ihren Eingriffen nötig machen" (OCEPLAN, 1976d:3-4).

Die Kommission empfahl, die noch vorhandenen stadteigenen Grundstücke nicht weiterhin zu Subventionspreisen gegen Bargeld zu verkaufen, sondern stattdessen die Grundstücke zu behalten oder sie gegebenenfalls gegen ein Privatgrundstück zu tauschen. Jedoch sollten solche Flächen verkauft werden, die geringer sind als die im Stadtbaugesetz (Código de Urbanismo) festgelegte Norm von 360 qm für eine Parzelle, da der Verwaltungsaufwand für sie in keinem Verhältnis zum Nutzen stehe.
Eine solche Politik der Besitzwahrung müsse durch organisatorische und gesetzgeberische Änderungen abgerundet werden, indem u.a. die interne Aufgliederung des Liegenschaftsamtes in einer Weise reorganisiert werde, daß eine größere Spezialisierung und Rationalität bei ihren Aufgaben stattfinde und die Abteilung für Aufsicht gestärkt werde.

Ein weiterer konkreter Schritt zur Durchführung eines Stadtordnungsprogrammes war das Gesetz 2.826/13.9.1976, das auf eine Reihe anderer Gesetze und Dekrete der vorangegangenen Stadtregierung unter Cleriston Andrade zurückgreifen konnte (80), aber zum ersten Mal Sanktionen bei Zuwiderhandlungen gegen den Schutz von Grünflächen u.ä. detailliert festlegte und die entsprechenden Aufsichtsorgane und Handlungsanweisungen bzw. Kompetenzen innerhalb der Verwaltung definierte.
Eben diese letzteren Maßnahmen - nämlich zu bestimmen, welche Verwaltungsabteilung gegen welche Vorgehen Sanktionen verhängen m u ß , bildeten die größte Gefahr für Interessengruppen, die bisher stets gegen Einschränkungen durch Bauverordnungen etc. verstoßen konnten, weil die Kompetenzen für Aufsicht und Sanktionen b e w u ß t unklar gehalten worden waren.

Die Regierung Hage war offensichtlich der Ausdruck einer politischen Konjunktur, in der es aufgrund des hohen Problemdruckes in der Stadt Salvador (aber ebenso in den übrigen brasilianischen

---

(80) Gesetz (Lei) 2.321/30.6.71; 2.403/23.8.72; 2.594/ 4.10.73; Verordnungen (Decretos) 4.524/1.11.73; 4.551/23.11.73; 4.756/13.3.75.

Städten) einerseits und einer nationalen Diskussion über städtische Probleme andererseits für kurze Zeit möglich war, längst schon vorhandene städteplanerische Gesetze und andere Regulierungen zu konkretisieren und v e r b i n d l i c h zu machen, d.h., tatsächlich durchzusetzen.

Theoreme, welche die Korruption im Verwaltungsapparat als Ursache für das Scheitern von Stadtentwicklungsplänen betrachten und als Handlungsanweisung empfehlen, die Korruption einfach zu beseitigen, sind völlig illusorisch, weil sie nicht die Funktionalität blockierender Verwaltungsstrukturen für gewisse Interessengruppen erkennen - anscheinend deshalb nicht, weil sie von der Vorstellung einer im Prinzip harmonischen Gesellschaft und eines neutralen, von allen Gruppen geteilten Interesses an Planung ausgehen.

6.2. Das Projekt Pituba

Durch das Dekret 5.065 vom 30.11.1976 wurde die "homogene Zone Pituba" eingerichtet.
Eine "homogene Zone" sollte die Funktion annehmen, "für einige Zeit die Nachfrage des Immobiliensektors zu absorbieren und vorweg schon (vor der Erstellung eines Globalplanes; P.S.) eine Fläche für die Entwicklung und Lokalisierung bedeutender wirtschaftlicher Tätigkeiten anzubieten, die im Einklang mit den schon entwickelten Grundzügen des Stadtentwicklungsplanes PLANDURB steht" (OCEPLAN, 1976e:4).
Zu diesem Zweck müsse sie folgende Bedingungen erfüllen:

"1. Ein bedeutendes Volumen an disponiblen Bauflächen bieten;
2. an das bestehende Straßennetz angeschlossen sein, um den Bau neuer Straßen zu ersparen;
3. keine Verpflichtungen größerer Art gegenüber der Stadtgeschichte zu haben, das heißt, gegenüber ihrer entfernteren oder jüngeren Geschichte und der daraus resultierenden städtischen Physiognomie;
4. Merkmale besitzen, die es ermöglichen, den Wünschen unterschiedlicher sozialer Schichten innerhalb der Bevölkerung mit dem höchsten Nachfragestandard entgegenzukommen;
5. eine Bodenbesitzstruktur aufweisen, die weder exzessiv parzelliert noch monopolisiert ist"
(OCEPLAN, 1976e:5).

Der Stadtteil Pituba erfülle alle diese Vorausetzungen, denn das gesamte Gebiet von 668,2 ha ist nur zur Hälfte (300 ha) schon bebaut oder benutzt, wovon 54% Wohnflächen, 37,5% Erholungs-, Parkplatz- und Schulflächen sowie 7,7% Gewerbeflächen (Tertiärsektor) sind.
Die Situation erlaube es einerseits, noch umfassende planerische Maßnahmen bezüglich der freien Flächen von 367,7 ha zu ergreifen, und andererseits, diese Zone als reines Wohngebiet auszuweisen. Der große Anteil an Erholungsflächen (79 ha = 11,86% der gesamten Stadtteilfläche, bedingt vor allem durch den Stadtpark; P.S.) erlaube eine hohe "Verdichtung" des Wohngebietes, das heißt, den Bau von Wohnhochhäusern.

Unter Berücksichtigung des sozio-ökonomischen Status der in Pituba lebenden Bevölkerung (Mittel-/Oberschicht) und ihrer Anforderungen an die Qualität der Wohnungen und der Wohnlage wurde eine mögliche Erweiterung der Wohnbevölkerung um 157.767 Einwohner berechnet, das heißt, von 22.975 im Jahre 1976 auf 180.742.
Als begleitende Maßnahmen zur Absicherung des Projekts Pituba wurden gesetzgeberische und fiskalische Änderungen vorgeschlagen, welche die vorhandenen Stadtbaugesetze wirksamer machen sollten.

Unter anderem wurde gefordert:
- eine progressive Grundsteuer, um Grundbesitzer zu zwingen, ihre unbebauten Flächen "auf den Markt zu werfen" und damit das Angebot an Bauland zu erhöhen (und die Bodenpreise zu senken, was in dem Entwurf nicht explizit gesagt wird (81);
- im Falle der Unwirksamkeit der Steuermaßnahme die brachliegenden Flächen zu enteignen, um ihre Bebauung in einer derart gut mit Infrastrukturen ausgestatteten Zone zu ermöglichen;
- verstärkte Aufsicht über die Einhaltung der in den Parzellierungverträgen mit der Stadt festgelegten Bedingungen (Freiflächen für Schulen und Straßen, Einhaltung der vorgelegten Pläne und Fristen etc.);

---

(81) Entgegen der vorherrschenden Lehre der bürgerlichen Bodentheorie muß darauf hingewiesen werden, daß Baulandpreise durch eine Erhöhung des Angebots in der Regel nicht gesenkt werden, da die geringe Variationsbreite des Angebots den Sondercharakter des Bodens als nicht vermehrbare Ware nicht sprengt (siehe Annex, Bodenpreise).

Tabelle 14

EIGENTÜMER DER UNBEBAUTEN GRUNDSTÜCKE IM STADTTEIL PITUBA (1976)

GRUND-STÜCKE	FLÄCHE (qm)	E I G E N T Ü M E R	B e m e r k u n g e n
1	1.184.840	EMPROL	Parzellierungsprojekt wird geprüft
2	28.800	Afonso Habib	
3	188.000	Paes Mendonça S/A	
4	84.000	União Espírita da Bahia	Parzelliert ("Pque. Sto. Antônio")
5	36.102	União Espírita da Bahia	
6	82.800	Eliezer José Vicente	Parzelliert ("Pque São Vicente")
7	221.760	Nacional Empreendimentos Imobiliários	(Iguatemí)
8	549.980	Const. Norberto Odebrecht	Parzelliert ("Caminho das Árvores")
9	123.500	Cia. Agrícola Contendas	
10	183.500	Góes Cohabita	(Joquei)
11	212.720	Petrônio Ramos de Araujo	Parzelliert ("Aquarius")
12	6.500	Cia. Agrícola Contendas	
13	132.000	Empresa de Correios e Telegrafos	
14	621.000	Joventino Silva	
15	6.200		Rest des Grundstücks der Schule "J. Silva"
	3.661.702 qm		

Quelle: OCEPLAN, 1976a:16, Tab.2

- bei neuen Parzellierungsverträgen die Bedingung zu stellen, Flächen auch für Dienstleistungsbetriebe für die benachbarte Wohnbevölkerung bereitzustellen;
- angesichts des hohen Einkommensniveaus der Wohnbevölkerung von Pituba bei öffentlichen Arbeiten den "Beitrag zur Verbesserung" geltend zu machen und von den Anliegern zu kassieren.

Unter politischen Gesichtspunkten hat die Einrichtung der "Homogenen Zone von Pituba" keineswegs zu einer Befriedung des Bau- und Immobiliensektors geführt ("...Nachfrage des Immobiliensektors zu absorbieren..."; s. Zitat S. 159), sondern vielmehr zu einer Verschärfung des Konkurrenzkampfes i n n e r h a l b dieser Branche, indem sie der größten und fünftgrößten bahianischen Bau- bzw. Immobilienfirma (Norberto Odebrecht S/A und Góes Cohabita Construções S/A) durch günstige Bebauungspläne ("Verdichtung" des bietes) Wettbewerbsvorteile einräumte; denn diese beiden Unternehmen waren zwei der 15 Eigentümer der noch bebaubaren Fläche von Pituba (siehe Tabelle 14).

7. Die Kampagne zur Absetzung des Präfekten Hage

In der bahianischen Öffentlichkeit wurde die Auseinandersetzung mit der größten Tageszeitung Bahias, A TARDE, als die Ursache für die Absetzung des Präfekten Hage angenommen.
Auch die Erklärung des Präfekten selbst in einer Pressekonferenz am Abend der Absetzung (29.03.1977) legte diese Interpretation nahe. Er hege nicht den geringsten Zweifel, daß er noch Präfekt wäre, wenn er nicht die Dokumente habe veröffentlichen lassen, die beweisen, daß sich das Zeitungsunternehmen seit fünf Jahren weigere, die Grundsteuer zu entrichten (TRIBUNA DA BAHIA, 30.03.1977, p.2) (82).
Allerdings nannte Hage in derselben Pressekonferenz die Momente, deretwegen auf seine Regierung der größte Druck ausgeübt worden sei:

---

(82) Am 19.03.1977 hatte die Präfektur in der Konkurrenzzeitung TRIBUNA DA BAHIA Faksimiles von Steuerunterlagen veröffentlichen lassen, die nachweisen, daß der Herausgeber der Zeitung A TARDE seit 1971 für das Stammhaus im Stadtzentrum und einige kleinere Büros keine Grundsteuer entrichtet hatte. Am 12.04.1976 belief sich die Schuld auf Cr$ 284.202,58 (ca. DM 84.333,10 entsprechend dem Wechselkurs vom Nov. 1975; siehe Annex, Wechselkurse).

- die Frage der Grundsteuer
- die verstärkte Kontrolle der Baubranche
- das Dekret zur Enteignung eines Teils der Küste
- das Dekret über die homogene Zone Pituba
- die Warnung vor der Ausuferung der Stadt

Angesichts eines Vergleichs dieser Motive - auf der einen Seite der aktuelle Streit mit A TARDE um die zu entrichtende Grundsteuer, auf der anderen Seite die globaleren politischen Optionen - ist anzunehmen, daß der Streit mit A TARDE nur noch "der letzte Tropfen war, der das Faß zum Überlaufen brachte".

KAPITEL IV
HYPOTHETISCHE ÜBERLEGUNGEN ZU DEM BESCHRIEBENEN FALL

Der Verlauf der bloß zweijährigen Amtszeit des Präfekten Hage untermauert unsere Hypothese, daß Stadtentwicklungsplanung nicht in erster Linie an mangelndem know-how der Planer oder an administrativen Widerständen gegen ihre Implementierung scheitert.
Nicht planungs- oder verwaltungs t e c h n i s c h e Faktoren waren im dargestellten Fall von entscheidender Bedeutung, sondern politisch-ökonomische Einflußgrößen.
Daß durch die Absetzung des Präfekten und seiner Dezernenten die Stadtentwicklungsplanung mit voller Absicht verhindert wurde, ist nicht verständlich, solange sie als ein neutrales und rationales Instrument zum Vorteil a l l e r gesellschaftlichen Gruppierungen mißverstanden wird (83) oder als eine gleichsam automatische Folge der "Komplexität", die "ein besonderes Merkmal der gegenwärtigen Veränderungen in der Lebensgestaltung des Einzelnen und der Gesellschaft" (Städtetag, 1972:480) sei.

Ebensowenig wie es in einer antagonistischen Gesellschaft gemeinsame Interessen aller Mitglieder geben kann, gibt es "allgemeine Zielvorstellungen", über die ein Konsens herbeigeführt werden könnte.
Das gilt nicht nur hinsichtlich der beiden wesentlichen Elemente in der widersprüchlichen kapitalistischen Gesellschaftsstruktur,

---

(83) "Richtige Ziele plus richtige Programme = bessere Zukunft"; Jan Formanek, "Kann Stadtentwicklung über die Zukunft entscheiden?",in: STRUCTUR, 11(1975):244-246.

nämlich "Arbeit" und "Kapital", sondern auch innerhalb der Kapitalseite, also innerhalb des herrschenden Blockes selbst (84).

Insofern sie das Kapital als einheitlichen Interessenblock betrachten, sind auch solche Planungstheorien nicht stichhaltig, die den Bedarf an Stadtentwicklungsplanung durch das Interesse "des" Kapitals an langfristig stabilen Bedingungen für die Kapitalverwertung erklären. Vielmehr sind verschiedene Kapitalgruppen zu unterscheiden und deren jeweilige Interessen an Stadtentwicklungsplanung zu bestimmen.
Auf der Kapitalseite müssen wir mindestens drei Gruppierungen unterscheiden, die Interessen hinsichtlich der Bodennutzung haben und beträchtlichen Druck auf den Staatsapparat (der als vierte Interessengruppe mit dem Interesse "an sich selbst", das heißt, an der Aufrechterhaltung seiner Organisationsleistungen, ins Spiel käme; vgl. Offe, 1975:13 et passim) ausüben können:

a) die städtischen Großgrundbesitzer,
b) die Immobilien- und Baufirmen und
c) das Industriekapital.

Diese strukturelle Unterscheidung, nämlich hinsichtlich der Funktionen im Kapitalverwertungsprozeß (85), wird nicht von dem Sachverhalt berührt, daß sich eine Funktionsgruppe in eine andere integrieren kann, etwa indem sich Großgrundbesitzer zunehmend mit eigenen Grundstücken in Immobilienfirmen einkaufen oder selber solche Firmen gründen.
Genausowenig hebt die Identität von Grundeigentümern und Pächtern, wie sie heute bei städtischem Grundbesitz die Regel ist, den Unterschied zwischen Grundrente einerseits und Profit und Zins andererseits auf (vgl. Behnke et al., 1975:26).

---

(84) In einem allgemeinen Sinne. Die Identifizierung der Kapitalherrschaft mit der politischen Herrschaft ist bekanntlich nicht geradlinig möglich. Auf die internen Widersprüche innerhalb einer Klasse macht z.B. Offe, 1975:76-77 aufmerksam.

(85) In Anlehnung an Massey/Catalano (1978:64-67), die folgende Unterscheidungen für den englischen Grundbesitz treffen: "Former landed property" adapted to the conditions of the capitalist mode of production, but not a "purely capitalist" form; "financial landownership", operates completely within capitalist terms: land is just another sector to invest in; "industrial landownership", not really landownership as such: land is owned because it is a condition of production.

Prinzipiell n i c h t an einer Planung der Stadtentwicklung im umfassenden Sinne interessiert sind die Eigentümer solcher städtischer Grundflächen, die sie einerseits nicht für den eigenen Gebrauch benutzen (darauf wohnen oder Produktionsstätten errichten), sondern als puren Tauschwert verwahren, um sie unter günstigen Umständen zum höchstmöglichen Preis zu veräußern, sie andererseits aber nicht unmittelbar zum Zweck der Kapitalakkumulation einsetzen können wie etwa Immobilienfirmen oder Makler, die Land kaufen, um es teurer weiterzuverkaufen.

Diese Grundbesitzer sind also an diejenigen Flächen f i x i e r t , deren Eigentum sie zufällig erworben haben - sei es durch Erbschaft, sei es durch die Geltendmachung des Resgate, durch das die Erbpacht in Privateigentum umgewandelt wird (s.o.S.76).
Zur Verwertung ihres Grundbesitzes bedürfen die Grundeigentümer nur günstiger l o k a l e r , also räumlich eng an ihren Grundbesitz gebundener Bedingungen, deren Nutzeffekte in weit geringerem Maße als bei den Voraussetzungen für die Verwertung des Industriekapitals teilbar sind. Sie haben also keine oder nur unerhebliche "konsensfähige Wünsche" (Grauhan/Lindner, 1974:87) hinsichtlich einer städtischen Globalordnung.
Wegen ihrer räumlichen Fixiertheit können städtische Großgrundbesitzer keinerlei Interesse an einer Stadtentwicklungsplanung haben. Denn Planung als die Festlegung von zukünftigen Entscheidungen könnte an den eigenen Besitztümern vorbeiplanen und z.B. eine Straße dort errichten, wo sie zur Wertsteigerung des e i g e n e n Grund und Bodens nichts beiträgt.
Eine n i c h t durch Planung festgelegte städtebauliche Entwicklung bietet solchen Grundbesitzern erfahrungsgemäß mehr Möglichkeiten, bei der Stadtverwaltung von Fall zu Fall Investitionsentscheidungen zu ihren eigenen Gunsten durchzusetzen.

Immobilien- und Maklerfirmen werden dagegen durch eine globale Stadtentwicklungsplanung nicht p r i n z i p i e l l berührt, da sie Boden als pure Ware behandeln und deshalb hinsichtlich seiner Beschaffung und Weiterveräußerung flexibel sind. Aber selbstverständlich wird ihre Profitrate durch die i n h a l t l i c h e Ausprägung eines globalen Stadtentwicklungsplanes beeinflußt.
Tendenziell gegen die Großgrundbesitzer eingestellt, die "zu hohe"

Bodenpreise verlangen (86) und damit den eigenen Gewinn beschneiden, können sie unter Umständen Bündnispartner der Großgrundbesitzer werden, um einen bestimmten Plan und seine Implementierung abzublocken.

Industriekapitalisten schließlich sind auf eine Reihe von Bedingungen für die Verwertung ihres Kapitals angewiesen, die außerhalb ihres eigenen Produktionsbereiches liegen (sowohl geographisch als auch strukturell). Sie brauchen zur Produktion und zum gewinnbringenden Verkauf ihrer Waren ein funktionierendes Verkehrs- und Kommunikationsnetz, ein Bank- und Finanzsystem, ausgebildete Arbeitskräfte usw., kurz, ein komplexes Netz von Marktbeziehungen, dessen Elemente teilbar sind. Folglich ist vom Industrie- und Handelskapital am ehesten ein organisierter Druck zugunsten der geplanten Erstellung von Infrastrukturen zu erwarten.
Das heißt, der Grad, in dem Stadtentwicklungsplanung tatsächlich durchgeführt wird, ist gleichzeitig ein Gradmesser für die ökonomische und politische Stärke der Industriekapital-Fraktion innerhalb der städtischen politischen Arena.
Wo dagegen keine Stadtentwicklungsplanung realisiert wird, muß davon ausgegangen werden, daß dort die Großgrundbesitzer noch die politisch und ökonomisch vorherrschende Klasse bilden.
Die Kommunalverwaltung wird in ihrem Handlungsspielraum stark durch die übergeordnete Staatsverwaltung eingeschränkt (87). Aber sie übt weiterhin die Kontrolle über den Boden und seine Nutzung aus, über denjenigen Faktor für den Produktionsprozeß also, der als einziger räumlich fixiert ist.
Infolgedessen ist der Einfluß auf die Stadtverwaltung von größter Bedeutung für alle gesellschaftlichen Gruppierungen, die von Bo-

---

(86) Siehe Brief der ADEMI, Seite 118 und Gespräch der Immoblienmakler, Seite 181/182.

(87) Vergleichbar zur Situation in der BRD; siehe z.B. Adalbert Evers, 1973:22:
"Bedeutung und auch Zunahme des kommunalen Mittelanteils (...) zeigen (...), daß die kommunale Selbstverwaltung (...) längst ihre Basis verloren hatte".

Vgl. auch Krämer et al., Gemeindehaushalt und Konjunktur. Opladen 1965.

dennutzungsvorschriften in der einen oder anderen Weise betroffen werden.
Faktisch ist das bei allen in der Stadt lebenden Gruppierungen der Fall, aber die Organisationsfähigkeit hinsichtlich einer Einflußnahme zugunsten ihres eigenen partikularen Interesses ist in Salvador bei der kleinen Gruppe der Großgrundbesitzer offensichtlich am besten entwickelt. Mit anderen Worten: sie kann unter den Umständen, wie sie zur Zeit in Salvador herrschen, den wirksamsten Einfluß auf die Stadtpolitik nehmen.

Aber w a r u m kann sie das?

Wie war es möglich, daß eine relativ kleine Grundbesitzergruppierung den Präfekten und seinen Stadtentwicklungsplan stürzen konnte?
Welche Ressourcen hatte sie in der Hand, mit denen sie Sanktionen ausüben konnte, und gegen wen wurden sie angedroht? Aufgrund welcher Eigenschaft kann Grundbesitz als Machtressource ("any attribute, circumstance, or possession that increases the ability of its holder to influence a person or group" <Rogers, 1974:1480>) wirken? (88)

Bei einem Industrieunternehmer ist eine Fabrik als Machtmittel plausibel. Er kann einer Stadtverwaltung unter Umständen damit drohen, das Unternehmen zu schließen oder zu verlegen, d.h., Arbeitsplätze in der Stadt zu reduzieren und damit Steuern zu entziehen oder gar evtl. eine politische Destabilisierung zu ermöglichen, wenn seine ökonomischen Interessen nicht berücksichtigt werden.

Aber welche Sanktionsmittel haben Großgrundbesitzer?

---

(88) In einer Untersuchung von Siewert (1979:162, Tab.14) über Reutlingen wird die Ressource Grund/Boden hinsichtlich ihrer Effektivität bei der Beeinflussung kommunaler Angelegenheiten auf den letzten Rang verwiesen. Ebenso bei Laumann/Pappi in ihrer Untersuchung über Altneustadt (1976: 202; zit. in Siewert 1979, p.163).
Der hier gestellten Frage nach der Ursache für die Wirkungskraft einer Ressource wird in solchen community-power-Studien allerdings nicht nachgegangen.

Im folgenden sollen zunächst die "strukturelle" Sanktionsmöglichkeit hypothetisch dargestellt werden, welche die Basis für andere Weisen der Druckausübung bildet. Die Frage müßte also lauten: Was verleiht den Großgrundbesitzer q u a Grundeigentümern politische Macht, wo doch der Grundbesitz oder die Grundrente für die Erzeugung und Aneignung von Mehrwert nicht "technisch" notwendig ist wie etwa das Handels- oder eben Industriekapital? (Massey/ Catalano, 1980:38)

Die Macht der Grundbesitzer liegt nicht in ihrer Monopolstellung über den Boden (89) begründet, die durch Enteignung gebrochen werden könnte, sondern darin, daß die Enteignung einer Klasse von Privateigentümern den ideologischen Grundpfeiler der gesamten herrschenden Produktionsweise zerstören würde - also auch die Grundlage derjenigen Klassen, zu deren Gunsten die Enteignungen betrieben würden, der Industrie- und Finanzkapitalisten:

> "Die kapitalistische Produktionsweise vorausgesetzt,ist der Kapitalist nicht nur ein notwendiger Funktionär, sondern der herrschende Funktionär der Produktion. Dagegen ist der Grundeigentümer in dieser Produktionsweise ganz überflüssig.
> (...) Der radikale Bourgeois (besides with an eye to the supression of all other taxes) geht daher theoretisch zur Leugnung des privaten Grundeigentums fort, das er in der Form des Staatseigentums zum common property der Bourgeoisklasse, des Kapitals, machen möchte.
> In der Praxis fehlt jedoch die Courage, da der Angriff auf eine Eigentumsform - eine Form des Privateigentums an Arbeits-

---

(89) Die Monopolstellung ist nicht Ursache für die H ö h e der Bodenpreise, die durch die Nutzungsmöglichkeiten des Bodens bestimmt wird. Bodenbesitzer können keineswegs jeglichen Preis für ihren Besitz verlangen. Er kann im Durchschnitt nur so hoch sein, daß dem Bodenkäufer die allgemeine durchschnittliche Profitrate bei der Verwertung des Bodens gewährleistet bleibt.

bedingungen - sehr bedenklich für die andere Form würde" (MEW 26,2:39) (90).

Unter der Voraussetzung der allgemeinen Eigentumsgarantie haben aber die Großgrundbesitzer durchaus strukturelle Sanktionsmöglichkeiten:

Sie könnten - eben weil ihr Anteil am städtischen Grund und Boden sehr hoch ist - damit drohen, den Boden zurückzuhalten, das heißt, die wesentlichste Produktionsvoraussetzung für die Immobilienindustrie zu beschneiden und dadurch bei ihr die Kapitalakkumulation zu gefährden, was weitreichende Folgen für die gesamte ökonomische und politische Struktur in Salvador hätte.

Zwar ist fraglich, ob sich eine gemeinsame Rückhaltung von Boden durchsetzen ließe, denn immerhin verkaufen die Grundeigentümer ihre Böden nicht aus Menschenliebe zur Immobilienbranche, sondern weil sie "aus purer Eigenliebe" (siehe Zitat S.181) die kapitalistische Grundrente einstreichen wollen, die ja ohne Gebrauchswerte auf ihren Grundstücken - also ohne Gebäude - in der Regel nicht realisiert werden kann (man kann nicht aus allen Freiflächen gebührenpflichtige Parkplätze machen...).

Gleichwohl liegt die s t r u k t u r e l l e Sanktionsmacht der Grundeigentümer - also die Macht q u a Grundeigentümer - ausschließlich in dieser Möglichkeit zur Vorenthaltung der Produktionsvoraussetzung für die Immobilienbranche, die in der Tat schon unter den aktuellen Voraussetzungen über den Mangel an Baugrundstücken klagt ("exzessive Konkurrenz"; siehe unten S. 181).

Betrachtet man die Bodenstruktur in Salvador, dann rückt angesichts der extrem hohen Konzentration an Land in den Händen einer kleinen Gruppe von Personen oder Familien diese Hypothese stärker in den Bereich des Möglichen.

Zur Bodenstruktur in Salvador liegt eine Auflistung von unbebauten und bebauten Grundstücken vor (siehe Tab.15 u. 16). Allerdings sind diese Statistiken nicht vollständig, denn während das Munizip Salvador eine Grundfläche von 324 Mio.qm umfaßt, waren nur 123,6 Mio.qm (1973) bzw. 166,4 Mio.qm (1977) registriert.

---

(90) Enteignungen in Einzelfällen sind dagegen legitimierbar. Vgl. Massey/Catalano, 1978:173 :
"...the Government proposals limited public ownership to development land. Thus, the intervention was not with privat landownership as a whole, and certainly not with private landownership as a concept of power".

Vgl. auch A. Evers, 1973:32, Anm.121.

Tabelle 15
BODENBESITZVERTEILUNG IN SALVADOR. UNBEBAUTE GRUNDSTÜCKE.

1973

Größenklasse (qm)	Anzahl	%	Gesamte Fläche (qm)	%	Mittlere Fläche (qm)
0 - 499	13.999	63,41	3.863.795	4,43	276
500 - 999	4.460	20,20	3.035.590	3,48	680
1.000 - 4.999	2.766	12,53	4.767.801	5,47	1.723
5.000 - 9.999	270	1,22	1.846.674	2,12	6.839
10.000 - 49.999	352	1,59	7.807.736	8,96	22.181
50.000 - 99.999	82	0,37	5.692.234	6,53	69.417
100.000 und mehr	145	0,68	60.074.443	69,01	414.306
Gesamtheit	22.074	100,00	87.088.273	100,00	3.945

1977

Größenklasse (qm)	Anzahl	%	Gesamte Fläche (qm)	%	Mittlere Fläche (qm)
0 - 499	17.632	61,24	4.932.999	4,02	279
500 - 999	6.025	20,92	4.085.897	3,33	678
1.000 - 4.999	3.823	13,27	6.429.095	5,24	1.681
5.000 - 9.999	379	1,31	2.647.155	2,15	6.984
10.000 - 49.999	618	2,14	13.814.848	11,26	22.354
50.000 - 99.999	135	0,46	9.371.543	7,63	69.418
100.000 und mehr	177	0,66	81.404.506	66,37	459.912
Gesamtheit	28.789	100,00	122.686.043	100,00	4.261

Quelle: CPE, Salvador. 1977. Unveröffentlichte Daten.

Tabelle 16
BODENBESITZVERTEILUNG IN SALVADOR. GRUNDSTÜCKE MIT GEBÄUDEN BIS ZU ZWEI STOCKWERKEN

1973

			Unbebauter Flächenanteil			Bebauter Flächenanteil		
Größenklasse (qm)	Anzahl	%	Gesamte Fläche (qm)	%	Mittlere Fläche (qm)	Gesamte Fläche (qm)	%	Mittlere Fläche (qm)
0 - 499	116.414	96,31	13.433.599	50,94	115	7.737.584	75,59	66
500 - 999	2.605	2,15	1.740.972	6,60	668	645.542	6,30	247
1.000 - 4.999	1.504	1,24	2.925.187	11,09	1.944	922.133	9,00	613
5.000 - 9.999	182	0,15	1.267.051	4,80	6.961	331.687	3,24	1.822
10.000 - 49.000	141	0,11	2.699.653	10,23	19.146	423.689	4,13	3.004
50.000 - 99.999	14	0,01	941.715	3,57	67.265	80.935	0,79	5.781
100.000 und mehr	10	0,03	3.360.606	12,77	336.060	94.659	0,95	9.465
Gesamtheit	120.870	100,00	26.368.783	100,00	218	10.236.229	100,00	84

1977

			Unbebauter Flächenanteil			Bebauter Flächenanteil		
Größenklasse (qm)	Anzahl	%	Gesamte Fläche (qm)	%	Mittlere Fläche (qm)	Gesamte Fläche (qm)	%	Mittlere Fläche (qm)
0 - 499	126.172	95,90	15.010.369	46,61	118	8.274.470	71,56	65
500 - 999	3.083	2,34	2.061.119	6,40	668	764.269	6,61	247
1.000 - 4.999	1.797	1,36	3.577.226	11,10	1.990	1.119.372	9,68	622
5.000 - 9.999	242	0,18	1.708.685	5,30	7.060	416.908	3,60	1.722
10.000 - 49.999	219	0,16	3.996.613	12,41	18.249	632.259	5,46	2.887
50.000 - 99.999	27	0,02	1.716.132	5,32	63.560	209.363	1,81	7.754
100.000 und mehr	13	0,04	4.133.739	12,86	317.979	144.975	1,28	11.151
Gesamtheit	131.553	100,00	32.203.883	100,00	224	11.561.616	100,00	87

Quelle: CPE. Salvador. 1977. Unveröffentlichte Daten.

Dieser niedrige Anteil an erfassten Flächen (1977:51%) mag darauf zurückzuführen sein, daß

1. die Rekonstruktion des Katasters noch nicht abgeschlossen war, worauf die Zunahme von Flächen zwischen 1973 und 1977 hindeutet.
   (Die Erhöhung kann nur teilweise auf die Privatisierung von Grundstücken aus dem Besitz der Stadt zurückgeführt werden: nach Tabelle 9 (S. 57) haben z.B. 1.625 Käufe von Flächen in der Kategorie 0 - 999 qm stattgefunden; demgegenüber aber wurden 5.198 Grundstücke derselben Kategorie zusätzlich registriert).
2. die Grundstücke des Munizips, des Landes und des Bundes nicht erfaßt sind;
3. solche Grundstücke nicht erfaßt sind, auf denen Gebäude mit mehr als zwei Stockwerken stehen (weil ihre steuerliche Veranlagung unterschiedlich berechnet wird - nach Art. 145 III des Código Tributário e de Rendas de Salvador - und anscheinend ihre Unterlagen in einer anderen Abteilung des Katasteramtes aufbewahrt werden, die für die vorliegenden Statistiken nicht verwendet wurden).

Doch zeigen schon die vorliegenden Zahlen sehr deutlich die monopolistische Struktur des Bodenbesitzes in Salvador.
Zwar gab es 1973 13.999 Eigentümer von unbebauten Parzellen bis 499 qm (die Anzahl der Grundstücke ist nicht notwendig identisch mit der Anzahl der Eigentümer, was aber u.E. zu praktischen Zwekken unterstellt werden kann), aber diese 63,4% aus der Gesamtheit der Eigentümer unbebauter Grundstücke teilten sich nur 4,4% der Fläche, nämlich 3,8 Mio.qm.
Auf der anderen Seite verfügten ganze 145 Eigentümer über 69% der Grundfläche, also über das 15,5-fache der erstgenannten Gruppe;

oder: 96,14% der Eigentümer verfügten über 13,38% der unbebauten Grundstücke, während 3,86% die restlichen 86,62% besaßen! (siehe Tabelle 15 und Abb.2)

Abb. 2

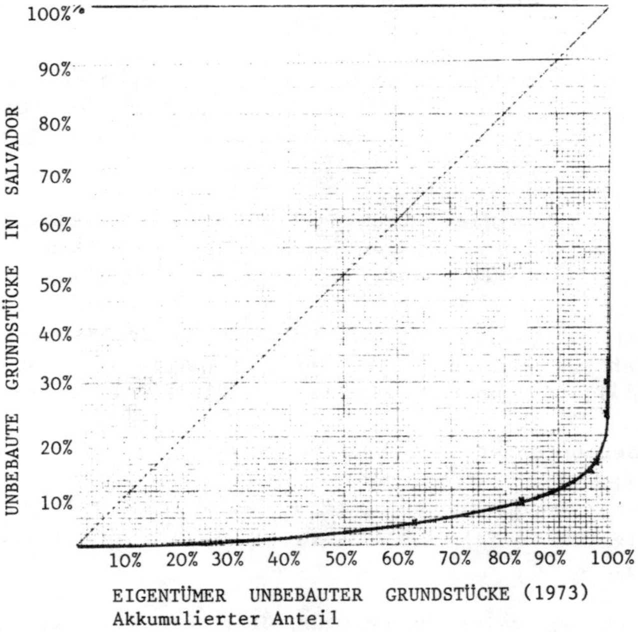

Die Zahlen von 1977 weichen nur unwesentlich davon ab. Es sei daran erinnert, daß selbst die in unserer Statistik benachteiligten "Parzellenbesitzer" von Grundflächen bis 499 qm enorm privilegiert sind, wenn man bedenkt, daß sie zu den 4,5% der erwachsenen Bevölkerung Salvadors ab 20 Jahren (489.813 im Jahre 1970) gehören, die überhaupt ein unbebautes Grundstück besitzen.

Setzt man diese Eigentümergruppe zur Gesamtbevölkerung in Verbindung, so würde in der graphischen Darstellung dieser Beziehung durch die "Lorenzkurve" (Abb.2), die Aussagen über die Gleichmäßigkeit einer Verteilung zuläßt, die Kurve fast in den Koordinaten verschwinden, also eine extreme Ungleichverteilung des Bodenbesitzes angeben.

Bei Grundstücken mit Gebäuden (bis zu zwei Stockwerken) ist die Konzentration etwas geringer. Hier besaßen 1973 96,31% der Eigentümer immerhin 57,83% der Grundstücke mit Gebäuden (Summe von

bebautem und unbebautem Flächenanteil), und die übrigen 3,69% der Großgrundbesitzer "nur" 42,17%.
Dieser Sachverhalt ist darauf zurückzuführen, daß große unbebaute Grundstücke vor ihrer Bebauung in der Regel erst parzelliert werden.

Der vorliegende Abschnitt war von der Frage ausgegangen, welche Sanktionsmöglichkeiten die städtischen Großgrundbesitzer in der Hand haben, um eine Politik zu blockieren, die ihre Interessen im Kern treffen könnte.

Wir haben zunächst die "strukturelle" Sanktionsmöglichkeit dargestellt und wollen deren Potential zur Gefährdung der Bauindustrie im folgenden skizzieren. Die relativ hohe Bedeutung des Immobilien- und Bausektors in Bahia läßt sich durch einen Vergleich mit anderen Wirtschaftssektoren darstellen. Aus Gründen der statistischen Datenlage kann nur eine Analyse ausgewertet werden, welche Daten über die 200 größten Unternehmen Bahias zugrundelegt (91).

Unter diesen befanden sich im Jahre 1974 37 Unternehmen der Kategorie "Baugewerbe" ("Construção Civil"), hinsichtlich der Anzahl gefolgt von den Branchen Chemie, Nahrungsmittelproduktion und Metallurgie (siehe Tabelle 17). Diese Reihenfolge bestand auch im Jahre 1979.

Leider gibt es keine Unterlagen über wichtige wirtschaftliche Größen der Baubranche (Umsatz, Anteil am Steueraufkommen der Stadt etc.) bezogen auf die Stadt Salvador.
Zwar liegt eine Statistik über die Anzahl der Arbeitskräfte in der Bauwirtschaft in Salvador vor, doch ist nicht deutlich, ob es sich dabei tatsächlich um Arbeiter handelt, die in der Stadt auch arbeiten, oder um a l l e Angestellten der in Salvador bloß registrierten Baufirmen, die unter Umständen außerhalb Salvadors be-

---

(91) Die Berechnungen, die wir zitieren, stammen aus SINDICATO, 1980. Ihnen liegen Daten aus: FIEBA, 1979 zugrunde.
Die 200 größten Firmen wurden unter allen Unternehmen mit einem Stammkapital (capital social) von mehr als Cr$ 2 Mio. ausgewählt und nach der Summe der folgenden gewichteten Größen klassifiziert: Umlaufvermögen (Patrimônio Líquido) (3,0); - Umsatz (Faturamento) (2,5); - Anzahl der Arbeitskräfte (2,0); - Anlagevermögen (Imobilizado Técnico)(1,5); - Nominalkapital (Capital Subscrito)(1,0). (FIEBA, 1979, Einleitung).

Tabelle 17

VERGLEICH DER WIRTSCHAFTSBRANCHEN IN BAHIA (1974)

(aufgrund der Daten über die 200 größten Industrieunternehmen Bahias)

BRANCHEN	n	Umlaufvermögen (Mrd.Cr$)	%	Gesamtinvestitionen (Mrd.Cr$)	%	Umsatz (Mrd.Cr$)	%
Hoch- und Tiefbau	37	0,78	19,1	0,58	11,3	1,77	26,7
Chemie	33	1,21	29,5	1,90	30,6	1,23	18,5
Nahrungsmittel	26	0,29	7,1	0,72	14,5	0,97	14,6
Metallurgie	18	0,60	14,8	0,78	15,1	0,54	8,1
übrige	86	1,21	29,5	1,16	22,5	2,13	32,1
Total	200	4,09	100,0	5,14	100,0	6,64	100,0

Quelle: Tabelle zusammengestellt nach Daten aus SINDICATO,1980, p.81, Tab.1; p.84, Tab.4; p.86, Tab.6; p.88, Tab.8.

Tabelle 18

INDUSTRIEUNTERNEHMEN IM MUNIZIP SALVADOR (1974)
(nach Wirtschaftsbranchen)

B R A N C H E N	UNTERNEHMEN (A)		ARBEITSKRÄFTE (B)		(B)/(A)
	n	%	n	%	
Landwirtschaft	3	0,49	599	1,18	200
Bergbau	1	0,16	43	0,08	43
Nahrungsmittel	109	17,55	2.960	5,85	27
Getränke	10	1,61	1.002	2,00	100
Tabakwaren	3	0,49	570	1,12	190
Textilien	10	1,61	2.486	4,90	249
Schuhe und Kleidung	17	2,74	973	1,95	57
Holzverarbeitung	28	4,50	599	1,18	21
Möbel	30	4,84	1.164	2,30	39
Papier und Karton	4	0,64	227	0,45	57
Graphische Betriebe	46	7,40	1.117	2,20	24
Leder und Häute	4	0,65	192	0,38	48
Kunststoffe und Gummi	8	1,29	102	0,20	13
pharmazeutische Chemie	23	3,70	675	1,33	29
Plastik	5	0,80	254	0,50	51
nichtmetallische Mineralien	39	6,29	2.007	3,95	51
Metallurgie	51	8,21	1.687	3,20	33
Elektromechanik/Elektronik	18	2,90	571	1,13	32
Fahrzeugbau und -reparatur	48	7,72	1.159	2,28	24
Bauindustrie	157	25,29	32.160	63,27	205
verschiedene	7	1,12	277	0,55	40
TOTAL	621	100,00	50.824	100,00	82

Quelle: Cadastro Industrial Salvador (SENAI) - 1974, abgedruckt in: OCEPLAN, 1976c, Tabelle 97

schäftigt sind. Da diese Unklarheit auch für die anderen aufgeführten Branchen gilt, läßt sich möglicherweise eine - wenngleich prekäre - Vergleichbarkeit erschließen:

a) Demnach waren von den im produzierenden Gewerbe beschäftigten Arbeitskräften Salvadors im Jahre 1974 32.160 Personen in der Bauwirtschaft tätig, das sind 63,27%, während die zweitgrößte Branche, die Nahrungsmittelproduktion, nur 5,85% der gewerblichen Arbeitskräfte beschäftigte. Hinsichtlich der Anzahl der Unternehmen bestand das Verhältnis 25,29% : 17,55%, das heißt, die Bauunternehmen beschäftigten durchschnittlich weitaus mehr Arbeiter als die Nahrungsmittelproduzenten, nämlich 205 gegenüber 27! (siehe Tabelle 18).

b) Der Umsatz der 37 größten Baufirmen betrug im Jahre 1974 Cr$ 1,7 Mrd. und lag damit zumindest innerhalb der 200 größten Firmen an erster Stelle unter allen Branchen (siehe Tabelle 17).

   Im Jahre 1973 hatte der Umsatz von 126 Baufirmen in Bahia Cr$ 2,874 Mrd. betragen, wobei allein die 18 größten Firmen Cr$ 2,323 Mrd. umsetzten, also einen Anteil von 80,8% hielten (SEPLANTEC/CONDER, 1975, Vol.II,III/8). Folglich kann davon ausgegangen werden, daß sich der Umsatz der 37 größten Baufirmen fast mit dem der gesamten Branche deckt.

   1973 wurden in Salvador 2.703 Wohneinheiten mit einem durchschnittlichen Wert von jeweils 1.520 UPC verkauft, das ist umgerechnet Cr$ 311.428.840,00 (SEPLANTEC/CONDER, 1975, Vol.I,III/6.3) (siehe Tabelle 19). Bei einer errechneten Profitrate von durchschnittlich 8% auf den Endverkaufspreis einer Wohnung (siehe Tab. 20) betrug der Reingewinn aus dem Wohnungsbau für die Bauunternehmen Cr% 24.914.407, also ca. 17% des gesamten Reingewinns (Nach Tabelle 21 betrug die Profitrate 1973 5%). Offensichtlich macht also der Wohnungsbau nur den geringeren Teil des Umsatzes der Baubranche aus (92).

c) Geht man von einer Rentabilität auf den Umsatz von 0,06 (= 6%) aus (siehe Tab. 21), so dürfte der Reingewinn (lúcro líquido) dieser Firmen im Jahre 1974 circa Cr$ 106 Mio. betragen haben, also ca. 37% des Budgets der Stadt Salvador im selben Jahr (Cr$ 284.478.179; siehe Schmarling, 1979:47).

---

(92) Es ist allerdings zu beachten, daß sich die Zahl für den Wohnungsbau (Tab.19) nur auf Salvador bezieht, wogegen die Ziffer über den Gesamtumsatz (Tab.21) die Tätigkeit der Bauindustrie in ganz Bahia kennzeichnet. Folglich muß der Anteil des Wohnungsbaus am Gesamtumsatz etwas höher veranschlagt werden.

Tabelle 19
ANZAHL UND WERT DER WOHNUNGEN, DIE IM RAHMEN DES WOHNUNGSFINANZIERUNGSSYSTEMS DER BNH IM JAHRE 1973 IN SALVADOR VERKAUFT WURDEN (in UPC-Werten)

	U P C - W E R T E								
WOHNGEBIETE	bis 450	451-600	601-900	901-1350	1351-1800	1801-2250	2251 u.mehr	ohne Angabe	SUMME
1	4	-	112	260	1013	179	309	2	1879
2	-	5	201	362	29	26	2	-	625
3	-	7	92	-	-	-	-	-	99
4	-	-	-	38	-	-	4	-	42
5	-	-	54	2	2	-	-	-	58
SUMME	4	12	459	662	1044	205	315	2	2703

Quelle: BNH, Mercado Habitacional com Financiamento do SBPE; abgedruckt in: SEPLANTEC/CONDER, Estudo sobre a Indústria da Construção Civil na Região Metropolitana de Salvador. Vol.I, Tab. III/196. Salvador. 1975.

Tabelle 20

KOSTENSTRUKTUR IM WOHNUNGSBAU IN DER METROPOLITANEN REGION VON SALVADOR

(für Wohnungen, die im Rahmen des Wohnungsfinanzierungssystems, also im "formalen Sektor" gebaut werden)

(Prozentanteil der Kosten am Endpreis einer Wohnung)

K O S T E N A R T	W O H N U N G S S T A N D A R D					
	R1-2Q Minimum	H1-2Q Niedrig	H4-2Q Niedrig	H8-2QP Normal	H12-3QP Normal	H12-3QP Hoch
I. Verwaltungskosten	4,51	4,30	4,48	....	....	....
Planung, Gebühren, Genehmigungen etc.	....	....	....	6,53	5,97	5,85
Profit des Bauherren	....	....	....	3,66	9,14	11,25
II. Baukosten						
- Material	49,79	48,02	47,89	35,38	32,42	32,02
- qualifizierte Arbeitskraft	13,20	12,57	15,35	9,43	8,58	8,36
- unqualifizierte Arbeitskraft	4,28	3,56	3,60	1,78	1,58	1,36
Abschreibung der Maschinen	3,35	3,21	3,34	2,33	2,12	2,08
Brennstoff, Wasser, elektr. Energie	0,66	0,64	0,67	0,47	0,43	0,42
Sonstige Nebenkosten ("Overhead" der Bauunternehmen)	10,71	10,20	10,62	7,41	6,77	6,64
Profit der Baufirmen	8,19	7,82	8,14	8,52	7,79	7,63
III. Bodenpreis	4,15	6,66	2,90	8,39	6,35	13,33
IV. Finanzierungskosten	1,16	3,02	3,01	11,10	13,85	6,06
V. Kommerzialisierung	....	....	....	5,00	5,00	5,00
	100,00	100,00	100,00	100,00	100,00	100,00

QUELLE: SEPLANTEC/CONDER, 1975, Vol.I, Tab.III,8.1.-8.6. (Seite III/291)

Für diese Schätzung liegen folgende Bilanzgrößen der 17 (im Jahre 1974) bzw. 15 (1978) größten Baufirmen Bahias vor:

Tabelle 21
BILANZGRÖSSEN DER 17 BZW. 15 GRÖSSTEN BAUFIRMEN BAHIAS

Jahr	Reingewinn (Mrd. Cr$)	Umsatz (Mrd.Cr$)	Reingewinn / Umsatz
1972	0,019	1,170	0,01
1973	--	--	0,05
1974	--	--	(0,06)*
1975	--	--	(0,07)*
1976	--	--	(0,08)*
1977	0,576	6,510	0,09
1978	1,243	12,000	0,10
			*Schätzung

Quelle: Zusammengestellt aus: SINDICATO, 1980, p.32,Tab.5; p.34,Tab.7; p.45,Tab.18.
Anmerkung: Die zitierte Arbeit entnimmt die vorliegenden Zahlen aus VISÃO, 1978-79. Deshalb beziehen sie sich nur auf die 17 bzw. 15 größten Baufirmen Bahias, während unsere Berechnung die Rentabilität dieser Firmen (0,06) dem Umsatz der 37 bzw. 41 größten Unternehmen (gemäß den Statistiken aus FIEBA, 1979) zugrundelegt, wodurch sich geringfügige Verzerrungen ergeben können.

Es fällt auf, daß der Reingewinn im Verhältnis zum Umsatz zwischen 1972 und 1978 gestiegen ist. Unter der Voraussetzung, daß eine steigende organische Zusammensetzung des Kapitals zu einer sinkenden Profitrate führt, ist es möglich, anzunehmen, daß sich die organische Zusammensetzung des Kapitals im Baugewerbe nicht vergrößert hat.
Tatsächlich deuten andere Statistiken darauf hin, daß der vermehrte Umsatz nicht mit mehr Maschinen, sondern mit mehr Arbeitskräften realisiert wurde. So ist das Verhältnis von Umsatz zu Arbeitskräften nur um 9 Indexpunkte gestiegen, das heißt, 1978 erbrachte ein Arbeiter im Baugewerbe nur unerheblich mehr Umsatz als im Jahre 1974, während beispielsweise im Nahrungsmittelsektor pro Arbeiter eine Umsatzsteigerung von 151% erzielt wurde:

Tabelle 22
ENTWICKLUNG DES UMSATZES PRO ARBEITER (1974-1978) (Indexzahlen)

Branche	1974	1978	Steigerung (Index)
Baugewerbe	100	109	+ 9
Chemie	100	104	+ 4
Metallurgie	100	246	+ 146
Nahrungsmittel	100	251	+ 151

Quelle: SINDICATO, 1980:99, Tab.19.

Unter den industriellen Aktivitäten in Salvador nimmt die Bauindustrie nach den vorhandenen Daten also eine Schlüsselstellung ein. Damit wäre durchaus schon zu erklären, daß der Kapitalakkumulationsprozeß in Salvador sehr empfindlich auf Drohungen seitens der Großgrundbesitzer oder auf Änderungen der Bodenpolitik reagiert. Wie eine Bodenpolitik im Interesse der Immobilienindustrie aussehen müßte, darüber gibt ein Rundgespräch unter Immobilienunternehmern Aufschluß, das von der Tageszeitung TRIBUNA DA BAHIA veranstaltet worden war. Darin wurde einstimmiger Konsens darüber geäußert, daß die Bodenpreise in den städtischen Bereichen von Salvador schon unbezahlbare Höhen erreicht hätten.

> "Die Unternehmer versicherten, daß die Spekulation in diesem Sektor nicht von den Maklern und Bauherren (Incorporadores) betrieben werde, sondern von den Grundbesitzern. (...) Die Unternehmer sind der Auffassung, daß die öffentliche Hand Regulative für die Bodenpreise einrichten muß. Gegenwärtig erreicht der Bodenpreis durchschnittlich 40% des Verkaufswertes der Immobilie (...). Sie glauben auch, daß die Preise "aus purer Eigenliebe der Grundbesitzer" nicht gesunken sind. (...) Die Kontrolle dieser Preise entzieht sich jeglichem Einfluß, selbst dem der am stärksten Interessierten, nämlich der Unternehmer der Immobilienbranche" (TRIBUNA DA BAHIA vom 1.10.1976).

Zwei Lösungen für die Probleme der Immobilienbranche wurden angeregt:

a) Die Festlegung einer Obergrenze für den Bodenpreis als Voraussetzung für eine Kreditgewährung nach dem Wohnungsfinanzierungssystem (SFH). Diese Obergrenze solle sich nach den infrastrukturellen Bedingungen, der Lage, den günstigen oder ungünstigen Konditionen für die technische Bauausführung und den zulässigen Nutzungstyp des jeweiligen Grundstücks richten.

"Natürlich würden die Unternehmer erwarten, daß diese Faktoren von den entsprechenden Organen der Stadtverwaltung festgelegt werden, solange sie nicht selbst diese Tabelle der Bodenwerte aufstellen dürften".

b) "Ein anderer Vorschlag, der von den Unternehmern gemacht wurde, war die Förderung des Gedankenaustauschs zwischen den Immobilienunternehmen selbst, um eine exzessive Konkurrenz in bestimmten extrem bewerteten Gebieten der Stadt zu vermeiden. Diese Anregung wurde jedoch nicht gut aufgenommen angesichts der geringen Möglichkeit zu einer Formalisierung des Schemas und wegen der Interessengegensätze, welche diese Sache mit sich bringt" (TRIBUNA DA BAHIA vom 1.10.1976).

Im Jahre 1978 betrug der Reingewinn der 41 größten Baufirmen Bahias ca. Cr$ 1,521 Mrd.; er übertraf damit das Budget der Stadt Salvador um 100 Mio. Cr$ und machte das 12-fache der Ausgaben für "öffentliche Arbeiten" (Budgetpostens 4.110.00) aus (siehe Tabelle 23):

Tabelle 23
BILANZGRÖSSEN DER 41 GRÖSSTEN BAHIANISCHEN BAUUNTERNEHMEN (VERGLEICH). 1978

Unternehmen	Reingewinn (Mrd. Cr$)	Umsatz (Mrd.Cr$)	Reingewinn / Umsatz
15 größten	1,243 (1)	12,000 (2)	0,1 (3)
26 übrigen	0,278 (4)	2,780 (4)	0,1 (4)
41 größten	1,521 (4)	14,780 (5)	

Haushalt der Stadt Salvador:	Cr$ 1,421 Mrd.(6)
davon Ausgaben für öffentliche Arbeiten:	Cr$ 0,119 Mrd.(7)

Quelle: Zusammengestellt nach:
(1,2,3) SINDICATO, 1980, p.32,Tab.5; p.34,Tab.7; p.45,Tab.18
(4) eigene Berechnung
(5) FEDERAÇÃO, 1979, Tab.II
(6) Mensagem 1980:59
(7) eigene Berechnung aufgrund des durchschnittlichen prozentualen Anteils dieses Budgetpostens in den Jahren 1969 - 1976 (Schmarling, 1979:46-47).

Dieses Größenverhältnis zwischen den Ausgaben der Stadt für öffentliche Arbeiten und dem Reingewinn der größten Bauunternehmen läßt es als plausibel erscheinen, daß die letzteren tatsächlich keinen Druck auf den Präfekten Hage wegen seiner Stadtentwicklungspolitik ausgeübt haben:

> "Ich bin in der Tat von einer Minderheit kritisiert worden, die jedoch nicht repräsentativ ist und nicht mit den wichtigsten Führungsgruppen (principais liderânças) des Baugewerbes identisch ist" (Hage in Interview mit VEJA vom 30.3.77, p.62).

Trotzdem ist daran zu erinnern, daß für kapitalistische Unternehmen auch kleine Märkte von Bedeutung sind, auf die sie nicht ohne weiteres verzichten.
Zudem tritt die Stadtverwaltung den Bauunternehmen nicht nur unmittelbar als Auftragsgeber von Bauprojekten gegenüber, sondern sie entscheidet auch mittelbar, etwa durch Flächennutzungsverordnungen und Auflagen für Wohngebäude etc. über die Verwertungsbedingungen des Baukapitals in der Stadt bei privaten Aufträgen, die den größten Teil der Wohnbauaufträge bilden.
Proportional stärkeres Gewicht mag die Planungspolitik der Stadtverwaltung allerdings für die Auftragslage von kleineren lokalen Bauunternehmen haben, über die leider keinerlei Daten vorliegen.

Es ist die strukturelle Sanktionsmöglichkeit der Grundbesitzer skizziert worden, die mit ihrem Boden über eine notwendige Produktionsvoraussetzung für die Bauindustrie verfügen und dadurch den gegenwärtig wichtigsten Gewerbezweig Salvadors bedrohen können. Aber nicht nur in der Eigenschaft als Grundbesitzer an sich, sondern auch - und wahrscheinlich vor allem - in ihrer Eigenschaft als Mitglieder einer spezifischen gesellschaftlichen Gruppe besaßen bzw. besitzen die Grundeigentümer Pressionsmöglichkeiten auf der politischen Ebene: sie gehören der alten Oligarchie an, die als Relikt aus den Zeiten ihrer vollständigen - politischen u n d ökonomischen - Herrschaft ein enges Netz von Beziehungen zu Personen in vielen Schlüsselstellungen des unternehmerischen und vor allem des öffentlichen Sektors aufrechterhält, mit deren Hilfe sie, sofern sie ein konkretes einheitliches Interesse verfolgt, ihnen nicht genehme politische Entscheidungen konterkarieren können.

Wenn einerseits davon ausgegangen wird, daß Stadtentwicklungsplanung ein Instrumentarium ist, mit dessen Hilfe die Bedingungen für die wirtschaftliche Entfaltung optimiert werden sollen, was innerhalb der gegebenen kapitalistischen Produktionsweise bedeutet, daß die Bedingungen für die Verwertung des Industriekapitals (des einzigen Kapitals, das Mehrwert produziert) optimiert werden, andererseits aber für Salvador festgestellt wird, daß im kommunalen politischen Bereich das Industrie- und Handelskapital (noch) k e i n e dominante Rolle spielt, wer ist dann überhaupt an Stadtentwicklungsplanung in Salvador interessiert und warum?

Eine politische Auseinandersetzung bezieht ihre m a t e r i e l l e n Motive aus der konkreten Problemlage "vor Ort", also in diesem Falle aus der kommunalen Situation in Salvador.
Ihre i d e o l o g i s c h e Argumentationshilfe aber muß nicht notwendig aus dem lokalen Kontext stammen. Im Gegenteil wird sie heutzutage in der Regel mit Hilfe der Massenmedien aus nationalen und unter Umständen sogar internationalen Ideologiemustern bezogen.

Mit anderen Worten, die politische Auseinandersetzung hinsichtlich der städtischen Probleme Salvadors und ihrer Lösung muß im Zusammenhang mit der nationalen Diskussion, vor allem mit dem politischen Aufstand der Mittelschichten gesehen werden, die seit der sich abzeichnenden Krise des "brasilianischen Modells" der Wirtschaftsentwicklung im Jahre 1973 begannen, die Diktatur zu bekämpfen und sich zu diesem Zweck nach Bündnispartnern bei den Unterschichten (aber auch bei den nationalen Unternehmern) umsehen mußten.
Es lag nahe, die Thematik des Wohnungsmangels als gemeinsamen Nenner zu wählen, nicht nur, weil auch die Mittelschichten von der inflationären Preisentwicklung im Immobiliensektor betroffen waren (siehe VISÃO, 13.09.1976, p.85),sondern auch, weil aufgrund ihrer bürgerlichen Ideologie dem (Wohnungs-)Bausektor eine bedeutende Funktion für die von ihnen postulierte Umverteilungspolitik zukommen sollte.

> "Die öffentliche Hand versucht mittelbar oder unmittelbar die Produktion von Gütern zu subventionieren, die für immer größere Sektoren der Bevölkerung bestimmt sind. Und in dem Maße, in dem dieses Ziel näherrückt, wird auch die gesellschaftliche Rolle der Bauindustrie als Instrument zur Verbreitung des gesellschaftlichen Wohlstandes deutlich" (SEPLANTEC/CONDER, 1975, Vol.I,I,56).

Die Wohnungspolitik war schon seit Beginn der Militärdiktatur im Jahre 1964 als die zentrale sozialpolitische Maßnahme deklariert worden.

> "Erst nach 1964 nimmt die Stadt- und Wohnungspolitik eine zentrale Rolle innerhalb der Interessen der neuen Regierung ein.

Vor 1964 beschränkte sie sich auf die Tätigkeit einiger isolierter Organe: Fundação da Casa Popular, Caixas de Pecúlio, Institutos de Previdência.
Ab 1964 zentriert sich die Achse der Stadtpolitik auf das Wohnungswesen. Das sogenannte "Wohnungsdefizit" für sich alleine betrachtet hatte nicht vermocht, dieses Interesse zu wecken, denn es gab zu jener Zeit viel größere Defizite in anderen grundlegenden Bereichen (die nicht beachtet wurden; P.S.).
Aber im industriellen Sektor führte der Lohnstopp zu einem Rückgang der Nachfrage und der Investitionsrentabilität. Diese Rezession brachte nicht nur Einbußen für das Privatkapital mit sich, sondern wurde auch von einer Verringerung der Arbeitsplätze begleitet.
Es ist offensichtlich, daß die Beschäftigung mit dem Wohnungsproblem in den städtischen Zentren aus einer Regierungsstrategie herstammte, die Ziele verfolgte, die nichts mit dem spezifischen Problem des Wohnungssektors zu tun hatten. Das wird sofort deutlich, wenn man sich vergegenwärtigt, daß eine andere Wohnungspolitk hätte eingeschlagen werden müssen, wenn das Wohnungsproblem wirklich die zentrale Sorge gewesen wäre; das aber geschah nicht. Die gewählte Strategie privilegierte die Investition und die Absorption von Arbeitskräften im Bausektor; Investitionen und Arbeitskräfte, die durch die Begrenzung einer Nachfrageinflation (Senkung der Reallöhne; P.S.) und der entsprechenden industriellen Schrumpfung im Überfluß vorhanden war" (Cavalcanti, 1978:197).

Schließlich aber, und das ist im vorliegenden Zusammenhang von entscheidender Bedeutung, nimmt im n a t i o n a l e n brasilianischen Rahmen das Industrie- und Handelskapital die dominante Stellung ein. Für dieses Kapital bedeutet die "ungeplante", vergeudende Installierung von Infrastrukturen, wie sie auf den jeweiligen Druck von Grundbesitzern zustandekommen, und w o a u c h i m m e r sie geschieht, eine Einschränkung des staatlichen Investitionsvolumens für die Industrie.

Dieselbe Politik, die auf nationaler Ebene die Bildung von Agglomerationsräumen bewirkt und somit materielle und gesellschaftliche Ressourcen in wenigen Regionen konzentriert, um die Profitrate so hoch wie möglich zu gestalten, ist auch auf der kommunalen Ebene daran interessiert, staatliche Investitionen so zu plazieren, daß sie den höchstmöglichen Nutzen für alle beteiligten dominanten Industrieunternehmen erbringen.

Es ist also eine Frage der industriellen Entwicklung, wann sich auch in Salvador die Realisierung eines Stadtentwicklungsplanes durchsetzen wird (93).

Aber aufgrund der Erfahrungen in denjenigen Gesellschaften, in denen sich Stadtentwicklungsplanung zu einer festen institutionellen Einrichtung entwickelt hat - eben weil dort das Industrie- und Handelskapital schon eine stabile dominante Position innehat - darf jedoch nicht erwartet werden, daß die Realisierung eines "Stadtentwicklungsplanes" eine Verbesserung der Lebensumstände der städtischen Bevölkerung zur Folge hätte.
Stadtentwicklungsplanung im Sinne der ganz am Anfang gegebenen Definition (Fußnote 2) wird nicht durch eine Perfektionierung des Planungsinstrumentariums erreicht, sondern nur dadurch, daß die von Planungsentscheidungen Betroffenen lernen, die Bestimmung ihrer Lebenswelt selbst in die Hand zu nehmen und sie nicht Planungsspezialisten oder Politikern zu überlassen.

Unter diesem Gesichtspunkt ist es illusorisch, "Verbesserungsvorschläge" für Planungsstrukturen oder -verfahren zu machen. Vielmehr muß der Weg zum Ziel einer geplanten, aber nicht verplanten Welt gerade außerhalb des institutionalisierten Planungsbereiches beschritten werden; in erster Linie durch Überlegungen, wie die ökonomische und politische Situation geändert werden kann, in welcher die gegenwärtige Globalplanung stets zum Nachteil für die betroffene Bevölkerung ausschlägt.

-.-.-.-.-.-

(93) So war der zweite Nachfolger Hages im Amt des Präfekten wiederum ein Planungsfachmann, Mário Kertesz. Auch er wurde v o r Ende seiner Amtszeit von dem Gouverneur, der ihn eingesetzt hatte, Antônio Carlos Magalhães, wieder entlassen. Ob aus ähnlichen Gründen wie bei Hage, konnte nicht in Erfahrung gebracht werden.

B I B L I O G R A P H I E

Administração Municipal - Legislação Federal Específica.
1971 Hrsg.: Adriano u. Hilton L. Campanhole. São Paulo.

Aguiar, Manoel Pinto de
1950 Bancos no Brasil Colonial. Salvador.

1958 Notas sobre o Enigma Bahiano. Salvador.
Wiederabgedruckt in:
1977 PLANEJAMENTO, 5,4(1977):123-136.
1960 "Reflexões em torno do futuro do Salvador", in: Milton Santos, A Cidade do Salvador; aspectos geográficos, históricos, sociais e antropologicos. Salvador. pp. 115-122.
Wiederabgedruckt in:
1978 PLANEJAMENTO, 6,2(1978):145-154.

Albuquerque, Roberto Cavalcanti de
1976 "Alguns aspectos da experiência de desenvolvimento do Nordeste", in: PESQUISA E PLANEJAMENTO ECONÔMICO, 6,2(1976):461-488. Rio de Janeiro. IPEA.

Almeida, José
1975 Transformações Estruturais na Economía Bahiana. Salvador. Ms.

Almeida, Rômulo Barreto de
1977 "Traços da Historia Econômica da Bahia no Último Seculo e Meio",in: PLANEJAMENTO,5,4(1977):19-54

1978 "Oficio de 23.12.52 de Rômulo Almeida, ao Vice-Presidente da CNBS",in: PLANEJAMENTO,6,1(1978):61-67.

Ammon, Alf
1967 Eliten und Entscheidungen in Stadtgemeinden. Die amerikanische "community-power"-Forschung und das Problem ihrer Rezeption in Deutschland. Berlin.

Anuário Estatístico da Bahia
1974 Hrsg.: SEPLANTEC - CPE. Governo do Estado da Bahia. Salvador.

Araujo, Ubirajara Castro / Barreto, Vanda S. de Sa
1978 "A Bahia Econômica e Social", in: A Inserção da Bahia na Evolução Nacional - 1a. Etapa: 1850-1889. Salvador. SEPLANTEC/CPE.

Augel, Johannes
1979 "A Ocupação do Solo Urbano", in: SEPLANTEC/OCEPLAN, Habitação e Urbanismo em Salvador. pp. 9-25. Salvador.

1980 Bodenbesitz als Grundlage zur Privatisierung öffentlicher Investitionen. Bielefeld. Ms.

Azevedo, José Sérgio Gabrielli de
1975 Industrialização e Incentivos Fiscais na Bahia: Uma Tentativa de Interpretação Histôrica. Salvador. UFBa.

Azevedo, Thales de
1969 Povoamento da Cidade do Salvador. Salvador.

Bachrach, Peter / Baratz, Morton S.
1977 Macht und Armut. Eine theoretisch-empirische Untersuchung. Frankfurt/Main.

Behnke, Hans-J./ Evers, Klaus G./ Möller, Karl F.
1976 Grundrente und Bodenspekulation. Fallstudien zum städtischen Veränderungsprozeß in Hamburg 1948-1975. Berlin. VSA.

Beyer, Glenn H.
1967 The Urban Explosion in Latin America. Ithaca.

1967 Desenvolvimento Integrado do Recôncavo Baiano; Versão Final do Relatório Apresentado ao Governo do Estado da Bahia pela Missão Organizada pelo Banco Interamericano de Desenvolvimento. Salvador.

Blum, Helmut et al.
1976 Stadtentwicklung - Anspruch und Wirklichkeit. Göttingen.

Bolaffi, Gabriel
1975 "Habitação e Urbanismo: O Problema e o Falso Problema",in: Ensaios de OPINIÃO, pp.73-83. Rio de Janeiro.

Brandão, Maria de Azevedo
1978 "Origens da Expansão Periférica de Salvador", in: PLANEJAMENTO, 6,2(1978), pp.155-172. (Wiederabdruck der Fassung von 1963). Salvador.

Brasileiro, Ana Maria
1973 O Município como Sistema Político. Rio de Janeiro. FGV.

1976 "A Cidade: Aspectos Políticos", in: Kacowicz,M.(Hg.), Desenvolvimento e Politíca Urbana. Rio de Janeiro. IBAM.

BRASILIEN - Zeitschrift für Handel und Industrie
Hrsg.von der Fundação Visconde de Cabo Frio unter der Schirmherrschaft des Brasilianischen Außenministeriums und des Banco do Brasil. Brasília. (Sept./Okt. 1982)

Browne, Enrique
1972 "La eficacia de la ineficacia", in: REVISTA LATINOAMERICANA DE ESTUDIOS URBANO-REGIONALES, 2,5(1972):63-88.

Budd, E.C. / Radner, D.B.
1969 "The OBE Size Distribution Series: Methods and Tentative Results for 1964", in: AMERICAN ECONOMIC REVIEW, 59,2(1969):435-449.

CADERNOS CEAS
Zeitschrift des Centro de Estudos e Ação Social (Institut der Katholischen Kirche, das von Jesuiten geleitet wird). Salvador.

Campos, Roberto
1966 Plano Nacional de Habitação. Vol.II. Rio de Janeiro.

Carvalho, I.M. Moreira de / Souza, G.A. Alves de
1977 A Produção Não-Capitalista no Desenvolvimento do Capitalismo em Salvador. São Paulo. Ms. (Verändert veröffentlicht als Carvalho/Souza 1980).

Carvalho, I.M. Moreira de / Souza, G.A. Alves de
1980 "A Produção Não-Capitalista no Desenvolvimento do Capitalismo em Salvador", in: Souza, Guaraci A.A.de/Faria, Vilmar (Hg.), Bahia de Todos os Pobres. Salvador.

Cavalcanti, Marly
1978 "Confrontações Políticas e o Planejamento Urbano Habitacional em Debate", in: A.H. Pompeu de Toledo/M. Cavalcanti (Hg.), Planejamento Urbano em Debate. São Paulo.

Cavalcanti, Themístocles
1960 Manual da Constituição. Rio de Janeiro.

CEAS - Centro de Estudos e Ação Social (Hg.)
CADERNOS DO CEAS. Salvador.

Cintra, Antônio Octávio
1978 "Planejando as Cidades: Politica ou Não Politica", in: ders./ Paulo Roberto Haddad (Org.), O Dilema do Planejamento Urbano e Regional no Brasil. Rio de Janeiro. pp.169-253.

CÓDIGO TRIBUTÁRIO E DE RENDAS DE SALVADOR
1973 Hrsg.: Prefeitura Municipal da Cidade do Salvador. Salvador.

Cole, Harry
1971 "Desenvolvimento Urbano no Brasil", in: REVISTA DE ADMINISTRAÇÃO MUNICIPAL, Nr.104 (1971). Rio de Janeiro. IBAM.

CONDER
1969 Estudo Preliminar do Plano de Desenvolvimento Integrado da Área Metropolitana de Salvador. Salvador o.J.

1970 Diagnóstico Urbanístico da Região Metropolitana de Salvador. Salvador o.J.

1975 Diretrizes e Política da Região Metropolitana de Salvador. Salvador.

1979 Estudo do Uso do Solo e Transportes para a Região Metropolitana de Salvador. 2 Vol. Salvador.

CONDURB (Hg.)
1978 A Grande Salvador - Posse e Uso da Terra. Salvador.

CONSTITUIÇÃO da República Federativa do Brasil.
1975 Quadro Comparativo. Brasília. Hrsg.: Senado Federal.

Costa, Jorge Gustavo da
1971 Planejamento Governamental - A Experiência Brasileira. Rio de Janeiro. FGV.

Costa, Luis Carlos
1976 "Aspectos Político-Administrativos do Planejamento Urbano", in: A.H. Pompeu de Toledo / M.Cavalcanti (Hg.), Planejamento Urbano em em Debate. São Paulo.

Crenson, Mathew A.
1971 The Unpolitics of Air Pollution: A Study of Non-Decision-Making in Cities. Baltimore.

Dahl, Robert A.
1961 Who governs? Democracy and Power in an American City. New Haven.

Daland, Robert T.
1967 Brazilian Planning - Development Politics and Administration. Chapel Hill.

Duarte, João Carlos
1971 Aspectos da Distribuição da Renda no Brasil em 1970. São Paulo. USP. Diss.

Ehlert, Viking
1978 Staatsplanung. Form- statt Funktionswandel der Politik in der Bundesrepublik Deutschland. Bielefeld.

Emenlauer, Rainer et al.
1974 Die Kommune in der Staatsorganisation. Frankfurt/Main.

Evers, Adalbert
1971 "Überlegungen zum Verhältnis von Krisen, Infrastrukturproblem und Staatsfunktion", in: Zur Kritik von Kommunalpolitik und Stadtentwicklungsplanung. Aachen. LG Wohnbau. RWTH.

1973 "Städtische Strukturen und Staatsinterventionismus", in: ARCH+, 20(1973):7-36.

Evers, Adalbert / Lehmann, Michael
1972 Politisch-ökonomische Determinanten für Planung und Politik in den Kommunen der BRD. Offenbach.

Evers, Tilman
1977 Bürgerliche Herrschaft in der Dritten Welt. Zur Theorie des Staates in ökonomisch unterentwickelten Gesellschaftsformationen. Köln.

Faoro, Raymundo
1958 Os Donos do Poder. Formação do Patronato Político Brasileiro. São Paulo.

Faria, Vilmar
1976 Occupational Marginalty, Employment and Poverty in Brazil. Cambridge.

1980 "Divisão Inter-regional do Trabalho e Pobreza Urbana: O Caso de Salvador", in: Bahia de Todos os Pobres. Salvador.

Ferraz de Sá, Maria Auxiliadora
1974 Dos velhos aos novos coronéis. Um estudo das redefinições do coronelismo. Recife.

FIEBA - Federação das Indústrias do Estado da Bahia
1977 As 200 Maiores Indústrias da Bahia em 1977. Salvador.

1979 As 200 Maiores Indústrias da Bahia. Salvador.

Frank, Andre Gunder
1969 Kapitalismus und Unterentwicklung in Lateinamerika. Frankfurt/Main.

Furtado, Celso
1959 Formação Econômica do Brasil. Rio de Janeiro.

1975 Die wirtschaftliche Entwicklung Brasiliens. München.

Goés, Walder de
1978 O Brasil do General Geisel. Estudo do processo de tomada de decisão no regime militar-burocrático. Rio de Janeiro.

Gogolok, Erwin
1980 Slums im Nordosten Brasiliens - Favelas als stadtgeographisches Problem. Mettingen.

Gordilho, Walter Veloso
1978 "O Sitio Urbano - Seu Desenvolvimento", in: CONDURB (Hg.),A Grande Salvador - Posse e Uso da Terra. Salvador.

Gotthold, Jürgen
1978 Stadtentwicklung zwischen Krise und Planung. Köln.

Governo do Estado da Bahia
1975 Diretrizes para a Ação Governamental. Salvador.

Grauhan, Rolf Richard
1970 Politische Verwaltung. Freiburg.

Grauhan, Rolf Richard (Hg.)
1975 Lokale Politikforschung. 2 Bde. Frankfurt.

Grauhan, Rudolf Richard / Linder, Wolf
1974 Politik der Verstädterung. Frankfurt/Main.

Gross, Gerd
1978 Bürgernahe Stadtentwicklungsplanung gescheitert? Eine Untersuchung am Beispiel München. Berlin. VSA.

Groth, Klaus-Martin
1978 Die Krise der Staatsfinanzen. Systematische Überlegungen zur Krise des Steuerstaates. Frankfurt/Main.

Grupo de Estudos Agrários
1980 A Questão Agrária na Bahia. Salvador. CEAS.

Hage, Jorge
1978 Transcrição das fitas de uma conferência. Ms.
Hrsg.: Secretaria do Governo. Distrito Federal. Brasília.

1979 Relatôrio. MS. Brasília. CNPU.

Hardoy, Jorge
1971 Teoria y Práctica de la Reforma Urbana en América Latina. Buenos Aires.

Harvey, David
1973 Social Justice and the City. London.

Hickel, Rudolf (Hg.)
1976 Die Finanzkrise des Steuerstaates. Frankfurt/Main.

Hoffmann, Rodolfo
1977 "Informações Necessárias para a Analise da Distribuição Pessoal da Renda no Brasil", in: Estudos CEBRAP, 21(1977)

Holanda, Nilson
1975 Planejamento e Projetos. Rio de Janeiro.

Hradil, Stefan
1980 Die Erforschung der Macht: eine Übersicht über die empirische Ermittlung von Machtverteilungen durch die Sozialwissenschaften. Stuttgart.

IAB - Instituto dos Arquitetos do Brasil
1975 O IAB diante da Problemática Urbana e Metropolitana de Salvador. Broschüre. 16 Seiten.

IBAM - Instituto Brasileiro de Administração Municipal
1974 Pesquisa sobre as Relações Intergovernamentais: O Estado e o Município. Rio de Janeiro. IBAM.

IBGE - Fundação Instituto Brasileiro de Geografia e Estatística
1977 Indicadores Sociais para Áreas Urbanas. Rio de Janeiro.

IPEA - Instituto de Planejamento Econômico e Social
1973 Transferênicas de Impostos aos Estados e Municípios. Rio de Janeiro. IPEA/INPES, Coleção Relatôrios de Pesquisa, Nr.16.

1976 Região Metropolitana do Grande Rio: Serviços de Interesse Comum. Brasília. IPEA/IPLAN. Série de Estudos para o Planejamento, Nr.13.

Jancsó, István
1975 Contradições, Tensões, Conflitos: A Inconfidência Bahiana de 1798. Rio de Janeiro. Diss.

Janson, Manfried
1974 Die SUDENE - Finanz- und Entwicklungspolitik in Nordost-Brasilien. Stuttgart.

Jochimsen, Reimut / Gustafsson, Knut
1977 "Infrastruktur. Grundlagen der marktwirtschaftlichen Entwicklung", in: U.E. Simonis (Hg.), Infrastruktur. Theorie und Politik. pp. 38-53. Köln.

Kelbling, Gerd
1975 "Stadtentwicklungsplanung - wozu?", in: STRUCTUR, 3(1975):49 - 53

Koch-Weser, Caio
1973 "Zwölf Jahre Entwicklungsplanung der SUDENE im Nordosten Brasiliens - Analyse einer verhinderten Reformpolitik", in: Vierteljahresberichte - Probleme der Entwicklungsländer, Nr.52 (Juni 1973):169-201. Hrsg. von der Friedrich-Ebert-Stiftung. Bonn.

Kommunale Politik. Rahmenbedingungen, Strukturen, Entscheidungsprozesse.
1978 Bonn. Bundeszentrale für politische Bildung.

Korte, Helmut (Hg.)
1971 Zur Politisierung der Stadtplanung. Frankfurt/Main.

Krüger, Hans-Jürgen
1978 "Industrialisierung und Stadtentwicklung in Salvador (Nordostbrasilien)", in: IBERO-AMERIKANISCHES ARCHIV,NF. Bd.4, pp. 185-216. Berlin.

Laumann, Edward O. / Pappi, Franz Urban
1976 Networks of collective actions: a perspective on community influence systems. New York.

Leal, Victor Nunes
1948 O Município e o regime representativo no Brasil. Contribuição ao estudo do "coronelismo". Rio de Janeiro.

1949 Coronelismo, enxada e voto. O Município e o regime representativo no Brasil. Rio de Janeiro.
Englisch:
1977 Coronelismo: The Municipality and Representative Government in Brazil. Cambridge.

Lodder, Celsius A.
1978 "O Processo de Crescimento Urbano no Brasil", in: A.H. Pompeu de Toledo / M. Cavalcanti, (Hg.), Planejamento Urbano em Debate. São Paulo.

Lowi, Theodore J.
1970 "Decision-Making vs. Policy-Making: Toward an Antidote for Tecnocracy", in: PUBLIC ADMINISTRATION,30(1970) (deutsch auszugsweise: "Ein neuer Bezugsrahmen für die Analyse von Machtstrukturen", in: Narr/Offe, Wohlfahrtsstaat und Massenloyalität. pp.133-143. Köln 1975.

Lühr, Volker
1980 "Brasilien: Der politische Prozeß", in: Grenzen der Durchsetzbarkeit der wirtschaftlichen und politischen Strategien südamerikanischer Militärdiktaturen. Forschungsprojekt am Lateinamerika-Institut der FU Berlin. Berlin.

Manual do Prefeito
1977 Rio de Janeiro. IBAM.

Maricato, Erminia (Hg.)
1979 A Produção Capitalista da Casa (e da Cidade) no Brasil Industrial. São Paulo.

MEW - K.Marx / F.Engels. Werke. Ausgabe Dietz-Verlag. Berlin 1973.

Massey, Doreen B. / Catalano, Alejandrina
1978 Capital and Land: Landownership by Capital in Great Britain. London.

Mattedi, Maria Raquel Mattoso
1979 As Invasões em Salvador: Uma Alternativa Habitacional. Salvador. UFBa.

Mattedi, M.R. Mattoso et al.
1979 "Salvador: O Processo de Urbanização", in: SEPLANTEC/CONDER, Habitação e Urbanismo em Salvador. pp.337-364. Salvador.

Mattos, Waldemar
1961 Panorama Econômico da Bahia. 1808-1960. Salvador.

Mattoso, Kátia M. de Queirós
1978 Bahia: A Cidade do Salvador e Seu Mercado no Século XIX. São Paulo.

Maus, Thomas
1979 Entwicklungspolitik und Unterentwicklung: Ein Beitrag zum Problem der Steuerbarkeit abhängiger Entwicklungsprozesse am Beispiel Nordostbrasiliens. Meisenheim/Glan.

Meirelles, Hely Lopes
1977 Direito Municipal Brasileiro. São Paulo.

Mello, Diogo Lordello de
1965 Problemas Institucionais do Município. Rio de Janeiro. IBAM.

1970 "A Intervenção no Município", in: REVISTA DE ADMINISTRAÇÃO MUNICIPAL, 100(1970):155-166. Rio de Janeiro. IBAM.

1971 O Município na Organização Municipal. Rio de Janeiro. IBAM.

Mensagem - Mensagem apresentado pelo Prefeito .... à Câmara Municipal. (Botschaft des Präfekten von Salvador an die Stadtverordneten, jährlich am 29. März, dem Jahrestag der Gründung der Stadt).
1967 - 1970 Antônio Carlos Magalhães
1971 - 1974 Cleriston Andrade
1975 - 1977 Jorge Hage
1978 Fernando Wilson Magalhães
1979 ?
1980 Mario Kertesz
Prefeitura da Cidade do Salvador. Salvador.

Mendes, Ana Gláucio
1978 "A Experiência de Planejamento Econômico no Brasil", in: Cintra/ Haddad, Dilemas do Planejamento Urbano e Regional no Brasil. pp. 75-168. Rio de Janeiro.

Mindlin Lafer, Betty
1975 "Introdução: O Conceito de Planejamento", in: Betty Mindlin Lafer (Hg.), Planejamento no Brasil. São Paulo. pp. 9-28.

Modesto, Helio
1959 "Ausência do Planejamento no Brasil", in: Notícias Municipais, 38(1959):3-18. Rio de Janeiro. IBAM.

Moises, José Alvaro et al.
1978 Contradições Urbanas e Movimentos Sociais. São Paulo.

Moreira da Rocha, Roberto Vasconcelos
1975 "Algumas Considerações para a Formulação de uma Política Urbano-Industrial", in: Paulo R. Haddad (Hg.), Desequilíbrios Regionais e Descentralização Industrial. Rio de Janeiro. IPEA. Série Monográfica 16. pp. 95-163.

Motta, Fernando
1979 Empresários e Hegemonia Política. São Paulo.

Narr, Wolf Dieter / Offe, Claus (Hg.)
1975 Wohlfahrtsstaat und Massenloyalität. Köln.

Nitsch, Manfred
1977 "Das brasilianische Entwicklungsmodell", in: Wolf Grabendorff/ Manfred Nitsch, Brasilien, Entwicklungsmodell und Außenpolitik. München. Fink-Verlag.

Núcleo - Núcleo de Estudos Habitacionais (NEHA).
1970 ---

OCEPLAN - Orgão Central de Planejamento. Salvador.
1975a Cadernos OCEPLAN,1(1975)

1975b Cadernos OCEPLAN,2(1975)

1976 Cadernos OCEPLAN,3(1976). Áreas Verdes.

1976a Informações Socio-Econômicas. Salvador.

1976b Plandurb; Evolução Demográfica (1940-2000). Salvador.

1976c Plandurb; EPUCS - Uma Experiência de Planejamento Urbano. Salvador.

1976d Comissão de Terras Públicas, Relatôrio. Salvador.

1976e Projeto Pituba (Versão Preliminar). Salvador.

O'Connor, James
1974 Die Finanzkrise des Staates. Frankfurt/Main.

Offe, Claus
1973 Strukturprobleme des kapitalistischen Staates. Frankfurt/Main.

1975 Berufsbildungsreform. Frankfurt/Main.

1977 Einleitung zu: Bachrach/Baratz, Macht und Armut. Eine theoretisch-empirische Untersuchung. Frankfurt/Main.

Oliveira, Francisco de
1975 "A Economia Brasileira: Crítica à Razão Dualista", in: Seleções CEBRAP,1(1975).

1977 Elegia para uma Re(li)gião. Rio de Janeiro.

Oliveira, Francisco de
1980 "Salvador: Os Exilados da Opulência (Expansão Capitalista numa Metropole Pobre)". Vorwort zu: Bahia de Todos os Pobres. Petrópolis.

1981 A Economia Brasileira: Crítica à Razão Dualista. Petrópolis.

Oliveira, Francisco de / Reichstul, Henry-Philippe
1973 "Mudânca na Divisão Inter-Regional do Trabalho no Brasil", in: Estudos CEBRAP, 4(1973).

Ornélas, Waldeck Vieira / Sampaio, Heliodoro
1975 siehe OCEPLAN, 1975a und 1975b.

Palmeira, Moacir
1966 "Nordeste: Mudanças políticas no século XX", in: CADERNOS BRASILEIROS, 37(1966):67-86.

Pang, Eul-Soo
1979 Coronelismo e Oligarquias, 1889-1934. A Bahia na Primeira Republica Brasileira. Rio de Janeiro.

PLANEJAMENTO
Zeitschrift der Secretaria do Planejamento, Ciênica e Tecnologia (SEPLANTEC). Gôverno do Estado da Bahia. Salvador.

Plano - II PND. Plano Nacional de Desenvolvimento.
1975 São Paulo. Ed. Sugestões Literárias.

Poulantzas, Nicos
1975 Politische Macht und gesellschaftliche Klassen. Frankfurt/Main.

Prefeitura - Prefeitura da Cidade de Salvador
1968 Leis e Decretos. Salvador.

1970 Organização Administrativa do Município do Salvador. Salvador.

1975a Leis e Decretos. Salvador.

1975b Programa Prioritário de Ação a Curto Prazo (PROAP I). Salvador.

1976a Código de Urbanismo e Obras do Município de Salvador. Salvador.

1976b Leis e Decretos. Salvador.

Prado Júnior, Caio
1962 História Econômica. Rio de Janeiro.

Queiroz, Maria Isaura Pereira de
1969 O Mandonismo Local na Vida Política Brasileira. São Paulo.

Rabinowitz, Francine F.
1969 City, Politics and Planning. New York.

Rattner, Henrique
1972 Industrialização e Concentração Econômica em São Paulo. Rio de Janeiro. FGV.

Ribeiro, Elizabete M. Andrade / Debeffe, Charles
1979 "Poder Público Municipal e Propriedade Fundiária Urbana", in: SEPLANTEC/OCEPLAN, Habitação e Urbanismo em Salvador. Salvador.

Ritz, Arnim
1972a As Exportações Internacionais e Interregionais no Desenvolvimento Econômico da Bahia 1950-1969. Salvador.

1972b "Fenómenos de Dependência na Economia Baiana", in: Cadernos CEAS, 22(1972):18-32. Salvador.

Roett, Riordan
1972 Brazil: Politics in a Patrimonial Society. Boston.

Rogers, Mary F.
1974 "Instrumental and Infra-Ressources: The Basis of Power", in: AMERICAN JOURNAL OF SOCIOLOGY, 79,6(1974):1418-1433.

Romero, Breno Machado (Org.)
1977 O Salário Mínimo no Brasil de 1940-1977. Porto Alegre.

Ronge, Volker / Schmieg, Günther
1973 Restriktionen politischer Planung. Frankfurt/Main.

Salisbury Robert / Heintz, John
1970 "A Theory of Policy Analysis and some Preliminary Applications", in: Ira Sharkansky, Policy Analysis in Political Science. pp.39-60. Chicago.

Santos, Milton
1959 O Centro da Cidade do Salvador. Salvador.

1961 "Alguns Problemas do Crescimento da Cidade do Salvador", in: BOLETIM BAIANO DE GEOGRAFIA, 2,Nr. 5/6(1961). Salvador.

1978 Pobreza Urbana. São Paulo.

Schmarling, Paul
1979 "As Finanças da Cidade do Salvador na Década 1966-1976", in: PLANEJAMENTO, 7,1(1979):33-50. Salvador.

SEPLANTEC / CONDER
1975 Estudo sobre a Indústria da Construção Civil na Região Metropolitana de Salvador. 2 Vol. Salvador.

SEPLANTEC / OCEPLAN (Hg.)
1979 Habitação e Urbanismo em Salvador. Salvador.

SEPLANTEC / CEPLAB
1977 Indicadores Sociais. Salvador.

Sherwood, Frank P.
1965 Brazil's Municipalities. A Comparative Study. Los Angeles.

Siewert, Hans Jürgen
1979 Lokale Elitensysteme. Ein Beitrag zur Theoriediskussion in der community-power-Forschung und ein Versuch zur empirischen Überprüfung. Königstein/Ts.

Simas Filho, Américo
1978 "Evolução Urbana da Cidade de Salvador", in: CONDURB (Hg.), A Grande Salvador - Posse e Uso da Terra. Salvador.

Simonsen, Roberto C.
1939 A Evolução Industrial do Brasil. São Paulo.

SINDICATO - Sindicato da Indústria da Construção Civil da Cidade do Salvador
1980 Indústria da Construção Civil da Bahia. Atualização da Análise Comparativa do Diagnóstico 77/78. Salvador.

Singer, Paul
1975 Economia Política da Urbanização. São Paulo.

1977 Desenvolvimento Econômico e Evolução Urbana. São Paulo.

Städtetag
1972 "Organisation der kommunalen Entwicklungsplanung. Zu einem Gutachten der kommunalen Gemeinschaftsstelle für Verwaltungsvereinfachung - KGST", in: Städtetag, 25,9(1972):480-482.

Sulzer, Jürg
1979 Stadtentwicklung, Koordination von Raum- und Investitionsplanung: Analyse von fünf Beispielen in der Bundesrepublik Deutschland. Frankfurt/Main.

Szubert, Eva
1977 "A URBIS e a Habitação Popular na Região Metropolitana de Salvador", in: PLANEJAMENTO, 5,2(1977):23-45. Salvador.

1978 "Wohnungsbaupolitik im peripheren Kapitalismus: Das Beispiel Brasiliens", in: Universität Bielefeld, USP Lateinamerikaforschung. Arbeitspapiere, Nr. 16(1978). Bielefeld.

1979 "Política Habitacional no Brasil", in: SEPLANTEC/OCEPLAN (Hg.), Habitação e Urbanismo em Salvador. Salvador.

Tallowitz, Kathrein
1979 Vertreibung des Volkes - Der Staudammbau von Sobradinho. Mettingen.

Tavares, Luis Henrique Dias
1960 O Movimento Revolucionário de 1798. Salvador. UFBa.

1966 O Problema da Involução Industrial na Bahia. Salvador. UFBa.

1966 Historia da Bahia. Salvador.

Tavares, Maria da Conceição
1974 Da Substituição de Importações ao Capitalismo Financeiro. Ensaios sobre a Economia Brasileira. Rio de Janeiro.

Teixeira, Cid / Teixeira, Cydelmo
1978 "Gênese da Propriedade da Terra do Brasil. Um Capitulo de Jusnaturalismo",in: CONDURB, A Grande Salvador. Salvador.

Torres, Carlos
1973 Bahia, Cidade feitiço. Salvador.

Walker, Richard A.
1974 "Urban Ground Rent: Building a New Conceptual Framework", in: ANTIPODE, 6,1(1974):51-58.
Deutsch:
1975 "Die städtische Grundrente. Eine Untersuchung zu ihrem Verständnis", in: Jörn Barnbrock (Hg.), Materialien zur Ökonomie der Stadtplanung. pp. 241-255. Braunschweig.

Waterston, Albert
1965 Development Planning: Lessons of Experience. Baltimore.

Wöhlcke, Manfred
1979 "Brasilien 1976", in: Lateinamerika-Studien, Nr.4 (1979):141-153.

Wolff, Jürgen Herbert
1976 Planung in Entwicklungsländern. Eine Bilanz aus politik- und verwaltungswissenschaftlicher Sicht. Berlin.

ANNEX

Tabelle

BODENPREISE IN SALVADOR (1974; 1975)

Mittlerer Preis pro qm (in Cruzeiros)

STADTDISTRIKTE		1974 (Cr$)	1974 ST.*	1975 (Cr$)	1975 (in Cr$ von 1974)**	1974/75 Steigerung (in %)
Caixa d'Água	(-)	40	8	75	56,5	+ 41,2
Fazenda Grande	(-)	30	1	75	56,5	+ 88,3
São Caetano	(-)	23	5	75	56,5	+ 145,6
Engenho Velho de Brotas	(-)	74	5	75	56,5	- 23,7
Brotas	(-)	62	6	75	56,5	- 8,9
Cabula	(-)	33	9	75	56,5	+ 71,2
Piatã	(-)	147	5	75	56,5	- 61,6
Acupe	(-)	59	10	75	56,5	- 0,5
Liberdade	(-)	50	2	75	56,5	+ 13,0
Largo do Tanque	(-)	50	2	75	56,5	+ 13,0
Pau Miúdo	(-)	27	3	75	56,5	+ 109,2
Amaralina	(-)	137	9	150	113,0	- 17,6
Alto das Ubaranas	(-)	56	3	150	113,0	+ 101,7
Armação	(-)	96	5	150	113,0	+ 17,7
Matatu	(-)	72	8	150	113,0	+ 56,9
Tororó	(-)	70	2	150	113,0	+ 61,4
Itapagipe	(-)	38	7	150	113,0	+ 97,3
São Caetano	(+)	54	5	150	113,0	+ 109,2
Caixa d'Água	(+)	112	4	150	113,0	+ 0,8
Pau Miúdo	(+)	56	4	150	113,0	+ 101,7
Quintas	(-)	70	1	150	113,0	+ 61,4
Barbalho	(-)	70	6	150	113,0	+ 61,4
Estrada de Campinas	(+)	99	2	250	188,3	+ 90,2
São Cristóvão	(+)	47	3	250	188,3	+ 300,6
Barris	(-)	200	6	250	188,3	- 5,6
Politeama	(-)	350	1	250	188,3	- 46,2
Fazenda Grande	(+)	100	1	250	188,3	+ 88,3
Quintas	(+)	133	3	250	188,3	+ 41,5
Federação	(-)	426	7	400	301,3	+ 285,8
Rio Vermelho	(-)	140	12	400	301,3	+ 115,0
Costa Azul	(-)	104	7	400	301,3	+ 189,4
Mata Escura	(+)	34	5	400	301,3	+ 785,2
BR 324	(-)	89	2	400	301,3	+ 238,2
Nazaré	(-)	250	8	400	301,3	+ 20,4
Tororó	(+)	142	6	400	301,3	+ 111,9
Itapagipe	(+)	244	5	400	301,3	+ 23,3
Calçada	(-)	113	3	400	301,3	+ 166,3
IAPI	(-)	32	2	400	301,3	+ 840,6
Largo do Tanque	(+)	223	3	400	301,3	+ 34,9
Barbalho	(+)	200	6	400	301,3	+ 50,5
Ondina	(-)	390	9	600	451,7	+ 15,8
Pituba	(-)	271	11	600	451,7	+ 66,6
Costa Azul (STIEP)	(-)	104	7	600	451,7	+ 334,3
Boca do Rio	(+)	156	9	600	451,7	+ 189,5

(Fortsetzung)

Tabelle (Fortsetzung)
BODENPREISE IN SALVADOR (1974; 1975)

STADTDISTRIKTE		1974 (Cr$)	1974 ST.*	1975 (Cr$)	1975 (in Cr$ von 1974)**	1974/75 Steigerung (in %)
Piatã	(+)	275	4	600	451,7	+ 64,2
Engenho Velho de Brotas	(+)	175	4	600	451,7	+ 158,1
Acupe	(+)	174	7	600	451,7	+ 159,5
Cabula	(+)	93	8	600	451,7	+ 385,6
Matatu	(+)	190	7	1250	903,4	+ 375,4
Brotas	(+)	206	16	1250	903,4	+ 338,5
Chame-Chame	(-)	450	5	1250	903,4	+ 100,7
Barra	(-)	782	11	1750	1317,5	+ 68,4
Federação	(+)	426	7	1750	1317,5	+ 209,2
Alto das Ubaranas	(+)	210	5	1750	1317,5	+ 527,3
Costa Azul (STIEP)	(+)	282	4	1750	1317,5	+ 367,1
Nazaré (Saúde)	(+)	780	5	1750	1317,5	+ 68,9
Barris	(+)	760	5	1750	1317,5	+ 73,3
Politeama	(+)	800	3	1750	1317,5	+ 64,6
Canela	(-)	843	7	1750	1317,5	+ 56,2
Barra Avenida	(-)	775	8	1750	1317,5	+ 70,0
Calçada	(+)	675	4	1750	1317,5	+ 95,1
Rio Vermelho	(+)	383	6	2500	1882,2	+ 391,4
Amaralina	(+)	350	9	2500	1882,2	+ 437,7
Vitória	(-)	920	5	2500	1882,2	+ 104,5
Graça	(-)	750	6	2500	1882,2	+ 150,9
Chame-Chame	(+)	1166	6	2500	1882,2	+ 61,4
Ondina	(+)	850	10	4000	3011,6	+ 254,3
Pituba	(+)	915	11	4000	3011,6	+ 229,1
Comercio	(-)	1400	5	4000	3011,6	+ 115,1
Campo Grande		1800	6	4000	3011,6	+ 67,3
Canela	(+)	1810	10	4000	3011,6	+ 66,3
Vitória	(+)	1550	6	4000	3011,6	+ 94,2
Graça	(+)	1810	10	4000	3011,6	+ 66,3
Barra	(+)	1682	11	4000	3011,6	+ 79,0
Barra Avenida	(+)	1562	8	4000	3011,6	+ 92,8
Comercio	(+)	5000		5000		

(-) schlechte Lage (+) gute Lage

(*) Stichprobegröße ist oft nicht ausreichend für eine realistische Beurteilung.
(**) Deflationiert entsprechend der Tabelle der UPC-Werte (Annex); 3. Trimester 1974/75

Quelle: Für 1974: SEPLANTEC/CONDER, 1975, Vol.II, Tab.III/15-18
Für 1975: CONDER, 1979, Vol.II, Tab.9.3.(1)

Liste der UPC-Werte
Wert der Standardkapitaleinheiten (in Cr$)

Jahr	Trimester 1.	2.	3.	4.
1964	...			10,00
1965	11,30	13,40	15,20	15,90
1966	16,60	17,60	19,87	21,61
1967	23,23	24,64	26,18	27,38
1968	28,48	29,83	32,09	33,88
1969	35,62	37,43	39,00	39,92
1970	42,35	44,67	46,20	47,61
1971	50,51	52,64	55,08	58,61
1972	61,52	63,81	66,93	68,95
1973	70,87	73,19	75,80	77,88
1974	80,62	83,73	89,80	101,90
1975	106,76	112,25	119,27	125,70
1976	133,34	142,24	154,60	168,33
1977	183,65	194,83	213,80	227,15
1978	238,32	255,41	279,04	303,29
1979	326,82	350,51	390,10	428,80

Tabelle
WECHSELKURS DM/Cruzeiros

	1,-- DM =	1,-- Cr$ =
November 1971	1,67 Cr$	0,59 DM
November 1972	1,90 Cr$	0,52 DM
November 1973	2,40 Cr$	0,41 DM
November 1974	2,94 Cr$	0,34 DM
November 1975	3,37 Cr$	0,29 DM
November 1976	4,99 Cr$	0,20 DM
November 1977	6,87 Cr$	0,14 DM
November 1978	10,29 Cr$	0,09 DM

Quelle: Deutsch-Südamerikanische Bank, Kurzbericht über Lateinamerika. Hamburg, lfd. Jahrgänge.

Das "alte" und das "neue" Salvador

Salvador. Altstadt

Ober- und Unterstadt. Links: Elevador Lacerda